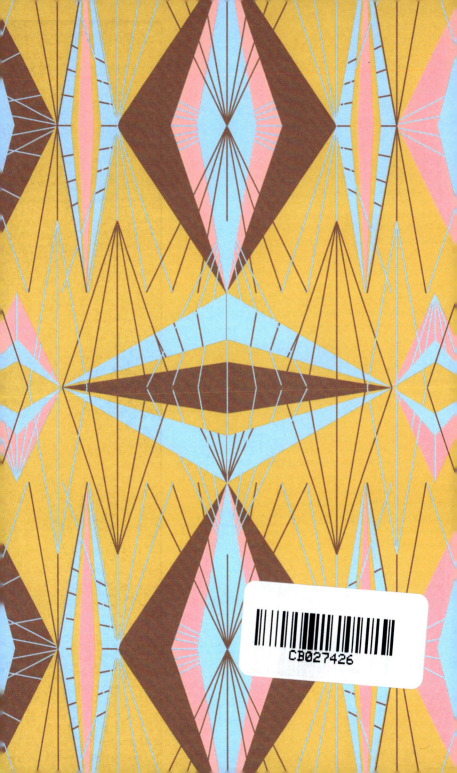

A chave para a teosofia

H. P. BLAVATSKY

A chave para a teosofia

Uma exposição clara em forma de perguntas e respostas sobre ética, ciência e filosofia, para o estudo das quais a Sociedade Teosófica foi fundada

TRADUÇÃO
Livia Koeppl

AJNA

Dedicado por H. P. B.
a todos os seus
discípulos para que
aprendam e possam,
por sua vez, ensinar.

– SUMÁRIO –

13 PREFÁCIO

SEÇÃO I – TEOSOFIA E A SOCIEDADE TEOSÓFICA

15 O significado do nome

17 A atuação da Sociedade Teosófica

19 A religião da sabedoria esotérica em todas as épocas

25 Teosofia não é budismo

SEÇÃO II – TEOSOFIA EXOTÉRICA E ESOTÉRICA

29 O que a Sociedade Teosófica moderna não é

35 Teosofistas e membros da S. T.

40 A diferença entre teosofia e ocultismo

42 A diferença entre teosofia e espiritismo

51 Por que a teosofia é aceita?

SEÇÃO III – O SISTEMA DE TRABALHO DA S. T.

55 Os objetivos da Sociedade

57 A origem comum do homem

63 Nossos outros objetivos

64 Sobre o juramento sagrado

SEÇÃO IV - AS RELAÇÕES DA SOCIEDADE TEOSÓFICA COM A TEOSOFIA

69 Sobre o aprimoramento pessoal
73 O abstrato e o concreto

SEÇÃO V - OS ENSINAMENTOS FUNDAMENTAIS DA TEOSOFIA

79 Sobre Deus e a oração
84 É necessário orar?
89 A oração elimina a autoconfiança
92 Sobre a origem da alma humana
95 Os ensinamentos budistas sobre o precedente

SEÇÃO VI - ENSINAMENTOS TEOSÓFICOS SOBRE A NATUREZA E O HOMEM

101 A unidade de tudo no todo
102 Evolução e ilusão
106 A constituição setenária do nosso planeta
109 A natureza setenária do homem
111 A distinção entre alma e espírito
114 Os ensinamentos gregos

SEÇÃO VII - SOBRE OS VÁRIOS ESTADOS DO PÓS-MORTE

119 O homem físico e o espiritual

127 Sobre a recompensa e punição eternas; e o nirvana

135 Sobre os vários "princípios" no homem

SEÇÃO VIII - SOBRE REENCARNAÇÃO OU RENASCIMENTO

141 O que é a memória, segundo a doutrina teosófica?

145 Por que não nos lembramos de nossas vidas passadas?

151 Sobre individualidade e personalidade

154 Sobre a recompensa e a punição do ego

SEÇÃO IX - SOBRE O KAMA-LOKA E O DEVAKHAN

161 Sobre o destino dos "princípios" inferiores

164 Por que os teosofistas não creem no retorno dos espíritos "puros"?

173 Algumas palavras sobre os skandhas

176 Sobre consciência pós-morte e pós-natal

182 O que realmente significa a aniquilação?

191 Palavras precisas para questões precisas

SEÇÃO X - SOBRE A NATUREZA DO NOSSO PRINCÍPIO REFLEXIVO

197 O mistério do ego

204 A natureza complexa de *manas*

207 A doutrina ensinada pelo Evangelho de São João

SEÇÃO XI - SOBRE OS MISTÉRIOS DA REENCARNAÇÃO

219 Renascimentos periódicos

223 O que é carma?

243 Quem são aqueles que detêm o conhecimento?

246 A diferença entre fé e conhecimento; ou fé cega e fé racional

251 Deus tem o direito de perdoar?

SEÇÃO XII - O QUE É TEOSOFIA PRÁTICA?

257 O dever

262 A relação da S. T. com as reformas políticas

269 Sobre a abnegação

274 Sobre a caridade

278 Teosofia para as massas

281 Como os membros podem ajudar a sociedade

282 O que um teosofista não deve fazer

SEÇÃO XIII - SOBRE CONCEPÇÕES ERRÔNEAS QUANTO À SOCIEDADE TEOSÓFICA

293 Teosofia e ascetismo

298 Teosofia e casamento

299 Teosofia e educação

308 Por que, então, há tanto preconceito contra a S. T.?

318 A Sociedade Teosófica é um negócio para ganhar dinheiro?

323 Os funcionários da S. T.

SEÇÃO XIV - OS "MAHATMAS TEOSÓFICOS"

327 "Espíritos de luz" ou "duendes infernais"?

340 O uso equivocado de nomes e termos sagrados

CONCLUSÃO

345 O futuro da Sociedade Teosófica

351 NOTAS

– PREFÁCIO –

O **PROPÓSITO DESTA OBRA** é expresso precisamente em seu título, *A chave para a teosofia*, exigindo poucas palavras para explicá-lo. Não é um livro completo ou exaustivo de teosofia, mas apenas uma chave para abrir a porta que leva a um estudo mais profundo. Esta obra tece as linhas gerais da Religião da Sabedoria e explica seus princípios fundamentais; reunindo, ao mesmo tempo, as várias objeções levantadas por um entrevistador ocidental comum, e tentando apresentar conceitos desconhecidos com uma linguagem clara, da maneira mais simples possível. Conseguir tornar a teosofia compreensível para o leitor, sem exigir esforço mental de sua parte, seria esperar demais; mas supomos que a obscuridade que ainda resta deva-se à profundidade do pensamento e não à linguagem e à confusão. Para aqueles mentalmente preguiçosos ou obtusos, a teosofia continuará um enigma; pois no mundo intelectual, assim como no espiritual, cada pessoa deve progredir por seus próprios esforços. O escritor não pode pensar pelo leitor, nem este se beneficiaria se isso fosse possível.

A necessidade de uma exposição como a presente há tempos é sentida por quem se interessa pela Sociedade Teosófica e sua obra, e espera-se que ela forneça informações tão livres quanto possível de tecnicismos para aqueles cuja atenção foi despertada, mas que ainda estão apenas intrigados e não convencidos.

Tomamos certo cuidado em separar o verdadeiro do falso nos ensinamentos espíritas[1] a respeito da vida após a morte, bem como em demonstrar a verdadeira natureza do fenômeno espírita. Explicações prévias e semelhantes atraíram muita ira contra a dedicada autora desta obra; os espíritas, como muitos outros, preferem acreditar no que lhes é conveniente, em vez de crer no que é verdade, e ficam bastante irritados com quem destrói uma agradável ilusão. Nos últimos anos, a teosofia tem sido alvo de violentos ataques por parte dos espíritas, como se os que têm uma meia verdade sentissem mais antipatia pelos que possuem a verdade inteira do que pelos que nada têm do que se vangloriar.

Agradeço cordialmente aos teosofistas que enviaram sugestões e perguntas, o que contribuiu para o processo de escrita deste livro. O trabalho será mais útil ainda pela ajuda que prestaram, sendo esta sua melhor recompensa.

H. P. B.

– I –
TEOSOFIA E A
SOCIEDADE TEOSÓFICA

O significado do nome

ENTREVISTADOR: A teosofia e suas doutrinas são tratadas muitas vezes como uma nova religião. É uma religião?
TEOSOFISTA: Não. A teosofia é sabedoria divina ou ciência.

E: Qual é o verdadeiro significado do termo?
T: "Sabedoria divina", θεοσοφία (*theosophia*) ou sabedoria dos deuses, como θεογονία (*theogonia*), genealogia dos deuses. A palavra θεός (*theos*) significa "deus" em grego, um dos seres divinos, certamente não "Deus" no sentido atribuído atualmente ao termo. Não é, portanto, a "sabedoria de Deus", como traduzido por alguns, mas sim *sabedoria divina*, como a possuída pelos deuses. O termo tem milhares de anos.

E: Qual é a origem do nome?
T: Vem dos filósofos alexandrinos, os chamados "amantes da verdade", os filaleteus, de φιλ (fil) "amante" e

ἀλήθεια (*aleteia*) "verdade". O nome *teosofia* data do terceiro século da nossa era e foi empregado inicialmente por Amônio Sacas e seus discípulos[1], que fundaram o Sistema Teosófico Eclético.

E: Qual era o objetivo desse sistema?

T: Em primeiro lugar, inculcar grandes verdades morais em seus discípulos e em todos aqueles que se consideravam "amantes da verdade". Daí o lema adotado pela Sociedade Teosófica: "Não há religião superior à verdade"[2]. O principal objetivo dos fundadores da Escola Teosófica Eclética foi um dos três objetivos de sua sucessora moderna, a Sociedade Teosófica, ou seja, reconciliar todas as religiões, seitas e nações sob um sistema de ética comum, baseado em verdades eternas.

E: Como pode mostrar que esse não é um sonho impossível e que todas as religiões do mundo *são baseadas* na mesma verdade?

T: Seu estudo comparativo e análise o demonstram. A "religião da sabedoria" era uma só na Antiguidade; e a semelhança da filosofia religiosa primitiva é comprovada pelas doutrinas idênticas ensinadas aos iniciados durante os MISTÉRIOS, uma instituição outrora difundida universalmente. "Todos os antigos cultos indicam a existência de uma única teosofia anterior a eles. A chave para abrir um deve abrir todos; caso contrário, não pode ser a chave certa" (*The Eclectic Philosophy* [A filosofia eclética]).

A atuação da Sociedade Teosófica

E: Na época de Amônio, havia muitas religiões antigas e numerosas seitas apenas no Egito e na Palestina. Como ele poderia conciliá-las?

T: Fazendo o que tentamos fazer agora. Os neoplatônicos eram um grande grupo e pertenciam a várias filosofias religiosas[3]; assim como nós, teosofistas. Naquela época, o judeu Aristóbulo afirmava que a ética de Aristóteles representava os ensinamentos *esotéricos* da Lei de Moisés; Fílon, o judeu, tentou conciliar o *Pentateuco* com as filosofias pitagórica e platônica; e Josefo provou que os essênios do Monte Carmelo eram simplesmente os copistas e seguidores dos terapeutas egípcios (os curadores). Assim é nos dias de hoje. Podemos demonstrar a origem de cada religião cristã e até mesmo das mais ínfimas seitas. As últimas são os ramos menores ou brotos crescidos nos ramos maiores; mas brotos e galhos nascem do mesmo tronco — a RELIGIÃO DA SABEDORIA. Provar esse ponto era o objetivo de Amônio, que se empenhou em induzir gentios e cristãos, judeus e idólatras a deixar de lado suas brigas e diferenças, lembrando apenas que todos defendiam a mesma verdade sob várias roupagens e eram filhos de uma mãe comum[4]. Esse também é o objetivo da teosofia.

E: Que fontes lhe permitem afirmar isso a respeito dos antigos teosofistas de Alexandria?

T: Um número quase incalculável de escritores célebres. Mosheim, um deles, diz:

Amônio ensinou que a religião da multidão andava de mãos dadas com a filosofia, e, com ela, compartilhou a sina de aos poucos ser corrompida e obscurecida por meros conceitos humanos, superstições e mentiras; e que devia, portanto, ser devolvida à sua pureza original com a expurgação do refugo e a exposição aos princípios filosóficos; que o objetivo de Cristo era restabelecer e restaurar à sua integridade primitiva a sabedoria dos antigos; reduzir, dentro dos limites, a superstição predominante; e, em parte, corrigir e exterminar os vários erros que foram assimilados pelas diferentes religiões populares.

De novo, é precisamente o que afirmam os teosofistas modernos. Com a diferença de que, enquanto o grande Filaleteu foi apoiado e ajudado em sua política por dois Padres da Igreja, Clemente e Atenágoras, pelos sábios rabinos da sinagoga, academia e dos bosques; e ensinava uma doutrina comum para todos; nós, seus seguidores, que defendemos os mesmos preceitos, não recebemos o devido reconhecimento, muito pelo contrário, somos incompreendidos e perseguidos. Percebe-se, então, que há mil e quinhentos anos as pessoas mostravam-se mais tolerantes do que neste século *esclarecido*.

E: Amônio foi encorajado e apoiado pela Igreja porque, apesar de suas heresias, ensinou o cristianismo e foi cristão?
T: De maneira alguma. Ele nasceu cristão, mas nunca aceitou o cristianismo da Igreja. Como o mesmo escritor afirmou sobre ele:

Amônio teve apenas que propor suas instruções de acordo com os antigos pilares de Hermes, que Platão e Pitágoras já conheciam, e a partir deles construiu sua filosofia. Encontrando o mesmo no prólogo do Evangelho segundo São João, supôs, de maneira bastante apropriada, que o propósito de Jesus era restaurar a grande doutrina da sabedoria em sua primitiva integridade. As narrativas da Bíblia e as histórias dos deuses ele considerava alegorias ilustrativas da verdade, ou então fábulas a serem rejeitadas. [Além disso, como afirma a *Enciclopédia de Edimburgo*,] ele reconheceu que Jesus Cristo era um excelente *homem* e 'amigo de Deus', mas alegou que não era seu objetivo abolir inteiramente a adoração de demônios (deuses) e que sua única intenção era purificar a religião antiga.

A religião da sabedoria esotérica em todas as épocas

E: Já que Amônio não deixou seus escritos, como podemos atestar que estes eram os seus ensinamentos?

T: Nem Buda, Pitágoras, Confúcio, Orfeu, Sócrates nem mesmo Jesus deixaram quaisquer escritos. No entanto, em sua maioria são figuras históricas, cujos ensinamentos sobreviveram. Os discípulos de Amônio (entre os quais Orígenes e Herênio) escreveram tratados e explicaram a sua ética. Certamente, estes são tão históricos, se não mais, do que os escritos apostólicos. Além disso, seus alunos — Orígenes, Plotino e Longino (conselheiro da famosa rainha Zenóbia) — deixaram extensos registros do Sistema Filaleteu, pelo menos até onde podia ser conhecida sua profissão de fé pública, pois a escola foi dividida em ensinamentos exotéricos e *esotéricos*.

E: Como esses princípios chegaram até os dias de hoje, visto que os teosofistas modernos afirmam que a RELIGIÃO DA SABEDORIA era esotérica?

T: A RELIGIÃO DA SABEDORIA foi sempre uma só, e sendo a última palavra do conhecimento humano possível, foi, portanto, cuidadosamente preservada. Ela veio muito antes dos teosofistas alexandrinos, chegou aos modernos e sobreviverá às demais religiões e filosofias.

E: Onde e por quem foi preservada?

T: Por iniciados de vários países; pessoas que buscam incansavelmente a verdade (seus discípulos); e nas regiões do mundo onde tais temas sempre foram mais valorizados e seguidos: na Índia, Ásia Central e Pérsia.

E: Pode me dar algumas provas de seu esoterismo?

T: A melhor prova sobre esse fato é que cada antigo culto religioso, ou melhor, filosófico, consistia em um ensinamento secreto ou esotérico, e na veneração exotérica (aberta ao público). Além disso, é um fato bem conhecido que os MISTÉRIOS dos antigos compreendiam, em cada nação, os MISTÉRIOS "maiores" (secretos) e "menores" (públicos) — por exemplo, as famosas solenidades chamadas eleusinas, na Grécia. Desde os hierofantes de

Samotrácia, do Egito, e os brâmanes iniciados da Índia antiga, até os rabinos hebreus que vieram posteriormente, todos preservaram, temendo profanação, suas genuínas crenças secretas. Os rabinos judeus chamavam sua série religiosa secular, o *merkabah* (o corpo exterior), de "veículo" ou *invólucro que contém a alma oculta* — isto é, seu mais elevado conhecimento secreto. Nenhuma das nações antigas jamais transmitiu por meio de seus sacerdotes seus verdadeiros segredos filosóficos para as massas, apenas lhes mostravam a superfície. O budismo do norte tem seus veículos "maior" e "menor", conhecidos como escolas *mahayana*, esotérica, e *hinayana*, exotérica. Não se pode culpá-los por tal segredo; por acaso, alguém pensaria em alimentar seu rebanho de ovelhas com dissertações eruditas sobre botânica em vez de grama? Pitágoras chamou sua *gnose* de "o conhecimento das coisas que são", ou ή γνωσιζ των όντων, e guardou esse conhecimento somente para os discípulos mais comprometidos: aqueles que poderiam digerir tal alimento mental e se sentir satisfeitos; e que mantivessem silêncio e segredo. Alfabetos ocultos e cifras secretas protegiam os antigos escritos *hieráticos* egípcios, cujo conhecimento estava, antigamente, restrito apenas aos hierogramatistas, os sacerdotes egípcios iniciados. Amônio Sacas, segundo seus biógrafos, obrigava seus alunos por juramento a não divulgar *suas doutrinas superiores*, exceto àqueles que já haviam recebido um conhecimento preliminar e igualmente jurado segredo. Por fim, não encontramos o mesmo costume no cristianismo primitivo, entre os gnósticos, e mesmo nos ensinamentos de Cristo? Ele não discursava às multidões por meio de parábolas que tinham um significado duplo e explicava suas razões apenas aos seus discípulos? "A vós", diz, "é concedido o mistério do reino dos céus; entretanto, aos de fora tudo é dito por parábolas" (Marcos 4:11). "Os essênios da Judeia e do Carmelo fizeram distinções semelhantes, dividindo seus adeptos em neófitos, irmãos e *perfeitos*, ou iniciados" (*The Eclectic Philosophy*). Exemplos desse tipo podem ser vistos em todos os países.

E: É possível alcançar a "Sabedoria Secreta" simplesmente pelo estudo? As enciclopédias definem a *teosofia* praticamente da mesma maneira que o *Dicionário Webster*, isto é, como uma "*suposta comunicação com Deus e os espíritos superiores, e a consequente obtenção de conhecimento sobre-humano por meios físicos e processos químicos*". Essa definição procede?

T: Creio que não. Tampouco há lexicógrafo capaz de explicar, seja para si mesmo ou para outros, como o conhecimento *sobre-humano* pode ser alcançado por processos *físicos* ou químicos. Se Webster houvesse dito "por processos *metafísicos* e alquímicos", a definição estaria aproximadamente correta; como foi definida, é simplesmente absurda. Os antigos teosofistas afirmavam, como ainda fazem os modernos, que o infinito não pode ser conhecido pelo finito — ou seja, sentido pelo Eu finito —, mas que a essência divina poderia ser comunicada ao Eu espiritual superior em estado de êxtase. Essa condição raramente pode ser alcançada, como o *hipnotismo*, por "meios físicos e químicos".

E: Como explicaria isso?

T: O verdadeiro êxtase foi definido por Plotino como "a libertação da mente de sua consciência finita e sua união e identificação com o infinito". Essa é a condição mais elevada, diz o professor Wilder, mas que, no entanto, não é permanente, sendo alcançada apenas por muito *poucos* indivíduos. De fato, é idêntica ao estado conhecido na Índia como *samadhi*. Este é praticado pelos iogues, que o facilitam fisicamente pela maior abstinência de comida e bebida, e mentalmente por um esforço incessante para purificar e elevar a mente. A meditação é uma oração silenciosa e não *verbalizada*, ou, como Platão expressou-a, "o ardente apelo da alma ao divino; sem pedir qualquer graça pessoal (como no sentido comum da oração), senão pelo bem em si — pelo Bem Supremo universal", do qual fazemos parte na Terra, e de cuja essência todos emergimos. Portanto, acrescenta Platão, "permanece em silêncio na presença dos seres *divinos*, até que afastem a névoa de teus olhos e te permitam contemplar pela luz que emanam, não o que te parece bom, mas o que é intrinsecamente bom"[5].

E: A teosofia não é, então, como defendem alguns, um sistema recém-criado?

T: Somente ignorantes podem considerá-la assim. É tão antiga quanto o mundo em seus ensinamentos e sua ética, senão no nome, pois é também o sistema mais amplo e universal de todos.

E: Como é possível, então, a teosofia ter permanecido tão desconhecida entre as nações do hemisfério ocidental? Por que deveria ter sido um livro fechado para raças reconhecidamente mais cultas e avançadas?

T: Acreditamos que antigamente havia nações tão cultas e certamente mais "avançadas" espiritualmente do que nós. Mas há várias razões para essa ignorância voluntária. Uma delas foi dada por São Paulo aos eruditos atenienses — a perda, por longos séculos, da verdadeira percepção espiritual, e até mesmo de interesse por ela, devido à imensa devoção dedicada às coisas dos sentidos e sua longa sujeição à obsolescência do dogma e do ritualismo. Mas a principal razão é o fato de que a verdadeira teosofia sempre foi mantida em segredo.

E: Foram apresentadas provas de que esse sigilo existiu; mas qual a verdadeira causa dele?

T: As causas para isso foram: *em primeiro lugar*, a perversidade da natureza humana em geral e seu egoísmo, sempre tendendo à satisfação de desejos pessoais em detrimento dos outros. Não se pode confiar segredos *divinos* a pessoas como essas. *Em segundo lugar*, sua incapacidade de proteger o conhecimento sagrado e divino da profanação. Foi esta última que levou à perversão das verdades e dos símbolos mais sublimes, e à transformação gradual das coisas espirituais em imagens antropomórficas, materiais e grosseiras — em outras palavras, ao rebaixamento da ideia divina e à idolatria.

Teosofia não é budismo

E: Frequentemente os teosofistas são chamados de "budistas esotéricos". Vocês todos são seguidores de Gautama Buda?

T: É como afirmar que todos os músicos são seguidores de Wagner. Alguns teosofistas são budistas por religião; embora há muito mais hindus e brâmanes do que budistas entre nós, e mais europeus e americanos de origem cristã do que budistas *convertidos*. O erro surgiu de uma incompreensão do real significado do título do excelente trabalho de Sinnett, *Esoteric Buddhism* [*Budismo esotérico*], cuja palavra *buddhism* deveria ter sido grafada com um único "d", em vez de dois, pois assim *budhism* teria significado o que o autor de fato pretendia abordar, a "sabedoria" (*Budha, bodhi*, "inteligência", "sabedoria"), em vez de budismo (*buddhism*), que é a filosofia religiosa de Gautama. A teosofia, como já foi dito, é a RELIGIÃO DA SABEDORIA.

E: Qual é a diferença entre budismo (*buddhism*), a religião fundada pelo príncipe de Kapilavastu, e "sabedoria" (*budhism*), que alega ser o sinônimo de teosofia?

T: Exatamente a mesma diferença que existe entre os ensinamentos secretos de Cristo, que são chamados de "os mistérios do reino dos céus", e o ritualismo posterior e a teologia dogmática das igrejas e seitas. *Buddha* significa o "Iluminado" por *Bodha*, ou conhecimento, sabedoria. Isso foi assimilado e difundido pelos ensinamentos esotéricos que Gautama transmitiu apenas a seus *arhats* escolhidos.

E: Mas alguns orientalistas negam que Buda tenha ensinado uma doutrina esotérica?

T: Também podem negar que a natureza tenha segredos ignorados pelos cientistas. Mais adiante, provarei isso pela conversa de Buda com seu discípulo Ananda. Seus ensinamentos esotéricos eram simplesmente o *Gupta Vidya* (conhecimento secreto) dos antigos brâmanes, a chave que seus sucessores modernos, com poucas exceções, perderam completamente. E esse *Vidya* tornou-se o que hoje conhecemos como a doutrina interna da escola *mahayana* do budismo do norte. Aqueles que o negam são meros ignorantes pretendentes ao orientalismo. Aconselho-o a ler o *Chinese Buddhism* [*Budismo chinês*], do reverendo Edkins — especialmente os capítulos sobre as escolas e os ensinamentos exotéricos e esotéricos —, e então comparar o que o mundo antigo tinha a dizer sobre o assunto.

E: Mas a ética da teosofia não é idêntica àquela ensinada por Buda?

T: Certamente, afinal, essa ética é a alma da RELIGIÃO DA SABEDORIA e já foi comum a iniciados de todas as nações. Mas Buda foi o primeiro a incorporar essa elevada ética em seus ensinamentos públicos e torná-la a base e a essência de seu sistema público. É aqui que reside a imensa diferença entre budismo exotérico e as outras religiões. Pois, enquanto em outras religiões o ritualismo e o dogmatismo ocupam o primeiro e mais importante lugar, no budismo a ética sempre foi o foco principal. Isso explica a semelhança quase total entre a ética da teosofia e a da religião de Buda.

E: Existem grandes diferenças entre elas?

T: Uma grande distinção entre a teosofia e o budismo *exotérico* é que o último, representado pela igreja do sul, nega inteiramente (a) a existência de qualquer divindade e (b) uma vida *pós-morte* consciente, ou mesmo uma individualidade autoconsciente que sobrevive no homem. Pelo menos é o que ensina a seita siamesa, agora considerada a forma mais *pura* de budismo exotérico. E isso apenas se mencionarmos os ensinamentos públicos de Buda; o motivo de tal reticência de sua parte, explicarei mais adiante. Mas as escolas da igreja budista do norte, estabelecidas nos países para os quais seus *arhats* se retiraram após a morte do mestre, ensinam o que agora é chamado de doutrinas teosóficas, pois fazem parte da instrução dos iniciados — provando, desse modo, como a verdade foi sacrificada à obsolescência pela ortodoxia exageradamente zelosa do budismo do sul. Mas quão mais grandioso, nobre, filosófico e científico, mesmo em seu obsoletismo, é esse ensinamento do que o de qualquer outra igreja ou religião. No entanto, teosofia não é budismo.

- II -
TEOSOFIA EXOTÉRICA
E ESOTÉRICA

O que a Sociedade Teosófica moderna não é

E: Suas doutrinas, então, não são uma renovação do budismo nem são totalmente copiadas da teosofia neoplatônica?

T: Não. Mas posso responder melhor a essas perguntas citando um artigo sobre teosofia lido pelo dr. J. D. Buck, membro da Sociedade Teosófica, antes da última Convenção Teosófica, em Chicago, nos Estados Unidos, em abril de 1889. Nenhum teosofista vivo compreendeu e expressou melhor a verdadeira essência da teosofia do que nosso honrado amigo, o doutor Buck:

> A Sociedade Teosófica foi organizada com o propósito de promulgar as doutrinas teosóficas e promover a vida teosófica. A atual Sociedade Teosófica não é a primeira a existir. Tenho um volume intitulado *Teosophical Transactions of the Philadelphian*

Society, (Transcrições teosóficas da Sociedade Filadélfica), publicado em Londres, em 1697; e outro chamado *Introdução à Teosofia, ou Ciência do Mistério de Cristo; isto é, da Divindade, Natureza e Criatura, compreendendo a filosofia de todos os poderes em atuação na vida, mágicos e espirituais, e formando um guia prático para a mais sublime pureza, santidade e perfeição evangélica; também para a obtenção da visão divina, e as santas artes angélicas, potências e outras prerrogativas da regeneração*, publicado em Londres em 1855. O trecho a seguir é a dedicatória desse volume:

> Dedico humilde e afetuosamente aos alunos de universidades, ginásios e escolas de toda a cristandade; a professores de ciências metafísicas, mecânicas e naturais, em todas as suas formas; a homens e mulheres que ensinam, em geral, a fé fundamental ortodoxa; a deístas, arianos, unitarianos, swedenborguianos e outros adeptos de crenças imperfeitas e infundadas, racionalistas e céticos de todo tipo; aos maometanos, judeus e patriarcas orientais esclarecidos e justos; mas, especialmente, ao ministro e missionário do evangelho, seja de povos bárbaros ou intelectuais, esta introdução à teosofia, ou a ciência do fundamento e do mistério de todas as coisas.

No ano seguinte (1856) foi lançado um volume de seiscentas páginas, *Theosophical Miscellanies*

[Miscelâneas teosóficas]. Apenas quinhentos exemplares da tiragem dessa obra foram distribuídos gratuitamente a bibliotecas e universidades. Muitos desses movimentos incipientes haviam se originado dentro da Igreja, com pessoas de grande seriedade, devoção e de caráter imaculado; e todas essas obras estavam no formato ortodoxo, utilizando expressões cristãs, e, como os escritos do eminente clérigo William Law, seriam apenas notadas pelo leitor comum por sua grande sinceridade e piedade. Todas, sem exceção, buscavam investigar e explicar os significados mais profundos e a importância original das Escrituras cristãs, além de esclarecer o leitor, mostrando como funcionava a vida teosófica. Essas obras logo foram esquecidas e hoje são praticamente desconhecidas. Buscaram reformar o clero e reavivar a piedade genuína, e nunca receberam o devido reconhecimento. A palavra "heresia" bastou para enterrá-las no limbo, juntamente com todas as utopias similares. Na época da Reforma, John Reuchlin fez uma tentativa semelhante, com o mesmo resultado, embora fosse amigo íntimo e confidente de Lutero. A ortodoxia jamais desejou ser informada e esclarecida. Esses reformadores foram informados, assim como Pórcio Festo disse a Paulo, de que o excesso de aprendizado os levara à loucura e que seria perigoso ir além. Apesar da eloquência, que se devia aos costumes e à formação desses escritores, mas também à restrição religiosa exercida pelo poder secular; esses escritos eram teosóficos no sentido mais estrito e referiam-se exclusivamente à compreensão que o homem tinha de sua própria natureza e da vida superior da alma. O atual movimento teosófico tem sido, por vezes, classificado como uma tentativa de converter a cristandade ao budismo, e isso significa simplesmente que a palavra "heresia" perdeu sua aura de terror e renunciou ao seu poder. Em todas as épocas existiram indivíduos que compreenderam mais ou menos claramente as doutrinas teosóficas e as moldaram ao tecido de suas vidas. Essas doutrinas não pertencem exclusivamente a nenhuma religião e não se limitam a nenhuma sociedade ou tempo. Pertencem, por direito, a toda alma humana. Tal coisa, enquanto ortodoxia, deve ser trabalhada por cada indivíduo de acordo com sua natureza, suas necessidades e experiências. Isso pode explicar porque aqueles que imaginaram a teosofia como uma nova religião procuraram em vão seus credos e seus rituais. "Lealdade à verdade" é seu credo e "Honrai a verdade com a prática" é seu ritual.

Quão pouco este princípio de fraternidade universal é compreendido pelas massas e quão raramente sua importância transcendente é reconhecida pode ser comprovado pela diversidade de opiniões e interpretações fictícias sobre a Sociedade Teosófica. Essa sociedade foi organizada a partir desse único e primordial princípio, a fraternidade do homem, como destacamos brevemente e descrevemos de maneira imperfeita nesta obra.

Tem sido tachada de budista e anticristã, como se pudesse ser os dois juntos, quando tanto o budismo quanto o cristianismo, conforme foram estabelecidos por seus inspirados fundadores, fazem da fraternidade a essência da doutrina e da vida. A teosofia também tem sido considerada simplesmente como uma ideia nova ou, na melhor das hipóteses, o velho misticismo mascarado sob um novo nome. Embora seja verdade que muitas sociedades, fundadas e unidas para apoiar os princípios do altruísmo ou da fraternidade essencial, receberam diversos nomes, também é verdade que muitas foram chamadas de teosóficas, com os mesmos princípios e objetivos que a sociedade atual que traz esse nome. Em todas essas sociedades, a doutrina essencial tem sido a mesma, com tudo o mais sendo considerado incidental, embora isso não evite o fato de muitas pessoas sentirem atração pelo que é casual, negligenciando ou ignorando o essencial.

Nenhuma resposta melhor ou mais explícita poderia ser dada à sua pergunta sem citar esse homem, que é um de nossos mais estimados e sérios teosofistas.

E: Nesse caso, além da ética budista, qual sistema é preferido ou seguido?

T: Nenhum e todos. Não nos apegamos a nenhuma religião nem filosofia em particular. Selecionamos o que há de bom em cada uma. Mas, novamente, devo afirmar que, como todos os outros sistemas antigos, a teosofia é dividida em seções exotéricas e *esotéricas*.

E: Qual é a diferença?

T: Os membros da Sociedade Teosófica são livres para professar qualquer religião ou filosofia que lhes agrade ou nenhuma, se assim preferirem, contanto que simpatizem e estejam prontos para apoiar um ou mais dos três objetivos da associação. A Sociedade é uma comunidade científica e filantrópica que visa propagar a ideia de fraternidade em linhas *práticas* em vez de *teóricas*. Não importa se os membros são cristãos ou muçulmanos, judeus ou zoroastristas, budistas ou brâmanes, espiritualistas ou materialistas; contudo, é necessário que seja um filantropo, um estudioso, um pesquisador de literatura ariana e outras antigas, ou um investigador das ciências psíquicas. Em suma, deve ajudar, se puder, na realização de pelo menos um dos objetivos do programa. Caso contrário, não há razão para que se torne um "membro". Assim é a maior parte da Sociedade exotérica, composta por membros "vinculados" e "independentes"[1]. Estes podem ou não se tornar teosofistas de fato. Membros eles são, por terem ingressado na Sociedade; mas isso não pode transformar em teosofista uma pessoa que não consegue compreender a aptidão *divina* das coisas ou que vê a teosofia segundo sua própria visão — se é que se pode usar a expressão — *sectária* e egoísta. O dito popular "Ser generoso é praticar a generosidade" poderia ser parafraseado, neste caso, da seguinte maneira: "Ser teosofista é praticar a teosofia".

Teosofistas e membros da Sociedade Teosófica

E: Isso se aplica a membros leigos, pelo que entendo. E o que dizer daqueles que se dedicam ao estudo esotérico da teosofia; são esses os verdadeiros teosofistas?

T: Não necessariamente, até que se provem como tal. Ingressaram no círculo interno e se empenharam em cumprir, o mais estritamente possível, as regras do círculo oculto. É uma tarefa difícil, já que a principal regra é a renúncia completa à própria personalidade, isto é, o membro *comprometido* deve se tornar uma pessoa verdadeiramente altruísta, jamais pensar em si mesmo e esquecer sua própria vaidade e orgulho em prol do bem de seus semelhantes e de seus irmãos do círculo esotérico. Se pretende se beneficiar das instruções esotéricas, deve viver uma vida de total abstinência, de abnegação e estrita moralidade, cumprindo seu dever para com todos. Os poucos teosofistas verdadeiros da Sociedade Teosófica estão entre esses membros. Isso não significa que fora da Sociedade e do círculo interno não haja teosofistas; pois existem, e mais do que imaginamos; certamente muito mais do que se encontra entre os membros *leigos* da Sociedade Teosófica.

E: Nesse aspecto, qual é a vantagem de ingressar na chamada Sociedade Teosófica? Onde está o incentivo?

T: Nenhuma, exceto a vantagem de obter instruções esotéricas, conhecer as genuínas doutrinas da RELIGIÃO DA SABEDORIA e receber grande apoio e simpatia dos outros membros para executar o verdadeiro programa. União é força e harmonia, e esforços simultâneos bem orientados produzem maravilhas. Esse tem sido o segredo de todas as associações e comunidades desde o advento da humanidade.

E: Mas por que uma pessoa de mente bem equilibrada e propósito sincero, digamos, de energia e perseverança indomáveis, não poderia se tornar ocultista e até mesmo uma adepta, trabalhando sozinha?

T: Poderia, mas as chances de êxito são uma em dez mil. Uma das razões, entre muitas outras, é que hoje não existem livros sobre ocultismo ou teurgia que revelem os segredos da alquimia ou da teosofia medieval em linguagem simples. Todos são simbólicos ou falam por meio de parábolas; e como há tempos o Ocidente perdeu a chave para compreendê-los, como alguém pode descobrir o significado correto do que está lendo e estudando? Aí jaz o maior perigo, aquele que leva à magia negra inconsciente ou à mais desamparada mediunidade. Aquele que não tiver um iniciado por mestre é melhor evitar o perigoso estudo. Olhe à sua volta e observe. Enquanto dois terços da sociedade civilizada ridicularizam a simples noção de que pode existir algo de verdadeiro na teosofia, no ocultismo, no espiritismo ou na Cabala, o outro terço é composto pelos elementos mais heterogêneos e opostos. Alguns acreditam no místico e até mesmo no sobrenatural (!), mas cada um crê à sua maneira. Outros se lançam sozinhos no estudo da Cabala, do psiquismo, mesmerismo, espiritismo ou qualquer outra forma de misticismo. Resultado: não há dois homens que pensem da mesma maneira ou que estejam de acordo com algum princípio fundamental do ocultismo, embora sejam muitos aqueles que pretendem ter a última palavra no que se refere ao conhecimento e fazem os leigos acreditar que são adeptos plenos. Não só não há conhecimento científico e acurado sobre ocultismo acessível no Ocidente — nem sequer da verdadeira astrologia, o único ramo do ocultismo que, em seus ensinamentos exotéricos, possui leis e um sistema definido —, como ninguém faz ideia do que significa o verdadeiro ocultismo. Alguns limitam a sabedoria antiga à Cabala e ao Zohar judaico, que cada pessoa interpreta à sua maneira, segundo os obsoletos métodos rabínicos. Outros consideram Swedenborg ou Boehme como a máxima expressão da mais elevada sabedoria; enquanto outros voltam a ver no mesmerismo o grande segredo da magia antiga. Todos aqueles que colocam suas teorias em prática estão rapidamente se desviando, por ignorância, para a magia negra. Felizes aqueles que escapam dela, já que não há demonstração nem critério pelo qual possam distinguir entre o verdadeiro e o falso.

E: Devemos presumir que o círculo interno da S. T. afirma receber seus conhecimentos de verdadeiros iniciados ou mestres da sabedoria esotérica?

T: Não diretamente. A presença pessoal de tais mestres não é obrigatória. Basta que tenham instruído alguns discípulos que estudaram sob sua orientação por anos e dedicaram a vida toda a seu serviço. Então estes podem transmitir, por sua vez, o conhecimento recebido àqueles que não tiveram essa oportunidade. É preferível uma parcela das ciências verdadeiras do que uma massa de conhecimento não digerido e mal compreendido. Alguns gramas de ouro valem mais que uma tonelada de pó.

E: Mas como saber se o ouro é verdadeiro ou falso?

T: Uma árvore é conhecida por seus frutos, um sistema por seus resultados. Quando nossos oponentes conseguirem provar que qualquer estudante solitário de ocultismo pode se tornar ao longo dos anos um adepto puro, como Amônio Sacas, mesmo um Plotino, ou um teurgista como Jâmblico; e realizar façanhas como se alega terem sido feitas por St. Germain, sem nenhum mestre para guiá-lo, e tudo isso sem ser médium, sensitivo autoiludido ou charlatão — então confessaremos nosso erro. Mas, até então, os teosofistas preferem seguir a comprovada lei natural da tradicional ciência sagrada. Há místicos que fizeram grandes descobertas na química e nas ciências físicas, quase no limite da alquimia e do ocultismo; outros que, com a ajuda exclusiva de seu gênio, redescobriram partes, senão a totalidade, dos alfabetos perdidos da "língua do Mistério", e são, portanto, capazes de ler corretamente pergaminhos hebraicos; e ainda outros que, sendo videntes, tiveram vislumbres maravilhosos dos segredos ocultos da natureza. Mas todos são especialistas. Um é inventor teórico, o outro um hebreu, isto é, cabalista sectário; e o terceiro, um Swedenborg dos tempos modernos, negando tudo e todos fora de sua própria ciência ou religião particular. Nenhum deles pode se gabar de ter produzido um benefício universal ou mesmo nacional, nem sequer para si mesmo. Com exceção de alguns curadores — que seriam tachados de charlatões pelo Royal College of Physicians and Surgeons [Faculdade Real de Medicina e Cirurgia] —, nenhum ajudou com a sua ciência a humanidade ou mesmo um pequeno número de homens de sua comunidade. Onde estão os caldeus da Antiguidade, aqueles que realizaram curas maravilhosas, "não por encantos, mas por meio da simplicidade"? Onde está um Apolônio de Tiana, que curava enfermos e ressuscitava mortos em qualquer ambiente e circunstância? Conhecemos alguns especialistas do primeiro exemplo na Europa, mas nenhum capaz de realizar a última proeza — exceto na Ásia, onde o segredo do iogue, "viver na morte", ainda é preservado.

E: A criação de tais adeptos da cura é o objetivo da teosofia?

T: Os objetivos da teosofia são muitos; mas os mais essenciais são aqueles que podem levar ao alívio do sofrimento humano sob qualquer forma, moral ou físico. E acreditamos que o primeiro é bem mais importante que o segundo. A teosofia deve inculcar a ética, deve purificar a alma, se quiser aliviar o corpo físico, cujas doenças, salvo em casos de acidentes, são todas hereditárias. Não é estudando ocultismo com fins egoístas, para a gratificação de sua ambição pessoal, vaidade ou orgulho, que se pode alcançar o verdadeiro objetivo: ajudar a humanidade sofredora. Nem é estudando um único ramo da filosofia esotérica que alguém se torna ocultista, mas estudando, se não dominado, todos eles.

E: Então, apenas os que estudam as ciências esotéricas são ajudados a alcançar esse objetivo tão importante?

T: De modo nenhum. Todo membro leigo tem direito à instrução geral, se o desejar; mas poucos estão dispostos a se tornarem o que chamamos de "membros ativos"; muitos preferem continuar sendo parasitas da teosofia. Que fique claro que a pesquisa privada é incentivada na Sociedade Teosófica, desde que não infrinja o limite que separa o exotérico do esotérico, a magia cega da consciente.

A diferença entre teosofia e ocultismo

E: Teosofia e ocultismo são a mesma coisa?

T: De modo algum. Alguém pode ser um excelente teosofista, seja dentro ou fora da Sociedade, sem ser de todo modo um ocultista. Mas ninguém pode ser um verdadeiro ocultista sem ser um verdadeiro teosofista; caso contrário, será simplesmente alguém que pratica magia negra, seja de maneira consciente ou inconsciente.

E: O que isso quer dizer?

T: Como já foi dito, o verdadeiro teosofista deve praticar o mais elevado ideal moral, deve se esforçar para formar uma unidade com toda a humanidade e trabalhar incessantemente pelos outros. Mas, se um ocultista não faz nada disso, provavelmente age de modo egoísta, em seu próprio benefício; e, se adquiriu mais poderes práticos que as pessoas comuns, torna-se imediatamente um inimigo muito mais perigoso para o mundo e para aqueles ao seu redor do que um simples mortal. Isso está claro.

E: Então um ocultista é simplesmente aquele que possui mais poder que os outros?

T: Muito mais — se for um ocultista prático e realmente instruído, não apenas no nome. As ciências ocultas não são, como descrevem as enciclopédias, "ciências imaginárias da Idade Média relacionadas à suposta ação ou influência de qualidades ocultas ou de poderes sobrenaturais, como alquimia, magia, necromancia e astrologia", pois são ciências reais, verdadeiras e muito perigosas. Ensinam a potência secreta das coisas da natureza, a desenvolver e cultivar os poderes ocultos "latentes no homem", dando-lhe assim tremenda vantagem sobre os mortais mais ignorantes. O hipnotismo, hoje tão comum e tema de sérias pesquisas científicas, é um bom exemplo disso. O poder hipnótico foi descoberto quase por acaso, tendo sido precedido pelo mesmerismo; e agora um bom hipnotizador pode fazer praticamente tudo, desde forçar alguém a bancar inconscientemente o tolo ou até fazê-lo cometer um crime — às vezes até por meio de um cúmplice do hipnotizador e em benefício deste. Não é um poder terrível, se cair nas mãos de pessoas inescrupulosas? E não se esqueça de que este é apenas um dos ramos secundários do ocultismo.

E: Mas todas essas ciências ocultas, como magia e feitiçaria, não são consideradas pelos mais cultos e ilustrados como relíquias da antiga ignorância e superstição?

T: Permita-me lembrá-lo de que esta sua observação tem dois lados. Os "mais cultos e ilustrados" também consideram o cristianismo e as outras religiões como relíquias de ignorância e superstição. As pessoas começam a acreditar agora em hipnotismo, e algumas — até mesmo as mais cultas — em teosofia e fenômenos. Mas quem entre eles, exceto pregadores e fanáticos irracionais, confessará crer nos milagres bíblicos? E é aqui que jaz a diferença. Há teosofistas muito bons e puros que podem acreditar no sobrenatural, inclusive em milagres divinos, mas nenhum ocultista fará isso. Pois um ocultista pratica a teosofia científica, com base no conhecimento preciso do funcionamento secreto da natureza; mas um teosofista que exerce poderes considerados anormais, sem a luz do ocultismo, simplesmente tenderá a uma forma perigosa de mediunidade, porque, embora se apegue à teosofia e a seu elevado código de ética, ele a pratica às escuras, com uma fé sincera, porém cega. Qualquer um, teosofista ou espírita, que tentar cultivar um dos ramos da ciência oculta — por exemplo, hipnotismo, mesmerismo ou os segredos da produção de fenômenos físicos etc. — sem conhecer a lógica filosófica desses poderes será como um barco sem leme, lançado em um oceano tempestuoso.

A diferença entre teosofia e espiritismo

E: Mas vocês não acreditam no espiritismo?

T: Se por "espiritismo" você se refere às explicações que os espíritas dão a alguns fenômenos anormais, então decididamente não acreditamos. Eles afirmam que essas manifestações são produzidas integralmente pelos "espíritos" dos mortais que partiram, geralmente seus parentes, que voltam à terra, segundo eles, para se comunicar com aqueles que amavam ou aos quais eram apegados. Refutamos categoricamente esse ponto. Afirmamos que os espíritos dos mortos não podem voltar à terra — exceto em casos raros e excepcionais, dos quais falarei adiante; tampouco se comunicam com os homens, exceto por meios inteiramente subjetivos. Para nós, o que se manifesta objetivamente é apenas o fantasma do outrora corpo físico do homem. Mas no psíquico e, por assim dizer, no espiritismo "espiritual", nós decididamente acreditamos.

E: Vocês também refutam os fenômenos?
T: Certamente não — exceto nos casos de fraude consciente.

E: Como conseguem explicá-los, então?
T: De muitas maneiras. As causas de tais manifestações não são tão simples quanto os espíritas gostariam de acreditar. Antes de tudo, o deus ex machina das chamadas "materializações" é geralmente o corpo astral ou o "duplo" do médium ou de alguém presente. Esse corpo astral é também o produtor ou a força operacional das manifestações de psicografia em lousas, como as de Davenport e assim por diante.

E: Você disse "geralmente"; então, o que produz as outras manifestações?
T: Depende da natureza delas. Às vezes, remanesce o astral, as "cascas" kamalóquicas[2] das personalidades daqueles que partiram; em outras ocasiões, pode ser um elemental. "Espírito" é uma palavra de significados

múltiplos e amplos. Realmente não sei o que os espíritas querem dizer com esse termo; mas afirmam, conforme entendemos, que os fenômenos físicos são produzidos pelo ego que reencarna, a "individualidade" espiritual e imortal. Hipótese que refutamos inteiramente. A individualidade consciente do desencarnado não pode se materializar, tampouco deixar sua própria esfera mental devacânica e voltar para o plano da objetividade terrestre.

E: Mas muitas comunicações recebidas dos "espíritos" mostram não apenas inteligência, como também o conhecimento de fatos ignorados pelo médium e, às vezes, nem mesmo presentes conscientemente na mente do investigador ou de quem participe da sessão.

T: Isso não prova necessariamente que a inteligência e o conhecimento mencionados pertençam a espíritos ou emanem de almas desencarnadas. Há sonâmbulos que compuseram música, escreveram poesias e solucionaram problemas matemáticos durante o estado de transe, sem nunca terem aprendido música ou matemática. Outros responderam de forma inteligente às perguntas que lhes fizeram e até mesmo, em vários casos, falaram línguas, como hebraico e latim, que desconheciam completamente quando acordados — tudo isso num estado de sono profundo. Você diria que isso foi causado por "espíritos"?

E: Mas como explicar isso?

T: Afirmamos que a centelha divina presente no homem é única e idêntica em sua essência ao Espírito Universal, que nosso "eu espiritual" é praticamente onisciente, mas que não pode manifestar seu conhecimento devido aos impedimentos da matéria. Quanto mais afastamos esses impedimentos, ou seja, quanto mais paralisamos o corpo físico no que se refere à sua atividade e consciência independentes, como no estado de sono ou transe profundos, ou mesmo na doença, mais plenamente o eu interior poderá se manifestar nesse plano. Essa é a nossa explicação para aqueles fenômenos verdadeiramente maravilhosos, de ordem superior, nos quais são exibidos inteligência e conhecimento inegáveis. Quanto às manifestações de ordem inferior, tais como fenômenos físicos, as banalidades e conversas sobre o vago termo "espírito" para explicar até mesmo o mais importante dos ensinamentos que defendemos sobre o assunto, estas ocupariam mais espaço e tempo do que dispomos no momento. Não desejamos interferir na crença dos espíritas, nem nas demais crenças. O ônus da prova deve recair sobre aqueles que creem em "espíritos". E no momento presente, embora ainda convictos de que as manifestações superiores ocorrem através das almas desencarnadas, seus líderes e os mais instruídos e inteligentes entre os espíritas são os primeiros a confessar que nem todos os fenômenos são produzidos por espíritos. Gradualmente, acabarão por conhecer toda a verdade; mas, por enquanto, não temos o direito nem o desejo de convencê-los de nossas opiniões. Tanto menos que, como nos casos de manifestações puramente psíquicas e espirituais, acreditamos na intercomunicação do espírito do homem vivo com o de pessoas desencarnadas[3].

E: Isso significa que refutam a filosofia do espiritismo como um todo?

T: Se por "filosofia" você se refere às teorias imperfeitas deles, sim, nós a refutamos. Mas eles não possuem uma filosofia, na realidade. Seus maiores intelectuais e mais sinceros defensores dizem isso. Sua única verdade fundamental e incontestável, ou seja, a afirmação de que os fenômenos ocorrem por meio de médiuns controlados por forças e inteligências invisíveis — ninguém, exceto um materialista cego da escola evolucionista de Huxley ousaria ou poderia negar. No entanto, com relação à filosofia do espiritismo, permita-me ler o que o competente editor da *Light*, o mais sábio e dedicado defensor que os espíritas poderiam encontrar, diz sobre eles e sua filosofia. Eis o que M. A. Oxon, um dos poucos espíritas filosóficos, escreveu a respeito da desorganização e do fanatismo cego dos espíritas:

> Vale a pena olhar com seriedade este ponto, pois é de vital importância. Temos uma experiência e um conhecimento que superam significativamente os outros conhecimentos. O espírita comum se enfurece quando alguém ousa contestar seu conhecimento infalível quanto ao futuro e sua absoluta certeza da vida por vir. Enquanto outros homens estenderam suas frágeis mãos, tateando no futuro sombrio, ele caminha corajosamente, como quem tem um mapa e conhece seu caminho. Enquanto outros homens se contentam com uma piedosa aspiração ou uma fé hereditária, ele se orgulha em

possuir um saber hermético, compartilhado apenas com outros espíritas, e acredita que, com sua vasta sabedoria, pode complementar as crenças decadentes baseadas apenas na esperança. Ele é magnífico em lidar com as mais estimadas expectativas do homem. "Vocês esperam", parece dizer, "por aquilo que posso demonstrar. Aceitam uma crença tradicional quando posso provar experimentalmente de acordo com o método científico mais rigoroso. As velhas crenças estão desaparecendo; deixem-nas, separem-se delas. Contêm tantos equívocos quanto verdades. Apenas construindo sobre a base segura de fatos demonstrados é que sua estrutura poderá ser estável. As velhas crenças estão desmoronando ao seu redor. Retirem-se, antes que destroços os atinjam.

Quando se trata de lidar com essa pessoa magnífica de forma prática, qual é o resultado? É bastante curioso e decepcionante. Ela está tão segura de suas opiniões que não se preocupa em analisar a interpretação dos outros sobre seus fatos. A sabedoria dos séculos preocupou-se em explicar o que ela considera um fato comprovado; mas ela não dedica um único olhar a esses estudos. Nem mesmo concorda integralmente com seus irmãos espíritas. Parece a história da senhora escocesa que, juntamente com seu marido, fundou uma "igreja". Tinham as chaves exclusivas do céu, ou melhor, ela possuía, pois não tinha tanta "certeza quanto a Jamie". Assim

como as seitas espíritas, infinitamente dividi-
das e subdivididas, balançam a cabeça e dizem
"não ter certeza" quanto aos outros irmãos. Além
disso, quando dizemos que a união faz a força e
a desunião é uma fonte de fraqueza e fracasso,
podemos afirmar que a experiência coletiva da
humanidade é sólida e invariável nesse ponto.
Juntos, com treino e disciplina, é possível transformar o povo num exército, e cada soldado num
oponente que vale por cem inimigos destreinados.
Manter a organização em cada departamento do
seu trabalho significa obter sucesso, lucro, desenvolvimento, e economizar tempo e energia. A falta
de métodos e planos, o trabalho desordenado, a
energia errática, a indisciplina — tudo isso leva
a um fracasso retumbante. A voz da humanidade
atesta a verdade. O espírita aceita o veredito e
passa a agir segundo essa conclusão? Na verdade,
não. Recusa-se a participar de uma organização.
Ele é a lei para si mesmo e um espinho para os
seus vizinhos." *Light*, 22 de junho de 1889.

E: Dizem que a Sociedade Teosófica foi fundada originalmente para derrubar o espiritismo e a crença na sobrevivência da individualidade do homem.

T: Você está mal informado. Nossas crenças são baseadas
nessa individualidade imortal. Porém, como tantos outros,
você confunde personalidade com individualidade. Os
psicólogos ocidentais não parecem ter estabelecido uma
distinção clara entre ambas. Contudo, é precisamente

essa diferença, que reside na raiz da divergência entre os ensinamentos teosóficos e espíritas, que fornece a chave para a compreensão da filosofia oriental. E embora possa atrair sobre nós ainda mais hostilidade da parte de alguns espíritas, devo afirmar aqui que a teosofia é o verdadeiro e puro espiritismo, enquanto o sistema moderno que carrega esse nome é, como praticado atualmente pelas massas, apenas mero materialismo transcendental.

E: Por favor, explique sua ideia com mais clareza.

T: O que quero dizer é que, embora nossos ensinamentos insistam na identidade do espírito e da matéria, embora digamos que o espírito é matéria em potencial e a matéria simplesmente um espírito cristalizado (como, por exemplo, o gelo é vapor solidificado), ainda assim, a condição original e eterna de tudo não é espírito, e sim meta-espírito, por assim dizer (sendo a matéria visível e sólida sua mera manifestação periódica), logo, afirmamos que o termo "espírito" só pode ser aplicado à verdadeira individualidade.

E: Mas qual é a diferença entre essa "verdadeira individualidade" e o "eu" ou "ego" do qual todos temos consciência?

T: Antes de lhe responder, devemos discutir o que você entende por "eu" ou "ego". Fazemos uma distinção entre o simples fato da autoconsciência, o simples sentimento de que "eu sou eu" e o complexo pensamento de que "eu sou o sr. Smith" ou a "sra. Brown". Como acreditamos em uma série de nascimentos para o mesmo ego, ou reencarnação, essa distinção é o eixo central de toda a ideia. Pois bem, "sr. Smith" significa na realidade uma longa série de experiências diárias unidas pelo fio da memória, formando o que o sr. Smith chama de "ele mesmo". Mas nenhuma dessas "experiências" são realmente o "eu" ou o "ego", nem dão ao "sr. Smith" a sensação de ser ele mesmo, pois ele esquece a maior parte de suas experiências diárias, e elas produzem nele o sentimento de individualidade apenas enquanto duram. Nós, teosofistas, portanto, fazemos distinção entre esse pacote de "experiências" que chamamos de personalidade falsa (porque é finita e efêmera) e aquele elemento no homem ao qual se deve o sentimento de "eu sou eu". É esse "eu sou eu" que chamamos de verdadeira individualidade; e dizemos que esse "ego" ou individualidade representa, como um ator, muitos papéis no palco da vida.[4] Consideremos cada nova vida na Terra desse mesmo ego como uma apresentação teatral. Numa apresentação o ator, ou o "ego", surge como Macbeth, na próxima como Shylock, na terceira como Romeu, na quarta como Hamlet ou Rei Lear e assim por diante, até que ele percorra todo o ciclo de encarnações. O ego começa sua peregrinação na vida como um espírito, um Ariel ou um Puck; faz o papel de figurante, é um soldado, um servo, alguém do coro; assume, então, personagens "com fala", desempenha papéis principais, entremeados com participações insignificantes, até que finalmente se aposenta do palco como Próspero, o mago.

E: Entendo. Você diz, então, que esse verdadeiro ego não pode voltar à Terra após a morte. Mas certamente o ator tem liberdade, se preservou o senso de sua individualidade, para retornar se quiser à cena de seus atos anteriores?

T: Afirmamos que não, simplesmente porque tal retorno à Terra seria incompatível com qualquer estado de pura bem-aventurança após a morte, como quero provar. Dizemos que o homem padece com tantos sofrimentos imerecidos durante sua vida, por culpa de outras pessoas com quem se relaciona, ou por causa de seu ambiente, que certamente tem direito ao perfeito repouso e sossego, se não felicidade, antes de retomar novamente o fardo da vida. No entanto, podemos discutir isso em detalhes mais tarde.

Por que a teosofia é aceita?

E: Entendo até certo ponto; mas vejo que seus ensinamentos são bem mais complicados e metafísicos do que o espiritismo ou qualquer pensamento religioso comum. Pode me dizer, então, o que fez o sistema da teosofia despertar tanto interesse e tanta animosidade ao mesmo tempo?

T: Creio que há várias razões para isso. Entre outras causas que podem ser mencionadas, cito, em primeiro lugar, a reação desmedida das grosseiras teorias materialistas que prevalecem hoje entre os professores de ciências. Em segundo lugar, a insatisfação geral com a teologia artificial professada por várias igrejas cristãs e o número crescente de seitas conflitantes. Em terceiro lugar, uma percepção cada vez maior de que os credos que se contradizem tão obviamente não podem ser verdadeiros e as alegações não verificadas não podem ser reais. Essa desconfiança natural nas religiões convencionais apenas é reforçada por seu completo fracasso em preservar a moral e purificar a sociedade e as massas. Em quarto lugar, a convicção de muitos e o conhecimento de poucos de que deve existir em algum lugar um sistema filosófico e religioso que seja científico e não meramente especulativo. Finalmente, a crença, talvez, de que tal sistema deve ser buscado em ensinamentos muito anteriores a qualquer fé moderna.

E: Mas por que esse sistema só foi apresentado agora?

T: Simplesmente porque agora é o momento propício, fato que é demonstrado pelo resoluto esforço de tantos estudantes fervorosos em alcançar a verdade, custe o que custar e onde quer que esteja oculta. Vendo isso, os guardiães da verdade permitiram que pelo menos parte dessa verdade fosse proclamada. Se a formação da Sociedade Teosófica tivesse sido adiada por mais alguns anos, metade das nações civilizadas teria se tornado, a essa altura, materialista convicta, e a outra metade seria composta por antropomorfistas e fenomenalistas.

E: Devemos considerar a teosofia como uma espécie de revelação?

T: De forma alguma — nem mesmo no sentido de uma revelação nova e direta de algum ser superior, sobrenatural ou, pelo menos, sobre-humano; e sim no sentido de "revelação" de verdades antigas, muito antigas, as mentes que até então as ignoravam, sem ter ciência até mesmo da existência e preservação desse conhecimento arcaico.[5]

E: Você falou em "perseguição". Se a teosofia representa a verdade, por que encontra tanta oposição e pouca aceitação?

T: Novamente por muitas e variadas razões, uma das quais, a aversão que os homens sentem por "inovações", como as chamam. O egoísmo é essencialmente conservador e avesso a ser incomodado. Prefere a mentira fácil e inexata à maior verdade, se essa exigir o sacrifício de qualquer conforto. O poder da inércia mental é grande quando se trata de algo que não promete benefícios e recompensas imediatas. Nossa época é sobretudo pragmática e destituída de espiritualidade. Além disso, há também o caráter incomum dos ensinamentos teosóficos; a natureza altamente abstrata de suas doutrinas, algumas das quais contradizem categoricamente muitos dos caprichos humanos nutridos pelos sectários, que têm se alimentado do próprio cerne das crenças populares. Se acrescentarmos a isso os esforços pessoais e a grande pureza de vida exigidos dos que desejam se tornar discípulos do círculo interno, e a classe muito limitada de pessoas atraídas por um código inteiramente altruísta, será fácil perceber por que a teosofia está fadada a um trabalho tão árduo e lento. É essencialmente a filosofia daqueles que sofrem e perderam completamente a esperança de serem ajudados a se desvencilhar dos embaraços da vida por qualquer outro meio. Ademais, a história de qualquer sistema de crença ou de moral recém-introduzido em solo estrangeiro mostra que seu início foi dificultado por todos os obstáculos sugeridos tanto pelo obscurantismo quanto pelo egoísmo. De fato, "a coroa do inovador é uma coroa de espinhos"! Não se pode derrubar edifícios velhos e carcomidos sem correr algum perigo.

E: Tudo isso se refere mais à ética e à filosofia da S. T. Poderia me dar uma ideia mais ampla sobre seus objetivos e estatutos?

T: Isso nunca foi segredo. Pergunte o que desejar, que responderei.

E: Ouvi dizer que vocês juravam sigilo.

T: Apenas na seção secreta ou "esotérica".

E: Soube também que alguns membros egressos não se consideravam comprometidos com esse juramento. Estariam certos?

T: Isso mostra que sua ideia de honra é imperfeita. Como poderiam estar certos? Como bem disse a revista *The Path*, nosso órgão teosófico em Nova York, tratando de casos como esse: "Suponha-se que um soldado seja julgado por indisciplina e por violar seu juramento, e seja dispensado do serviço. Furioso com o merecido castigo e ciente das penalidades a que estaria sujeito se infringisse a lei, o soldado procura o inimigo, oferecendo falsas informações — um espião e traidor —, no intuito de vingar-se de seu antigo comandante, e afirma que sua punição o libertou do juramento de lealdade à causa. Você considera a atitude desse homem justificável? Não acha que merece ser chamado de infame, de covarde?

E: Creio que sim; mas alguns pensam o contrário.

T: Pior para eles. Mas voltaremos a esse assunto mais tarde, se não se importa.

- III -
O SISTEMA DE
TRABALHO DA S. T.[1]

Os objetivos da Sociedade

E: Quais são os objetivos da "Sociedade Teosófica"?

T: São três, e assim tem sido desde o princípio: 1) formar um núcleo da Fraternidade Universal da Humanidade sem distinção de raça, cor ou credo; 2) promover o estudo tanto das Escrituras arianas como de outras religiões e ciências do mundo, reivindicando a importância da antiga literatura asiática, isto é, das filosofias bramânicas, budistas e zoroastristas; e 3) investigar os mistérios ocultos da natureza sob cada aspecto possível e, em especial, os poderes psíquicos e espirituais latentes no homem. Esses são, em termos gerais, os três principais objetivos da Sociedade Teosófica.

E: Pode me dar informações mais detalhadas a respeito deles?

T: Podemos dividir cada um dos três objetivos em tantas cláusulas explicativas quantas forem necessárias.

E: Então comecemos com o primeiro. A que meios recorreria para promover esse sentimento de fraternidade entre raças conhecidas por terem os mais diversos costumes, religiões, crenças e modos de pensar?

T: Permita-me acrescentar o que você parece não desejar expressar. Sabemos, é claro, que, com exceção de duas raças remanescentes — os parses e os judeus —, cada nação possui divergências, não apenas com outras, mas também consigo mesma. Isso é encontrado especialmente entre as chamadas nações cristãs civilizadas. Por esse motivo o nosso primeiro objetivo, que lhe pareceu utópico, deixou-o tão admirado, não é mesmo?

E: De fato, mas há algo a dizer contra isso?

T: Contra o fato, nada; mas muito sobre a necessidade de remover as causas que fazem da Fraternidade Universal uma utopia no presente.

E: Quais são, na sua opinião, essas causas?

T: Em primeiro lugar, o egoísmo característico da natureza humana. Esse egoísmo, em vez de ser erradicado, é diariamente fortalecido e estimulado pela educação religiosa atual, que tende não apenas a encorajá-lo, mas também a justificá-lo a ponto de o transformar num sentimento feroz e irresistível. A noção das pessoas sobre o bem e o mal foi completamente deturpada pela aceitação literal da Bíblia hebraica. A abnegação presente nos ensinamentos altruístas de Jesus tornou-se apenas um assunto teórico para a oratória do púlpito; enquanto os preceitos de egoísmo prático ensinados na Bíblia mosaica, contra os quais Cristo pregou em vão, enraizaram-se profundamente na vida das nações ocidentais. "Olho por olho, dente por dente", tornou-se a primeira máxima de sua lei. Agora afirmo, abertamente e sem medo, que *somente* a *teosofia* pode erradicar a perversidade dessa e de tantas outras doutrinas.

A origem comum do homem

E: Como?

T: Simplesmente demonstrando de forma lógica, filosófica, metafísica e até mesmo científica que: (a) Todos os homens têm a mesma origem espiritual e física, sendo este o ensinamento fundamental da teosofia. (b) Como a humanidade tem uma mesma essência, e esta é única — infinita, incriada e eterna, quer a chamemos de Deus ou natureza —, nada, portanto, pode afetar uma nação ou um homem sem afetar todas as outras nações e todos os outros homens. Isso é tão certo e óbvio quanto a pedra que, atirada ao lago, colocará em movimento, cedo ou tarde, cada gota de água presente nele.

E: Mas essa não é uma doutrina de Cristo, e sim uma noção panteísta.

T: É aí que você se engana. É puramente cristã, embora *não* judaica e, portanto, talvez, suas nações bíblicas prefiram ignorá-la.

E: Essa é uma acusação generalizada e injusta. Onde estão as provas para tal afirmação?

T: Estão prontamente à mão. Dizem que Cristo falou: "Amai-vos uns aos outros" e "Amai vossos inimigos"; pois "se amardes (apenas) os que vos amam, que recompensa (ou mérito) tereis? Não fazem os *publicanos*[2] o mesmo? E, se saudais somente os vossos irmãos, que fazeis de notável? Não agem os publicanos também dessa maneira?". Essas são as palavras de Cristo. Mas a Bíblia diz em Gênesis 9:25: "Maldito seja Canaã, servo de servos será para seus irmãos". Portanto, os povos cristãos, mas bíblicos, preferem a lei de Moisés à lei do amor de Cristo. Baseiam-se no Antigo Testamento, que satisfaz a todas as suas paixões, suas leis de conquista, anexação e tirania sobre as raças que chamam de *inferiores*. A história pode nos dar uma ideia, embora insuficiente, de quantos crimes foram cometidos com base nessa passagem infernal do Gênesis (se tomada ao pé da letra)[3].

E: Você diz que a identidade de nossa origem física é provada pela ciência, e a de nossa origem espiritual pela Religião da Sabedoria. Ainda assim, não vemos darwinistas demonstrando grande afeição fraterna.

T: Exato. Isso demonstra a deficiência dos sistemas materialistas e prova que nós, teosofistas, estamos certos. A identidade de nossa origem física não apela aos nossos sentimentos mais elevados e profundos. A matéria, privada de sua alma e seu espírito, ou de sua essência divina, não pode falar ao coração humano. Mas a identidade da alma e do espírito do homem real e imortal, como a teosofia nos ensina, uma vez comprovada e enraizada em nosso coração, nos levaria longe no caminho da verdadeira caridade e benevolência fraterna.

E: Mas como a teosofia explica a origem comum do homem?

T: Ensinando que a *raiz* de toda a natureza, objetiva e subjetiva, e tudo o mais no universo, visível e invisível, é, *foi* e *sempre será* uma essência absoluta, da qual tudo começa e à qual tudo retorna. Essa é a filosofia ariana, totalmente representada apenas pelos vedantinos e pelo sistema budista. Com esse objetivo em vista, é dever de todos os teosofistas promoverem de todas as formas práticas, e em todos os países, a disseminação da educação *não sectária*.

E: Além disso, o que os estatutos oficiais da Sociedade aconselham a seus membros? No plano físico, quero dizer.

T: A fim de despertar o sentimento fraterno entre as nações, devemos ajudar no intercâmbio internacional de artes e produtos úteis, por meio de conselhos, informações e cooperação com todos os indivíduos e associações dignos (desde que, porém, se acrescente aos estatutos: "nenhum benefício ou percentual deve ser aceito pela Sociedade ou pelos 'membros' por seus serviços corporativos"). Darei um exemplo prático. A organização da sociedade, retratada por Edward Bellamy, em sua magnífica obra *Looking Backward* [Olhando para trás], representa admiravelmente a ideia teosófica do que deveria ser o primeiro grande passo para a plena realização da fraternidade universal. O estado de coisas que descreve só não alcança a perfeição porque o egoísmo ainda existe e opera no coração humano. Mas, no geral, o egoísmo e o individualismo foram superados pelo sentimento de solidariedade e fraternidade mútua; e o projeto de vida ali descrito reduz ao mínimo as causas que tendem a criar e fomentar o egoísmo.

E: Então, todo teosofista deve participar de um esforço para concretizar esse ideal?

T: Certamente; e podemos prová-lo com fatos. Você soube dos clubes e partidos nacionalistas que surgiram nos Estados Unidos desde a publicação do livro de Bellamy? Estão recebendo bastante destaque no momento, e receberão ainda mais no futuro. Esses clubes e esse partido foram fundados em primeira instância por teosofistas. Um dos primeiros, o Clube Nacionalista de Boston, em Massachusetts, tinha teosofistas como presidente e secretário, e a maioria de seus executivos pertence à Sociedade Teosófica. Na constituição de todos esses clubes e do partido que estão formando, a influência da teosofia e da Sociedade é clara, pois todos tomam como base seu primeiro e fundamental princípio, a fraternidade humana, como ensinado pela teosofia. Em sua declaração de princípios, afirmam: "O princípio da fraternidade humana é uma das verdades eternas que comandam o progresso do mundo em linhas que distinguem a natureza humana da natureza animal". O que pode ser mais teosófico do que isso? De todo modo, não é o bastante. Também é necessário infundir nos homens a ideia de que, se a raiz da humanidade é *una*, então deve haver também uma verdade que encontra expressão em todas as várias religiões — exceto na judaica, pois isso não se encontra *expresso* nem na *Cabala*.

E: Isso se refere à origem comum das religiões, e talvez você esteja certa nesse ponto. Mas como se aplica à fraternidade prática no plano físico?

T: Primeiro, porque o que é verdade no plano metafísico também deve ser no plano físico. Em segundo lugar, porque não há fonte mais fértil de ódio e discórdia do que as diferenças religiosas. Quando uma parte ou outra se considera a única possuidora da verdade absoluta, é natural pensar que o seu vizinho está completamente equivocado ou caiu nas garras do diabo. Contudo, uma vez que se consiga ver que ninguém possui *toda* a verdade, mas que todas são mutuamente complementares, que a verdade absoluta pode ser encontrada apenas a partir da combinação das diferentes visões, após separar o que é falso em cada uma delas — então a verdadeira fraternidade na religião será estabelecida. O mesmo se aplica ao mundo físico.

E: Por favor, explique melhor.

T: Considere o seguinte exemplo. Uma planta consiste em raiz, caule e muitos brotos e folhas. Do mesmo modo, a humanidade, como um todo, é o caule que cresce a partir da raiz espiritual, logo, o caule é a unidade da planta. Machuque o caule e é claro que todos os brotos e folhas sofrerão. Assim é a humanidade.

E: Sim, mas se se ferir apenas uma folha ou um broto, não se fere a planta inteira.

T: E, portanto, você acha que ao ferir *um* homem não está ferindo a humanidade? Mas como *você* pode saber? Está ciente de que mesmo a ciência materialista ensina que qualquer dano, por menor que seja, a uma planta afeta o curso de seu crescimento e desenvolvimento futuro? Você está enganado, e a analogia é perfeita. Se, no entanto, ignora que mesmo um corte no dedo pode fazer o corpo inteiro sofrer e refletir no sistema nervoso, devo lembrá-lo de que pode haver leis espirituais operando em plantas e animais, assim como na humanidade, embora, como não reconhece essa ação sobre as plantas e animais, você possa negar sua existência.

E: A que leis se refere?

T: Nós as chamamos de leis cármicas; mas para compreender o verdadeiro significado do termo é preciso estudar ocultismo. Contudo, meu argumento não se baseava na suposição dessas leis, mas na analogia da planta. Expanda a ideia, aplique-a universalmente e logo descobrirá que na verdadeira filosofia toda ação física tem seu efeito moral e eterno. Ao ferir alguém, causando-lhe danos físicos, talvez se pense que sua dor e sofrimento não podem afetar de algum modo seus vizinhos, muito menos pessoas de outras nações. Afirmamos que *isso acontecerá, no devido tempo*. Portanto, a menos que se compreenda e aceite *como uma verdade axiomática* que ao prejudicar alguém prejudicamos não apenas a nós mesmos, mas a toda a humanidade a longo prazo, nenhum sentimento fraternal como os pregados pelos grandes reformadores, especialmente Buda e Jesus, poderá existir na Terra.

Nossos outros objetivos

E: Poderia explicar agora os métodos para se realizar o segundo objetivo?

T: Angariar para a biblioteca da nossa sede em Adyar, Madras (e orientar os membros de cada ramo a fazerem o mesmo em suas bibliotecas locais), todas as boas obras sobre as religiões do mundo que pudermos. Registrar por escrito informações acuradas sobre as várias filosofias, tradições e lendas antigas, e divulgá-las de maneira prática, como, por exemplo, por meio da tradução e publicação de obras originais valorosas, extratos e comentários sobre elas, ou instruções orais de pessoas versadas em suas respectivas áreas de conhecimento.

E: E quanto ao terceiro objetivo, desenvolver no homem seus poderes espirituais ou psíquicos latentes?

T: Esse também deve ser alcançado por meio de publicações nos locais onde não são possíveis palestras e ensinamentos pessoais. Nossa tarefa é preservar vivas no homem suas intuições espirituais. Opor-se e contrapor-se — após a devida investigação e prova de sua natureza irracional — ao fanatismo em todas as suas formas, religiosa, científica ou social, e à hipocrisia, acima de tudo, seja como sectarismo religioso ou como a crença em milagres ou qualquer coisa sobrenatural. O que temos de fazer é buscar o *conhecimento* de todas as leis da natureza e difundi-lo. Incentivar o estudo das leis menos compreendidas pelos estudiosos modernos, as chamadas ciências ocultas, *baseadas no verdadeiro conhecimento da natureza*, em vez de, como ocorre hoje, em *crenças supersticiosas fundamentadas na autoridade e na fé incondicional*. O folclore e as tradições populares, embora por vezes fantasiosos, quando examinados a fundo, podem levar à descoberta de importantes segredos da natureza, ainda que há muito perdidos. A Sociedade, portanto, pretende seguir essa linha de pesquisa, na esperança de ampliar o campo da observação científica e filosófica.

Sobre o juramento sagrado

E: Há algum sistema de ética que é aplicado na Sociedade?
T: Uma ética simples e acessível está à disposição de quem desejar segui-la. Trata-se da essência da ética mundial, reunida a partir dos ensinamentos dos grandes reformadores do mundo. Estão representados nela Confúcio, Zoroastro, Lao-Tsé, o *Bhagavad Gita*, os preceitos do Buda Gautama, de Jesus de Nazaré, Hillel e sua escola, mas também os de Pitágoras, Sócrates, Platão e suas escolas.

E: Os membros de sua Sociedade cumprem esses preceitos? Soube de grandes divergências e disputas entre eles.
T: Naturalmente, pois, embora a reforma (em sua forma atual) possa ser considerada como nova, os homens e as mulheres a serem reformados apresentam a mesma natureza pecadora de antigamente. Como já foi dito, os membros *ativos* sérios são poucos; mas as pessoas sinceras e ·bem-intencionadas que fazem o possível para viver de

acordo com a Sociedade e seus próprios ideais são muitas. Nosso dever é encorajar e ajudar os membros individualmente a realizar seu aprimoramento intelectual, moral e espiritual; não culpar nem condenar aqueles que falham. Não temos, estritamente falando, o direito de recusar a admissão de ninguém — sobretudo na *seção esotérica* da Sociedade, onde "aquele que entra é como um recém-nascido". Mas se algum membro, apesar das promessas sagradas em sua palavra de honra em nome do *eu* imortal, após esse "renascimento", continua com os vícios ou defeitos da antiga vida, entregando-se a eles enquanto frequenta a Sociedade, então, evidentemente, é muito provável que seja convidado a renunciar e se retirar; ou, em caso de recusa, ser expulso. Temos regras rígidas para tais situações.

E: Pode citar algumas?

T: Sim. Para começar, nenhum membro da Sociedade, seja exotérico ou esotérico, tem o direito de impor suas opiniões pessoais a outro membro. "Não é lícito a *nenhum membro da matriz da Sociedade* expressar em público, por palavras ou atos, qualquer hostilidade ou preferência por uma seção[4] religiosa ou filosófica. Todos possuem o mesmo direito de apresentar as características essenciais de sua crença religiosa diante do tribunal de um mundo imparcial. E nenhum adepto da Sociedade, em sua qualidade de membro, tem o direito de pregar suas próprias opiniões e crenças sectárias aos membros congregados, exceto quando a reunião é composta por seus correligionários. Após a devida advertência, a violação dessa regra será punida com suspensão ou expulsão." Essa é uma das transgressões, na Sociedade. No que diz respeito ao círculo interno, agora chamado de *esotérico*, as seguintes regras foram estabelecidas e adotadas já em 1880: "Nenhum membro deve submeter a seu próprio uso egoísta nenhum conhecimento comunicado a ele por um membro da primeira seção (um 'grau' superior); sendo a violação da regra punida com expulsão". No entanto, antes que algum conhecimento seja transmitido, o aspirante deve fazer o solene juramento de não o utilizar para fins egoístas, nem revelar nada do que foi dito, exceto com permissão.

E: Mas a pessoa que renuncia ou é expulsa da seção pode revelar o que aprendeu, ou quebrar uma cláusula do compromisso assumido?
T: Certamente que não. Sua expulsão ou renúncia apenas o isenta da obrigação de obedecer ao professor e ser parte ativa do trabalho da Sociedade, mas sem dúvida isso não a libera do sagrado juramento de sigilo.

E: Mas isso é razoável e justo?
T: Com certeza. Para qualquer pessoa honrada, um pacto de sigilo assumido sob palavra de honra, e muito mais, em nome do seu Eu superior — o Deus interno —, é inviolável até a morte. Mesmo deixando a Sociedade, nenhum homem ou mulher de honra pensará em atacar ou insultar a organização com a qual se comprometeu.

E: Não seria isso exagero?
T: Talvez seja, de acordo com o baixo padrão de moralidade atual. Mas se não houvesse uma promessa como

essa, para que serviria o *juramento*? Como alguém pode esperar aprender um conhecimento secreto, se deseja se livrar de todas as obrigações assumidas quando bem entender? Que segurança, confiança ou fé existiria entre os membros, se as promessas não tivessem valor ou força real? Acredite em mim, a lei da retribuição (carma) chegaria sem demora, talvez ainda neste plano físico, àquele que quebrou sua promessa, tão rapidamente quanto o desprezo dos homens honrados. É como foi expressado tão bem pelo *The Path*: "Uma vez feita, a promessa será sempre obrigatória tanto no mundo moral quanto no oculto. Se a quebrarmos e formos punidos, não há justificativa para fazê-lo novamente, pois, enquanto o fizermos, a poderosa alavanca da Lei (do carma) agirá sobre nós." (*The Path*, Nova York, julho de 1889).

– IV –
AS RELAÇÕES DA SOCIEDADE TEOSÓFICA COM A TEOSOFIA

Sobre o aprimoramento pessoal

E: A elevação moral é, então, o principal objetivo da Sociedade?

T: Sem dúvida! Aquele que deseja ser um verdadeiro teosofista deve se esforçar para viver como um.

E: Sendo assim, como observei antes, o comportamento de alguns membros contradiz estranhamente esse preceito fundamental.

T: Realmente. Mas isso não pode ser evitado, entre nós, mais do que entre aqueles que se dizem cristãos e agem como demônios. Não é culpa de nossos estatutos e regras, mas da natureza humana. Mesmo em alguns ramos exotéricos públicos, os membros se comprometem com seu "Eu superior" a viver *a vida* prescrita pela teosofia. Precisam evocar seu *Eu divino* para guiar todos os seus pensamentos e ações, todos os dias e a cada momento da vida. Um verdadeiro teosofista deve "agir com justiça e caminhar com humildade".

E: O que quer dizer com isso?

T: Simplesmente o seguinte: deve abdicar de si mesmo pelos outros. Permita-me responder-lhe citando as palavras de um verdadeiro filaleteu, membro da Sociedade Teosófica, que se expressou notavelmente em *The Theosophist*: "Em primeiro lugar, cada homem precisa encontrar a si mesmo e, em seguida, fazer um inventário honesto de suas posses subjetivas, e, por pior ou mais falido que esteja, não é impossível alcançar a redenção se a perseguir com afinco". Mas quantos o fazem? Todos estão dispostos a trabalhar para seu próprio desenvolvimento e progresso; muito poucos para o dos outros. Citando novamente o mesmo escritor: "Os homens foram enganados e iludidos por muito tempo; devem quebrar seus ídolos, deixar de lado suas mentiras e trabalhar em prol de si mesmos — não, na verdade, é o contrário, pois aquele que trabalha para si mesmo, melhor seria se não trabalhasse; em vez disso, deve trabalhar para os outros, para todos. Para cada flor de amor e caridade que plantar no jardim de seu vizinho, uma erva daninha desaparecerá do seu, e assim esse jardim dos deuses — a humanidade — florescerá como uma rosa. Em todas as Bíblias, em todas as religiões, esse conceito é claramente descrito — mas os homens traiçoeiros a princípio o interpretaram mal e, finalmente, o corromperam e materializaram. Isso não requer uma nova revelação. Que cada homem seja uma revelação para si mesmo. Quando o espírito imortal do homem tomar posse do templo de seu corpo, expulsar os cambistas e todas as impurezas, sua própria humanidade divina o redimirá, pois, quando finalmente se unir a si mesmo, conhecerá o 'Arquiteto do Templo'".

E: Confesso que considero isso puro altruísmo.

T: E é mesmo. Se apenas um em cada dez membros da S. T. praticasse esse preceito, teríamos, de fato, um grupo de eleitos. Mas, entre os que não fazem parte da Sociedade, há sempre aqueles que se recusam a ver a diferença essencial entre a teosofia e a Sociedade Teosófica, a ideia e sua personificação imperfeita. Esses fariam cada pecado e deficiência do instrumento, o corpo humano, recair sobre o espírito puro que irradia sua luz divina. Isso é justo para qualquer um deles? Atiram pedras em uma associação que luta para propagar seu ideal tendo as maiores adversidades contra ela. Alguns difamam a Sociedade Teosófica apenas porque ela se atreve a tentar fazer o que outros sistemas — a Igreja e especialmente o Estado cristão — falharam miseravelmente em fazer; e também porque gostariam de preservar o atual estado de coisas: fariseus e saduceus no trono de Moisés, e publicanos e pecadores festejando em postos elevados, como sob o Império Romano durante sua decadência. As pessoas justas, de qualquer modo, devem se lembrar de que o homem que faz tudo o que pode realiza tanto quanto aquele que mais alcançou neste mundo de possibilidades relativas. Esse é um truísmo simples, um axioma sustentado, para os crentes nos Evangelhos, pela parábola dos talentos (moedas) concedidos por seu Mestre; o servo que dobrou seus dois talentos foi recompensado do mesmo modo que aquele que recebeu *cinco*. A cada um é dado "de acordo com sua capacidade".

E: É bem difícil, neste caso, traçar a linha de demarcação entre o abstrato e o concreto, pois temos apenas o último para poder julgar.

T: Então por que abrir uma exceção para a Sociedade Teosófica? A justiça, como a caridade, deve começar em casa. Deve-se insultar e ridicularizar o "Sermão da Montanha" porque suas leis sociais, políticas e mesmo religiosas não apenas falharam até agora em cumprir os preceitos na sua essência, como também em seu próprio significado? É preciso abolir os juramentos no Tribunal, Parlamento, Exército e em todos os lugares e fazer como os *quakers*, se vocês *se intitulam* cristãos. Extinguir os próprios tribunais, pois, seguindo os mandamentos de Cristo, deverão dar abrigo àquele que os espoliaram e oferecer a face esquerda ao agressor que esbofeteou a direita. "Não resistais ao mal, amai a vossos inimigos, bendizei os que vos maldizem, fazei bem aos que vos odeiam", pois "aquele que violar um destes mandamentos, por menor que seja, e assim ensinar aos homens, será chamado o menor no Reino dos Céus" e "quem chamar de 'louco' a seu irmão, será réu do fogo do inferno." Não julgue se não quiser ser julgado. Insistir que entre a teosofia e a Sociedade Teosófica não há diferença é expor o cristianismo e sua própria essência às mesmas acusações, apenas de maneira mais grave.

E: Por que *mais* grave?

T: Porque, enquanto os líderes do movimento teosófico, reconhecendo plenamente suas deficiências, fazem o que está a seu alcance para corrigi-las e erradicar o mal existente na Sociedade; e enquanto suas regras e estatutos são baseados no espírito teosófico, os legisladores e as Igrejas das nações ditas cristãs fazem exatamente contrário. Nossos membros mais fracos não são piores que o cristão comum. Além disso, se os teosofistas ocidentais experimentam tanta dificuldade em levar uma verdadeira vida teosófica, é porque são produtos de sua geração. Cada um deles foi cristão, criado e educado no sofisma de sua Igreja, com seus costumes sociais e até mesmo suas leis paradoxais. Ele era assim antes de se tornar teosofista, ou melhor, membro da Sociedade que traz esse nome, nunca é demais repetir que, entre o ideal abstrato e seu veículo, há uma diferença importante.

O abstrato e o concreto

E: Por favor, elucide um pouco mais essa diferença.

T: A Sociedade é um grande grupo de homens e mulheres, composto pelos elementos mais heterogêneos. A teosofia, em seu significado abstrato, é a Sabedoria Divina, ou uma combinação de conhecimento e sabedoria que sustentam o Universo — a homogeneidade do bem eterno; e em seu sentido concreto é apenas a soma total daquilo que é atribuído ao homem pela natureza nesta terra. Alguns membros empenham-se arduamente em praticar e, por assim dizer, aplicar a teosofia na própria vida; enquanto outros desejam apenas conhecê-la, não praticá-la; e outros ainda podem ter ingressado na Sociedade apenas por curiosidade, devido a um interesse passageiro, ou talvez porque algum amigo fazia parte dela. Como, então, o sistema pode ser julgado segundo o padrão daqueles que assumiriam o nome sem nenhum direito a ele? Devemos julgar a poesia ou sua musa apenas pelos aspirantes a poetas que castigam os nossos ouvidos? A Sociedade pode ser considerada como a personificação da teosofia apenas em seus motivos abstratos; jamais poderá ter a presunção de ser seu veículo concreto, enquanto as imperfeições e fraquezas humanas se encontrarem representadas nela; caso contrário, a Sociedade estaria apenas repetindo o grande erro e os enormes sacrilégios das chamadas Igrejas de Cristo. Se é possível fazer uma comparação oriental, pode-se dizer que a teosofia é o oceano sem fronteiras da verdade universal, amor e sabedoria, refletindo seu esplendor na Terra, enquanto a Sociedade Teosófica é apenas uma bolha visível desse reflexo. A teosofia é a natureza divina, visível e invisível, e a Sociedade é a natureza humana tentando ascender ao seu pai divino. A teosofia, por fim, é o Sol eterno e fixo, e sua Sociedade, o efêmero cometa que tenta entrar em órbita para se tornar um planeta, sempre girando atraído pelo sol da verdade. A Sociedade Teosófica foi formada para mostrar aos homens que existe uma coisa chamada teosofia, e para ajudá-los a ascender a ela pelo estudo e assimilação de suas verdades eternas.

E: Você não disse que os teosofistas não possuíam princípios ou doutrinas próprias?

T: Não as possuímos mais. A Sociedade não possui uma sabedoria própria para sustentar ou ensinar. É simplesmente o repositório de todas as verdades pronunciadas por grandes videntes, iniciados e profetas de eras históricas e até pré-históricas; pelo menos, daquelas às quais teve acesso. É apenas o canal pelo qual mais ou menos verdades, encontradas nas declarações compiladas de grandes mestres da humanidade, são servidas ao mundo.

E: Mas essa verdade é inalcançável fora da Sociedade? Toda Igreja não alega o mesmo?

T: De modo algum. A inegável existência dos grandes iniciados — verdadeiros "Filhos de Deus" — mostra que essa sabedoria era frequentemente alcançada por indivíduos isolados, porém jamais sem a orientação de um mestre no princípio. Mas a maior parte de seus seguidores, quando por sua vez se tornaram mestres, reduziram a universalidade desses ensinamentos ao limite de seus próprios dogmas sectários. Os mandamentos de *um* único mestre eleito foram, então, adotados e seguidos, com a exclusão de todos os outros — se seguidos de qualquer modo, note bem, como no caso do Sermão da Montanha. Cada religião é, portanto, um pouco da verdade divina, feita para focalizar um vasto panorama da fantasia humana que pretendia representar e substituir essa verdade.

E: Mas não foi dito que a teosofia não é uma religião?

T: Certamente não o é, pois é a essência de todas as religiões e da verdade absoluta, uma gota da qual apenas está subjacente a cada credo. Recorrendo mais uma vez à metáfora, a teosofia na Terra seria o raio branco do espectro, e cada religião apenas uma das sete cores prismáticas. Ignorando todas as outras e amaldiçoando-as como falsas, os raios coloridos especiais não apenas reivindicam prioridade como também desejam ser *aquele raio branco* e execram até mesmo seus próprios matizes, do claro ao escuro, como heresias. No entanto, assim como o sol da verdade se eleva cada vez mais alto no horizonte da percepção do homem, e cada raio colorido desaparece gradualmente até, por sua vez, ser finalmente reabsorvido, a humanidade não mais será amaldiçoada com polarizações artificiais, mas se banhará na pura e incolor luz do sol da verdade eterna. E essa será a *teosofia*.

E: Segundo vocês afirmam, então, todas as grandes religiões derivam da teosofia, e apenas assimilando-a o mundo será finalmente salvo da maldição de suas grandes ilusões e erros?

T: Precisamente. E acrescentamos que nossa Sociedade Teosófica é a humilde semente que, se regada e vivificada, finalmente produzirá a Árvore do Conhecimento do Bem e do Mal enxertada na Árvore da Vida Eterna. Pois é apenas estudando as grandes religiões e filosofias da humanidade, e comparando-as com desapego e imparcialidade, que os homens podem esperar chegar à verdade. É sobretudo descobrindo e observando seus vários pontos de concordância que podemos alcançar esse resultado. Pois tão logo chegamos — seja pelo estudo, ou ensinados por alguém que sabe — a seu significado interno, descobrimos, em praticamente todos os casos, alguma grande verdade da natureza.

E: Ouvimos falar de uma Idade de Ouro passada, descrita como algo a ser realizado algum dia no futuro. Quando isso acontecerá?

T: Não antes de a humanidade, como um todo, sentir necessidade disso. Uma máxima na obra persa *Javidan Khirad* diz: "Há dois tipos de verdade — uma manifesta e evidente; e outra que exige constantemente novas demonstrações e provas". Apenas quando este último tipo de verdade se tornar tão universalmente óbvio quanto agora é obscuro e, portanto, sujeito a distorções sofísticas e casuísticas; apenas quando esses dois tipos voltarem mais uma vez a ser um, todas as pessoas serão levadas a ver da mesma forma.

E: Certamente os poucos que sentiram necessidade de tais verdades devem ter decidido por acreditar em algo definido. Como a Sociedade não possui doutrina própria, cada membro pode acreditar no que quiser e aceitar o que lhe agradar. Parece que a Sociedade Teosófica está disposta a reviver a confusão de línguas e crenças da antiga Torre de Babel. Não têm crenças em comum?

T: Afirmar que a Sociedade não tem princípios ou doutrinas próprias significa que seus membros não são *obrigados* a seguir nenhuma doutrina ou crença em especial;

mas, é claro, isso se aplica apenas à Sociedade como um todo. Como já foi dito, a Sociedade está dividida em externa e interna. Aqueles que pertencem a esta última têm, é claro, uma filosofia ou — se preferir — um sistema religioso próprio.

E: Podemos saber qual é?

T: Não fazemos segredo disso. Há alguns anos foi resumido na revista *The Theosophist* e em *Budismo esotérico*, e pode ser encontrado de maneira mais elaborada em *A doutrina secreta*. Esse sistema é baseado na mais antiga filosofia do mundo, que chamamos de Religião da Sabedoria ou Doutrina Arcaica. Pode fazer as perguntas que julgar necessárias sobre o assunto que tratarei de responder a elas.

– V –
OS ENSINAMENTOS
FUNDAMENTAIS DA TEOSOFIA

Sobre Deus e a oração

E: Você acredita em Deus?

T: Depende do que se quer dizer com esse termo.

E: Refiro-me ao Deus dos cristãos, o Pai de Jesus e Criador. Ao Deus bíblico de Moisés, em suma.

T: Em semelhante Deus não acreditamos. Refutamos a ideia de um Deus pessoal, extracósmico e antropomórfico, que não passa da sombra gigantesca do *homem* e que, inclusive, não reflete o que há de melhor nele. Dizemos que o Deus da teologia — e podemos prová-lo — é um conjunto de contradições e uma impossibilidade lógica. Portanto, não temos nada a ver com ele.

E: Poderia expor suas razões, por favor?

T: São muitas e não há como destacar todas com a mesma atenção. Mas eis algumas. Esse Deus é chamado por seus devotos de infinito e absoluto, não é?

E: Acredito que sim.

T: Então, se é infinito — ou seja, ilimitado — e especialmente se é absoluto, como pode ter uma forma e ser o criador de algo? Forma implica limitação e tanto um começo como um fim; e, para criar, um ser deve pensar e planejar. Como pode o ABSOLUTO pensar — isto é, ter alguma relação com o que é limitado, finito e condicionado? É um absurdo filosófico e lógico. Mesmo a *Cabala* hebraica rejeita tal ideia e, portanto, faz do princípio Uno Deífico Absoluto uma Unidade infinita chamada Ain Soph[1]. Para criar, o Criador deve se tornar ativo; e como isso é impossível para o ABSOLUTO, o princípio infinito teve de ser mostrado tornando-se a causa da evolução (não da criação) de forma indireta — ou seja, através da emanação de si mesmo (outro absurdo, desta vez devido aos tradutores da *Cabala*)[2] da Sefirot.

E: E quanto aos cabalistas, que mesmo assim ainda acreditam em Jeová ou no Tetragrama?

T: Têm a liberdade de acreditar no que quiserem, já que sua crença ou descrença dificilmente afetaria um fato óbvio. Os jesuítas nos dizem que dois mais dois nem sempre são quatro, pois depende da vontade de Deus fazer $2 + 2 = 5$. Devemos por tudo isso aceitar seus sofismas?

E: Então vocês são ateus?

T: Não que saibamos, a não ser que o epíteto de "ateu" seja aplicado àqueles que não acreditam em um Deus antropomórfico. Acreditamos num Princípio Divino Universal, a raiz de TUDO, do qual tudo procede e no qual tudo será absorvido no final do grande ciclo do Ser.

E: É o que afirma o antigo panteísmo. Se são panteístas, não podem ser deístas; não sendo deístas, então devem ser considerados como ateus.

T: Não necessariamente. O termo "panteísmo" é, novamente, um dos muitos termos deturpados, cujo significado real e primitivo foi distorcido por um preconceito cego e uma visão unilateral. Se você tomar a etimologia cristã desta palavra composta e formá-la a partir de πάν, "todo", e θεος, "Deus", e então imaginar e ensinar que isso significa que cada pedra e árvore na natureza é um Deus ou o Deus UNO, então, é claro, estará certo em chamar os panteístas de adoradores fetichistas. Mas dificilmente terá tanto sucesso se empregar a etimologia esotérica à palavra panteísmo, como fazemos.

E: Qual é então sua definição?

T: Deixe-me antes lhe fazer uma pergunta. O que entende por Pan ou natureza?

E: A natureza é, suponho, a soma total das coisas que existem ao nosso redor; o agregado de causas e efeitos no mundo da matéria, a criação ou o universo.

T: Portanto, a soma e a ordem personificadas das causas e efeitos conhecidos; o total de todos os agentes e forças finitas, completamente desconectadas de um Criador ou criadores inteligentes, e talvez "concebidos como uma força única e separada" — como dizem suas enciclopédias?

E: Creio que sim.

T: Bem, não levamos em consideração essa natureza objetiva e material, que chamamos de ilusão transitória, nem o termo πâν significa natureza para nós no sentido aceito de sua derivação do latim *natura* (de *nasci*, nascer). Quando falamos de Divindade e a identificamos com a natureza, tornando-a contemporânea, nos referimos à natureza eterna e incriada, e não ao seu agregado de sombras efêmeras e irrealidades finitas. Deixamos aos criadores de hinos chamarem o firmamento visível, ou céu, de Trono de Deus, e a nossa terra de lama, o seu escabelo. Nossa DEIDADE não está nem em um paraíso, nem em uma árvore em particular, edifício ou montanha; está em toda parte, em cada átomo do Cosmos visível como do invisível, dentro, sobre e ao redor de cada átomo invisível e molécula divisível; pois é o misterioso poder da evolução e involução, a potencialidade criadora onipresente, onipotente e até mesmo onisciente.

E: Espere um pouco! A onisciência é prerrogativa de algo que pensa, mas anteriormente você negou ao seu Absoluto o poder do pensamento.

T: Nós o negamos ao ABSOLUTO porque o pensamento é algo limitado e condicionado. Mas você evidentemente esquece que, na filosofia, a inconsciência absoluta também é a consciência absoluta, caso contrário, não seria *absoluta*.

E: Então o seu Absoluto pensa?

T: Não, não pensa; pela simples razão de que é o próprio *Pensamento Absoluto*. Nem sequer existe, pela mesma razão, pois é existência absoluta, existencialidade, não um Ser. Leia o soberbo poema cabalístico de Solomon Ben Jehudah Gabirol, no *Kether-Malchut*, e você entenderá: "És um, a raiz de todos os números, mas não um elemento de numeração; pois a unidade não admite multiplicação, mudança ou forma. És um, e no segredo de Tua unidade, os homens mais sábios estão perdidos, pois não o conhecem. És um, e Tua unidade nunca é diminuída ou estendida, nem sequer pode ser alterada. És um, e nenhum pensamento meu pode fixar-te um limite, ou definir-te. ÉS, mas não como um existente, pois o entendimento e a visão dos mortais não podem atingir Tua existência, nem determinar para Ti o onde, o como e o porquê", etc. Em suma, nossa Deidade é a eterna construtora do Universo, em constante evolução, não a *criadora*; *desdobrando* o Universo de sua própria essência, não o *criando*. Simbolicamente, é uma esfera sem limites, com apenas um atributo ativo que envolve todos os outros atributos existentes ou imagináveis — é ELE MESMO. É a única lei que impulsiona as leis manifestas, eternas e imutáveis, dentro dessa LEI que jamais se manifesta, pois é absoluta, e em seus períodos de manifestação é o *Eterno Devir*.

E: Certa vez, um de seus membros comentou que essa Deidade Universal, sendo onipresente, estava tanto na desonra quanto na honra, e, portanto, presente em cada átomo das cinzas de seu charuto! Isso não é um tipo de blasfêmia?

T: Não penso que a simples lógica possa ser considerada como blasfêmia. Se excluíssemos o Princípio Onipresente de um único ponto matemático do Universo ou de uma partícula de matéria que ocupe qualquer espaço concebível, ainda poderíamos considerá-lo como infinito?

É necessário orar?

E: Acreditam na oração? Costumam orar?
T: Não. *Agimos*, em vez de *falar*.

E: Não oferecem orações nem mesmo ao Princípio Absoluto?
T: E por que deveríamos? Sendo pessoas bastante ocupadas, dificilmente podemos nos dar ao luxo de perder tempo dirigindo orações verbais a uma pura abstração. O Incognoscível apenas relaciona suas partes entre si, mas é inexistente quanto a quaisquer relações finitas. A existência e os fenômenos do universo visível dependem mutuamente de suas formas de ação e de suas leis, não de orações.

E: Então não acreditam na eficácia da oração?
T: Não na oração que é ensinada, com tantas palavras e repetida exteriormente, se por oração você entende a súplica externa dirigida a um Deus desconhecido, como a inaugurada pelos judeus e popularizada pelos fariseus.

E: Há outro tipo de oração?
T: Certamente; nós a chamamos de oração da vontade, e trata-se mais de uma exortação interna do que uma súplica.

E: A quem se dirigem quando oram?
T: A "nosso Pai no céu", em seu significado esotérico.

E: Mas isso é diferente do ensinado pela teologia?
T: Completamente diferente. Um ocultista ou teosofista dirige sua oração a *seu Pai em segredo* (leia e tente com-

preender o capítulo 6, versículo 6, de Mateus), não a um Deus extracósmico e, portanto, finito; e esse "Pai" está no próprio homem.

E: Então vocês fazem do homem um Deus?

T: Por favor, diga "Deus" e não "um Deus". Para nós, o homem interior é o único Deus que podemos conhecer. E como poderia ser diferente? Conceda-nos o nosso postulado de que Deus é um princípio infinito universalmente difundido, como pode o homem sozinho escapar de ser absorvido *por* e *nesta* Deidade? Chamamos nosso "Pai no céu" àquela essência deífica que identificamos em nós, em nosso coração e consciência espiritual, e que nada tem a ver com a concepção antropomórfica que podemos formar em nosso cérebro ou em nossa imaginação: "Não sabeis que sois o templo de Deus e que o espírito de (o absoluto) Deus habita em vós?"[3]. No entanto, o homem não deve antropomorfizar essa essência que há em nós. O teosofista que se amparar na verdade divina e não na humana não deve dizer que este "Deus em segredo" escuta o homem finito, ou é separado de si ou da essência infinita — pois todos são um só. Nem dizer que a oração é um pedido, como mencionado há pouco. É, na verdade, um mistério; um processo oculto pelo qual pensamentos e desejos finitos e condicionados, incapazes de serem assimilados pelo espírito absoluto, que é incondicionado, são transformados em desejos espirituais e em vontade; tal processo é chamado de "transmutação espiritual". A intensidade de nossas ardentes aspirações transforma a oração na "pedra filosofal", ou seja, naquilo que transmuta chumbo em ouro puro. A única essência homogênea, nossa "força de vontade", torna-se a força ativa ou criativa, produzindo efeitos de acordo com nossos desejos.

E: Isso quer dizer que a oração é um processo oculto que gera resultados físicos?

T: Sim. A *Força de Vontade* torna-se uma força viva. Mas ai daqueles ocultistas e teosofistas que, em vez de esmagar os desejos do *ego* pessoal inferior ou homem físico, e dizer, dirigindo-se a seu Ego Espiritual *Superior* imerso na luz atmã-búdica, "Seja feita a Tua vontade, não a minha...", usam a força de vontade para propósitos egoístas ou profanos! Pois isso é magia negra, abominação e feitiçaria espiritual. Infelizmente, essa é a ocupação favorita de nossos estadistas e generais cristãos, especialmente quando enviam seus exércitos para matarem uns aos outros. Ambos se entregam, antes da ação, a uma espécie de feitiçaria, oferecendo respectivamente orações ao mesmo Deus dos Exércitos, cada um implorando sua ajuda para cortar a garganta de seus inimigos.

E: Davi orou ao Deus dos Exércitos para ajudá-lo a destruir os filisteus e massacrar os sírios e os moabitas, e "o Senhor preservou Davi aonde quer que fosse". Nisso, apenas seguimos o que há na Bíblia.

T: É claro. Mas já que têm prazer em se autodenominarem cristãos, não israelitas ou judeus, até onde sabemos, por que não seguem o que Cristo diz? Claramente ele ordenava não seguir "os dos velhos tempos", ou a lei Mosaica, e sim o que ensinava, avisando aos que usassem a espada para matar que por ela pereceriam. Cristo lhes deu uma oração da qual se gabam e costumam repetir "da boca para fora", mas ninguém, exceto o *verdadeiro* ocultista, a compreende. Dizem nela, simplesmente por dizer: "Perdoa-nos nossas dívidas, assim como perdoamos nossos devedores", algo que nunca fazem. Disse-lhes também para *amar seus inimigos* e *fazer o bem aos que os odeiam*. Certamente não foi o "gentil profeta de Nazaré" que lhes ensinou a orar a seu "Pai" para matar e conceder a vitória sobre seus inimigos! Eis por que rejeitamos aquilo que chamam de "oração".

E: Mas como se explica o fato universal de que todas as nações e povos oraram e adoraram a um Deus ou vários Deuses? Alguns adoraram e favoreceram *demônios* e espíritos nocivos, mas isso só prova a universalidade da crença na eficácia da oração.

T: Isso pode ser explicado por outro fato, o de que a oração tem vários significados além daqueles atribuídos pelos cristãos. Não significa apenas uma súplica ou um *pedido*, nos tempos antigos denotava muito mais uma invocação e encantamento. O *mantra*, a oração rítmica cantada pelos hindus, tem precisamente esse significado, pois os brâmanes se consideram superiores aos *devas* comuns ou "Deuses". Uma oração pode ser tanto um apelo, um encantamento para amaldiçoar e uma imprecação (como no caso dos dois exércitos que oram simultaneamente pela mútua destruição) quanto uma bênção. E como a maioria das pessoas é extremamente egoísta e ora apenas por si mesma, pedindo para *receber* seu "pão de cada dia", em vez de trabalhar por ele, e implorando a Deus que não as deixe cair em "tentação", mas que as livre (somente o suplicante) de todo o mal, o resultado é que a oração, como entendida hoje, é duplamente perniciosa: (a) aniquila no homem a autoconfiança; e (b) desenvolve nele um individualismo e egoísmo ainda mais ferozes do que os que já possui por natureza. Reitero que cremos na "comunhão" com nosso "Pai em segredo"; e, em raros momentos de felicidade extática, na fusão de nossa alma superior com a essência universal, atraída em direção à sua origem e centro, um estado chamado durante a vida de *samadhi*, e de *nirvana* após a morte. Nos recusamos a orar para seres finitos e *criados* ou seja, a deuses, santos, anjos, etc., porque consideramos isso idolatria. Não podemos orar ao ABSOLUTO pelas razões mencionadas anteriormente; portanto, tentamos substituir orações inúteis e infrutíferas por ações meritórias e produtivas.

E: Os cristãos chamariam isso de orgulho e blasfêmia. Estão equivocados?

T: Completamente. São eles, pelo contrário, que demonstram orgulho satânico em sua crença de que o Absoluto, ou o Infinito — se existisse a possibilidade de alguma relação entre o incondicionado e o condicionado — se inclinaria para ouvir cada oração tola ou egoísta que proferem. E de novo são eles que virtualmente blasfemam ao ensinar que um Deus onisciente e onipotente precisa de orações para saber o que deve fazer! Isso — entendido esotericamente — é corroborado tanto por Buda quanto por Jesus. O primeiro diz: "Não busques nada dos Deuses indefesos

— não ores, e sim age; pois as trevas não se iluminarão. Não peças nada ao silêncio, pois ele não pode falar nem ouvir". E o segundo — Jesus — recomenda: "Tudo quanto pedirdes em meu nome (o de Cristo) eu o farei". Essa citação, se tomada em seu sentido *literal*, vai contra o nosso argumento. Mas, se a aceitarmos esotericamente, com o pleno conhecimento do significado do termo "Cristo", que para nós representa *atmã-buddhi-manas*, o "eu", chega-se à seguinte conclusão: o único Deus que devemos reconhecer e ao qual devemos orar, ou melhor, de acordo com quem devemos agir, é o espírito de Deus, cujo templo é nosso corpo e no qual habita.

A oração elimina a autoconfiança

E: Mas o próprio Cristo não orou e recomendou a oração?
T: Assim está registrado, mas essas "orações" são precisamente o tipo de comunhão que acabamos de mencionar, com o "Pai em segredo" de cada um. Caso contrário, e se identificarmos Jesus com a divindade universal, haveria algo absurdamente ilógico na conclusão inevitável de que ele, o "próprio Deus", *orou a si mesmo*, e separou a vontade desse Deus da sua!

E: Tenho mais um argumento; um argumento, aliás, muito usado por alguns cristãos: "Sinto-me incapaz de vencer qualquer paixão e fraqueza com minhas próprias forças. Mas, quando oro a Jesus Cristo, sinto que me dá forças e que com seu poder sou capaz de vencer".

T: Não me admira. Se "Cristo Jesus" é Deus, independente e separado daquele que ora, é claro que tudo é e *deve* ser possível a "um Deus todo-poderoso". Mas, então, onde está o mérito ou a justiça de tal conquista? Por que o pseudovencedor deve ser recompensado por algo conquistado que lhe custou apenas orações? Você, embora um simples mortal, pagaria a seu empregado um dia inteiro de salário se fizesse a maior parte do trabalho dele, enquanto ele ficasse sentado debaixo de uma macieira orando para isso o tempo todo? Essa ideia de passar a vida inteira em ociosidade moral e deixar o dever e o trabalho mais difícil para ser feito por outro — seja Deus ou o homem — é revoltante para nós, pois é algo extremamente degradante para a dignidade humana.

E: Talvez seja, mas a crença em um Salvador pessoal, que nos ajuda e fortalece na batalha da vida, é a ideia fundamental do cristianismo moderno. E não há dúvida de que, subjetivamente, tal crença é eficaz, isto é, que aquele que acredita *realmente* se sinta ajudado e fortalecido.

T: Tampouco há dúvida de que alguns pacientes de "cientistas cristãos" e "cientistas mentais" — os grandes *"negadores"*[4] — também são por vezes curados; nem de que o hipnotismo, a sugestão, a psicologia e até a mediunidade produzam esses resultados com frequência, se não mais. Para tecer seu argumento, você levou em consideração somente os casos bem-sucedidos. E o que me diz dos fracassos, que superam em dez vezes o número de êxitos? Certamente não pretende dizer que, mesmo com uma fé cega suficiente, o fracasso é desconhecido entre os cristãos fanáticos?

E: Mas como podem explicar os casos plenamente bem-sucedidos? Onde um teosofista busca poder para subjugar suas paixões e seu egoísmo?

T: No seu Eu Superior, no espírito divino, ou no Deus que nele habita, ou no seu *carma*. Quantas vezes ainda deveremos repetir que se conhece a árvore por seus frutos e a natureza da causa por seus efeitos? Você fala de subjugar paixões e se tornar bom através e com a ajuda de Deus ou Cristo. Perguntamos: onde se encontram mais pessoas virtuosas, inocentes, que se abstêm do pecado e do crime, no cristianismo ou no budismo — em países cristãos ou em terras pagãs? As estatísticas estão aí para responder e corroborar a nossa tese. De acordo com o último censo feito no Ceilão e na Índia, na tabela comparativa de crimes cometidos por cristãos, muçulmanos, hindus, eurasianos, budistas etc., considerando 2 milhões de habitantes escolhidos ao acaso em cada população, e cobrindo as contravenções de vários anos, a proporção de crimes cometidos por cristão é de 15 por 4 cometidos pela população budista. (Ver *Lucifer*, abril de 1888, p. 147, no artigo "Christian lectures on Buddhism" [Conferências cristãs sobre budismo].) Nenhum orientalista, historiador renomado ou viajante em terra budista, desde o bispo Bigandet e o abade Huc até sir William Hunter e qualquer oficial imparcial, deixará de conceder o mérito da virtude aos budistas diante dos cristãos. No entanto, os primeiros (não a verdadeira seita budista siamesa, em todo o caso) não acreditam em Deus ou numa recompensa futura fora desta terra. Nem os sacerdotes, nem os leigos oram. "Orar!", exclamariam espantados, "para quem ou para o quê?".

E: Então são verdadeiros ateus?

T: Inegavelmente, mas também são os homens que mais amam a virtude e que melhor a praticam em todo o mundo. O budismo diz: respeite a religião dos outros homens e mantenha-se fiel à sua; mas o cristianismo eclesiástico, considerando demônios os deuses de outras nações, condenaria todo não cristão à perdição eterna.

E: O clero budista não faz o mesmo?

T: De maneira alguma. Defendem sobremaneira o sábio preceito encontrado no *Dhammapada* para fazer isso, pois sabem que: "Se alguém, instruído ou não, se considera tão elevado a ponto de desprezar os outros homens, é como um cego segurando uma vela — que tem a pretensão de iluminar os outros".

Sobre a origem da alma humana

E: Como então se explica que o homem é dotado de espírito e alma? De onde provêm?

T: Da Alma Universal, que certamente não foi concedida por um Deus *pessoal*. De onde vem a umidade da água-viva? Do oceano que a circunda, no qual vive, respira e existe, e ao qual retorna quando se dissolve.

E: Então rejeitam o preceito de que a alma é dada ao homem, ou soprada nele por Deus?

T: Somos obrigados a isso. A "alma" de que se fala em Gênesis 2:7 é, como ali declarado, a "alma viva" ou

Nephesh (a alma *vital,* animal) com que Deus (nós dizemos a "natureza" e a *lei imutável*) dota o homem, assim como todo animal. Não é de maneira alguma a alma ou mente pensante; muito menos o *espírito imortal.*

E: Permita-me colocar a questão de outra forma: é Deus quem dota o homem com uma alma humana *racional* e um espírito imortal?

T: Mais uma vez, da maneira como é colocada a questão, devemos nos opor a ela. Já que não acreditamos em um Deus *pessoal,* como podemos acreditar que dote o homem de algo? Mas admitindo, para desenvolver a argumentação, um Deus que assuma o risco de criar uma nova alma para cada recém-nascido, tudo o que se pode dizer é que tal Deus dificilmente poderia ser considerado dotado de alguma sabedoria ou previsão. Outras dificuldades e a impossibilidade de reconciliá-las com a misericórdia, justiça, equidade e onisciência atribuídas a esse Deus constituem outros tantos obstáculos pelos quais esse dogma teológico é constantemente refutado.

E: A quais dificuldades você se refere?

T: Estou pensando em um argumento incontestável oferecido certa vez, na minha presença, por um sacerdote budista cingalês, um famoso pregador, a um missionário cristão — alguém de forma alguma ignorante e despreparado para a discussão pública, como a que ocorreu naquela ocasião. Foi perto de Colombo, e o missionário desafiou o padre Megattivati a explicar por que o Deus cristão não deveria ser aceito pelos "pagãos".

Bem, como de costume, o missionário perdeu aquela memorável discussão.

E: Gostaria muito de saber como isso ocorreu.

T: Foi assim: o sacerdote budista começou perguntando ao padre se seu Deus havia dado os mandamentos a Moisés para serem cumpridos pelos homens, mas para serem quebrados pelo próprio Deus. O missionário negou a suposição, indignado. "Bem", disse o oponente, "você nos diz que Deus não faz exceções a esta regra, e que nenhuma alma pode nascer sem sua vontade. Deus proíbe o adultério, entre outras coisas, e, ainda assim, ao mesmo tempo se afirma que é Ele quem cria cada recém--nascido, e o dota de uma alma. Devemos, então, con-cluir que os milhões de crianças nascidas no crime e no adultério são obra de seu Deus? Que o seu Deus proíbe e pune a violação de suas leis; e, no entanto, *cria o tempo todo almas para essas crianças?* De acordo com a lógica mais elementar, seu Deus é cúmplice do crime; já que, se não fosse por sua ajuda e interferência, nenhum filho da luxúria poderia nascer. Onde está a justiça de punir não apenas os pais culpados, mas até mesmo o bebê ino-cente feito pelo mesmo Deus, de quem isentam qualquer culpa?" O missionário olhou para o relógio e subitamente descobriu que estava ficando tarde demais para uma dis-cussão mais aprofundada.

E: Esquecem que todos esses casos inexplicáveis são mis-térios, e que nossa religião nos proíbe de intromissão nos mistérios de Deus.

T: Não, não esquecemos, simplesmente refutamos essas impossibilidades. Tampouco queremos que acreditem no que cremos. Apenas respondemos às suas perguntas. Temos, no entanto, outro nome para seus "mistérios".

Os ensinamentos budistas sobre o precedente

E: O que o budismo ensina com relação à alma?

T: Depende se a referência é feita ao budismo exotérico, popular, ou a seus ensinamentos esotéricos. No primeiro, o *Catecismo budista* explica com as seguintes palavras: "Considera-se que a palavra *alma* é usada pelo ignorante para expressar uma falsa ideia. Se tudo está sujeito a mudanças, então o homem está incluído, e toda sua parte material deve mudar. Aquilo que está sujeito a mudanças não é permanente, então não pode haver a sobrevivência imortal de algo mutável". Isso me parece claro e definitivo. Mas quando chegamos à afirmação de que a nova personalidade em cada renascimento sucessivo é o agregado de *skandhas*, ou os atributos da *antiga* personalidade, e perguntamos se esse novo agrupamento de *skandhas* também é um *novo* ser, do qual nada restou do passado, lemos que: "Em um sentido, é um novo ser, em outro, não. No decorrer desta vida, os *skandhas* estão em constante mudança, enquanto o homem A. B., de quarenta anos, é idêntico quanto à personalidade ao jovem A. B., de dezoito anos, mas pelo contínuo desgaste e reparação de seu corpo, e a mudança de mentalidade e caráter, é um ser diferente.

No entanto, em sua velhice, o homem colhe merecidamente a recompensa ou o sofrimento resultante de seus pensamentos e suas ações em todas as fases anteriores de sua vida. Desse modo, o novo ser, que a cada renascimento é a *mesma individualidade de antes* (mas não a mesma personalidade), apenas com uma aparência diferente ou um novo agrupamento de *skandhas*, colhe merecidamente as consequências de suas ações e pensamentos numa existência anterior". Trata-se de metafísica obscura, que não expressa, de modo algum, *descrença* na alma.

E: O *budismo esotérico* não fala de algo assim?

T: Sim, pois esse ensinamento pertence tanto ao *budismo* esotérico, ou sabedoria secreta, quanto ao budismo exotérico, ou filosofia religiosa de Gautama Buda.

E: Mas não se diz claramente que a maioria dos budistas não acredita na imortalidade da alma?

T: Nós também não acreditamos nela, se por alma você se refere ao *ego pessoal* ou alma viva (*Nephesh*). Mas todo budista instruído acredita no *ego* individual ou *divino*. Os que não o fazem, erram em seu julgamento. Estão tão equivocados nesse ponto quanto os cristãos que confundem as interpolações teológicas dos últimos redatores dos Evangelhos sobre condenação e fogo do inferno com declarações literais de Jesus. Nem Buda nem "Cristo" jamais escreveram coisa alguma, mas ambos falaram por meio de parábolas, usando "provérbios obscuros", como todos os verdadeiros iniciados fizeram e farão por muito tempo. Ambas as Escrituras tratam todas essas questões metafísicas com muito cuidado, e ambos os registros, budistas e cristãos, pecam por esse excesso de exoterismo; com os preceitos significando muito mais que os símbolos em ambos os casos.

E: Está sugerindo que nem os ensinamentos de Buda nem os de Cristo foram até agora corretamente interpretados?

T: É exatamente o que quero dizer. Ambos os Evangelhos, o budista e o cristão, foram pregados com o mesmo objetivo. Ambos os reformadores foram ardentes filantropos e altruístas *práticos — pregando de forma inequívoca o socialismo* do tipo mais nobre e elevado, e o autossacrifício até o implacável fim. "Que os pecados do mundo inteiro recaiam sobre mim, para que eu possa aliviar a miséria e o sofrimento do homem!", exclama Buda; e "Jamais deixaria chorar a quem eu pudesse salvar!", exclama o príncipe-mendigo, vestido com farrapos recolhidos dos cemitérios. "Vinde a mim os cansados e oprimidos e eu vos aliviarei", é o apelo aos pobres e desvalidos feito pelo "Homem das Dores", que não tinha onde repousar a cabeça. Os ensinamentos de ambos são amor ilimitado pela humanidade, caridade, perdão pelas injúrias, abnegação de si mesmo e piedade pelas massas iludidas; ambos mostram o mesmo desprezo às riquezas e não fazem diferença entre *meu* e *teu*. Seu desejo era, sem revelar a *todos* os mistérios sagrados da iniciação, dar aos ignorantes e desorientados, cujo fardo na vida era muito pesado, esperança suficiente e uma vaga ideia da verdade, o bastante apenas para ampará-los nas horas mais difíceis. Mas o objetivo de ambos os reformadores foi frustrado devido ao excesso de zelo de seus seguidores posteriores. As palavras dos mestres foram mal compreendidas e interpretadas, eis as consequências!

E: Certamente Buda deve ter refutado a imortalidade da alma, se todos os orientalistas e os próprios sacerdotes do budismo o dizem!

T: Os *arhats* começaram seguindo a política de seu mestre, e a maioria dos sacerdotes subsequentes não foi iniciada, como no cristianismo; e assim, pouco a pouco, as grandes verdades esotéricas quase se perderam. A prova disso é que, das duas seitas existentes no Ceilão, a siamesa acredita que a morte é a aniquilação absoluta da individualidade e da personalidade, e a outra explica o nirvana da mesma maneira que nós, os teosofistas.

E: Mas, nesse caso, por que o budismo e o cristianismo representam os dois polos opostos dessa crença?

T: Porque as condições sob as quais foram pregadas não eram as mesmas. Na Índia, os brâmanes, zelosos de seu conhecimento superior, e excluindo dele todas as castas, exceto a sua, levaram milhões de homens à idolatria e quase ao fetichismo. Buda teve que dar o golpe de misericórdia a tamanha exuberância de imaginação doentia e superstição fanática resultantes da ignorância, como raramente se viu, antes ou depois. É preferível um ateísmo filosófico à adoração ignorante por aqueles "que clamam aos seus deuses e não são ouvidos, ou não são atendidos" e que vivem e morrem em desespero mental. Buda tinha que conter primeiro essa torrente confusa de superstições para erradicar *equívocos* antes de revelar a verdade. E como não podia revelar *tudo*, pelo mesmo bom motivo que Jesus, que lembra *seus* discípulos que os Mistérios do Céu não são para as massas ignorantes, mas apenas para os eleitos, e, portanto, "falou-lhes por parábolas" (Mateus, 13: 10-11) — então, a cautela de Buda também o levou a *ocultar em demasia*. Recusando-se até a dizer ao monge Vacchagotta se havia ou não um ego no homem. Quando pressionado a responder, "o admirável homem manteve silêncio"[5].

E: Isso se refere a Gautama, mas de que maneira afeta os Evangelhos?

T: Leia a história e pondere. Na época em que os acontecimentos relatados nos Evangelhos teriam ocorrido, houve um desenvolvimento intelectual semelhante em todo o mundo civilizado, mas com resultados opostos no Oriente e no Ocidente. Os antigos deuses estavam morrendo. Enquanto as classes civilizadas se deixavam levar pelas negações materialistas dos incrédulos saduceus, por meros preceitos mosaicos na Palestina e pela dissolução moral em Roma, as classes mais baixas e pobres corriam atrás de feitiçaria e deuses estranhos, ou tornavam-se fariseias e hipócritas. Mais uma vez, o tempo de uma reforma espiritual havia chegado. O cruel, antropomórfico e invejoso Deus dos judeus, com suas leis sanguinárias de "olho por olho e dente por dente", derramamento de sangue e sacrifício animal, tinha que ser deixado em segundo plano e substituído pelo misericordioso "Pai em segredo". Este último devia ser mostrado não como um Deus extracósmico, mas como o divino Salvador do homem de carne e osso, consagrado em seu próprio coração e alma, o mesmo para o pobre e para o rico. Nem aqui nem na Índia os segredos de iniciação poderiam ser divulgados, a menos que, dando-se o que é sagrado aos cães e atirando-se pérolas aos porcos, tanto o *Revelador* quanto as coisas reveladas fossem pisoteados e destruídos. Portanto, a reticência de Buda e Jesus — quer este último tenha vivido o período histórico atribuído a ele ou não, e que igualmente se absteve de revelar claramente os mistérios da vida e da morte — produziu, por um lado, as negações vazias do budismo do sul e, por outro, três formas conflitantes de cristianismo eclesiástico e trezentas seitas somente na Inglaterra protestante.

– VI –
ENSINAMENTOS TEOSÓFICOS
SOBRE A NATUREZA E O HOMEM

A unidade de tudo no todo

E: Tendo me dito o que Deus, a alma e o homem não são, segundo seus preceitos, pode me dizer o que *são*, de acordo com sua doutrina?

T: Em sua origem e na eternidade, os três, assim como o universo e tudo nele, integram a Unidade absoluta, a incognoscível essência deífica que mencionei anteriormente. Não acreditamos na *criação*, mas em periódicas e consecutivas aparições do Universo, desde o plano subjetivo do ser ao objetivo, em intervalos regulares de tempo, cobrindo períodos de enorme duração.

E: Poderia desenvolver a questão?

T: Tome como primeira comparação e auxílio, para uma concepção mais correta, o ano solar e, como segunda, as duas metades desse ano, produzindo cada qual um dia e uma noite com seis meses de duração no polo Norte. Agora imagine, se puder, em vez de um ano solar de 365 dias, a ETERNIDADE. Consideremos que o Sol representa o Universo e os dias e as noites polares de seis meses cada — *dias e noites com duração de 182 trilhões ou quatrilhões de anos*, em vez de 182 dias cada. Assim como o Sol nasce todas as manhãs no nosso horizonte *objetivo*, fora do espaço *subjetivo* e antípoda (para nós), da mesma forma o Universo surge periodicamente no plano da objetividade, saindo do plano da subjetividade – os antípodas do primeiro. Este é o "Ciclo de vida", e do mesmo modo que o Sol desaparece do nosso horizonte, também desaparece o Universo em períodos regulares, quando a "noite universal" começa. Os hindus chamam essas alternâncias de "Dias e Noites de Brahma", ou o tempo de *Manvantara* e *Pralaya* (dissolução). Os ocidentais podem chamá-los de Dias e Noites Universais, se preferirem. Durante as noites, *tudo está no todo*; cada átomo é dissolvido na homogeneidade.

Evolução e ilusão

E: Mas quem é que cria cada vez o Universo?

T: Ninguém o cria. A ciência chamaria o processo de evolução; os filósofos pré-cristãos e os orientalistas o chamavam de emanação; nós, ocultistas e teosofistas, vemos nele a única *realidade* eterna e universal, que lança um reflexo periódico de *si mesma* nas infinitas profundezas do espaço. Esse reflexo, que você considera o Universo objetivo *material*, nós consideramos uma ilusão transitória e nada mais. Só o que é eterno é *real*.

E: Segundo esse raciocínio, você e eu também somos ilusões?

T: Somos personalidades efêmeras, hoje uma pessoa, amanhã outra. Você chamaria de "realidade" os lampejos claros da aurora boreal, as luzes do norte, embora sejam tão reais quanto podem ser, enquanto os observa? Certamente não; a causa que os produz, se permanente e eterna, é a única realidade, enquanto a outra é apenas uma ilusão passageira.

E: Tudo isso não explica como essa ilusão chamada Universo se origina; como o ser consciente passa a se manifestar a partir da inconsciência que *é*.

T: É *inconsciência* apenas em relação à nossa consciência finita. Na verdade, podemos parafrasear João, 1:5, e dizer: "e a (absoluta) luz (que é escuridão) brilha nas trevas (que é luz material ilusória); e as trevas não a compreendem". Essa luz absoluta também é a lei absoluta e imutável. Seja por radiação ou emanação — não precisamos discutir sobre os termos —, o Universo passa de sua subjetividade homogênea para o primeiro plano de manifestação, dos sete planos existentes, segundo nos ensinaram. A cada plano torna-se mais denso e material até chegar a este, o nosso, no qual o único mundo aproximadamente conhecido e compreendido em sua composição física pela ciência é o sistema planetário ou solar — sistema *sui generis*, segundo nos dizem.

E: O que quer dizer com *sui generis*?

T: Quero dizer que, embora a lei fundamental e o funcionamento universal das leis da natureza sejam uniformes, nosso sistema solar (como qualquer sistema semelhante, entre milhões de outros no Cosmos), e até mesmo nossa Terra, tem seu próprio programa de manifestações, que difere dos respectivos programas dos outros. Falamos dos habitantes de outros planetas e imaginamos que, se são *homens*, isto é, entidades pensantes, devem ser como nós. A imaginação de poetas, pintores e escultores nunca deixa de representar até mesmo os anjos como uma bela cópia do homem — mas com asas. Dizemos que tudo isso é um equívoco e uma ilusão; pois, se apenas nesta pequena Terra é possível encontrar tamanha diversidade de flora, fauna e humanidade — das algas marinhas ao cedro-do-líbano, das águas-vivas ao elefante, desde o aborígene e o negro ao Apolo Belvedere —, se alterássemos as condições cósmicas e planetárias, haveria uma flora, fauna e humanidade bastante diferentes. As mesmas leis moldam um conjunto muito diferente de coisas e seres, mesmo neste nosso plano, incluindo nele todos os nossos planetas. Quão diferente então deve ser a natureza *externa* de outros sistemas solares, e quão tolo é julgar outras *estrelas*, outros mundos e seres humanos segundo nossas próprias concepções, como a ciência física faz!

E: Mas em que dados se baseiam para fazer essa afirmação?
T: No que a ciência jamais aceitará como prova: os testemunhos acumulados de um número incalculável de videntes que comprovaram esse fato. Suas visões espirituais, explorações reais através de sentidos físicos e espirituais livres da matéria cega, foram sistematicamente verificadas e comparadas umas com as outras, e sua

natureza examinada minuciosamente. Tudo que não foi corroborado por uma experiência unânime e coletiva foi rejeitado, e só foi registrado como verdade estabelecida o que, em várias épocas, sob climas diferentes e ao longo de uma série incontável e incessante de observações, foi considerado coeso e podia passar por uma constante comprovação. Os métodos usados por nossos estudiosos e estudantes das ciências psicoespirituais não diferem dos empregados pelos estudiosos das ciências físicas e naturais, como se pode ver. A única ressalva é que nosso campo de pesquisa está em dois planos diferentes e nossos instrumentos não são feitos por mãos humanas, razão pela qual talvez sejam mais confiáveis. As retortas, os acumuladores e os microscópios dos químicos e naturalistas podem se deteriorar; o telescópio e os instrumentos horológicos do astrônomo podem ser danificados; mas nossos instrumentos de registro estão além da influência do clima ou dos elementos.

E: E, portanto, têm uma fé implícita neles?

T: Fé é uma palavra que não se encontra nos dicionários teosóficos, preferimos dizer *conhecimento baseado na observação e na experiência*. Há essa diferença, no entanto, pois, enquanto a observação e a experiência da ciência física levam os cientistas a tantas hipóteses "funcionais" quantos cérebros há para desenvolvê-las, nosso *conhecimento* permite acrescentar à sua crença apenas os fatos que se provaram inegáveis e são total e absolutamente demonstrados. Não temos duas crenças ou hipóteses sobre o mesmo assunto.

E: Com base nesses dados, aceitam as estranhas teorias encontradas no *budismo esotérico*?

T: Precisamente. Essas teorias podem estar um pouco incorretas em seus detalhes e até mesmo equivocadas em sua exposição por alunos leigos; no entanto, são *fatos* por natureza, e se aproximam mais da verdade do que qualquer hipótese científica.

A constituição setenária do nosso planeta

E: Devo entender que descrevem nosso planeta como parte de uma cadeia de Terras?

T: Sim. Mas as outras seis "Terras", ou globos, não estão no mesmo plano de objetividade que a nossa; portanto, não podemos vê-las.

E: É por causa da grande distância?

T: De forma alguma, pois vemos a olho nu planetas e até mesmo estrelas a distâncias incomensuravelmente maiores; mas é devido a esses seis globos estarem fora de nossos meios físicos de percepção, ou nosso plano de existência. Não é apenas porque sua densidade material, peso ou estrutura são inteiramente diferentes dos da nossa Terra e de outros planetas conhecidos; mas sim por estarem (para nós) em uma *camada* do espaço totalmente diferente, por assim dizer; uma camada que não pode ser percebida ou captada por nossos sentidos físicos. E quando digo "camada", por favor, não permita que sua imaginação sugira faixas sobrepostas, pois isso só levaria a outra concepção errada e absurda. O que quero dizer com "camada" é aquele plano do espaço infinito que, por natureza, não pode ser percebido por nossas percepções em estado de vigília, sejam mentais ou físicas; mas que existe na natureza fora de nossa mentalidade ou consciência normal, de nosso espaço tridimensional e da nossa divisão de tempo. Cada um dos sete planos (ou camadas) fundamentais no espaço — é claro que como um todo, como o espaço puro da definição de Locke, não como nosso espaço finito — tem sua própria objetividade e subjetividade, seu próprio espaço e tempo, sua própria consciência e conjunto de sentidos. Mas tudo isso dificilmente será compreensível para alguém formado segundo o pensamento moderno.

E: O que quer dizer com conjunto diferente de sentidos? Há algo no nosso plano humano que poderia usar para ilustrar o que diz, apenas para dar uma ideia mais clara dessa variedade de sentidos, espaços e respectivas percepções?
T: Nada; exceto, talvez, o que para a ciência seria antes um conveniente pretexto para contra-argumentar. Não temos um conjunto diferente de sentidos quando sonhamos? Sentimos, falamos, ouvimos, vemos, provamos e funcionamos em um plano diferente; e essa mudança de estado em nossa consciência é evidenciada pelo fato de que uma série de atos e eventos que abrangem anos, conforme pensamos, passam idealmente por nossa mente em um instante. Bem, a extrema rapidez de nossas operações mentais durante os sonhos, e a perfeita naturalidade, por enquanto,

de todas as outras funções, mostram-nos que estamos em outro plano. Nossa filosofia nos ensina que, como existem sete forças fundamentais na natureza e sete planos de existência, então há sete estados de consciência nos quais o homem pode viver, pensar, lembrar e existir. Enumerá-los aqui seria impossível e, para isso, é necessário recorrer ao estudo da metafísica oriental. Mas nesses dois estados — o de vigília e o de sonho — todo mortal comum, desde um filósofo erudito a um pobre selvagem sem instrução, tem uma boa prova de que tais estados diferem.

E: Não aceitam, então, as conhecidas descrições da biologia e da fisiologia para explicar o estado de sonho?

T: Não. Refutamos até mesmo as hipóteses dos psicólogos, preferindo os ensinamentos da sabedoria oriental. Acreditando em sete planos de existência cósmica e estados de consciência relativos ao Universo, ou macrocosmo, nos detemos no quarto plano, considerando impossível ir além com algum grau de certeza. Mas com relação ao microcosmo, ou o homem, especulamos livremente sobre seus sete estados e princípios.

E: E como podem explicá-los?

T: Encontramos, em primeiro lugar, dois seres distintos no homem; o espiritual e o físico, o homem que pensa e o homem que registra o máximo de pensamentos que consegue assimilar. Portanto, consideramos nele duas naturezas distintas: o ser superior ou espiritual, composto por três "princípios" ou *aspectos*; e o quaternário inferior ou físico, composto por quatro — *sete* no total.

A natureza setenária do homem

E: É o que chamamos espírito, alma e homem carnal?

T: Não. Essa é a antiga divisão platônica. Platão era um iniciado e, portanto, não podia entrar em detalhes proibidos; mas aquele que conhece a doutrina arcaica encontra o numeral sete nas várias combinações de alma e espírito de Platão. Segundo ele, o homem é constituído de duas partes — uma eterna, formada pela mesma essência que o Absoluto, e a outra mortal e corruptível, derivando suas partes constituintes de deuses menores "criados". O homem é composto, demonstra ele, de (1) um corpo mortal, (2) um princípio imortal e (3) uma "espécie de alma mortal separada". É o que chamamos, respectivamente, o homem físico, a alma espiritual ou espírito e a alma animal (o *Nous* e a *psuche*). Esta é a divisão adotada por Paulo, outro iniciado, que afirma haver um corpo psíquico semeado no corruptível (alma ou corpo astral) e um corpo *espiritual* criado em uma substância incorruptível. Até Tiago, 3:15, corrobora o mesmo, ao dizer que a "sabedoria" (de nossa alma inferior) não vem do alto, mas é terrena ("psíquica", "demoníaca", veja o texto grego); enquanto a outra sabedoria é celestial. Isso é tão evidente que Platão e até Pitágoras, embora falem apenas de três "princípios", lhes conferem sete funções separadas, em suas várias combinações, que, comparadas com os nossos ensinamentos, tornam-se bastante claras. Daremos um apanhado geral desses sete aspectos por meio deste quadro:

DIVISÃO TEOSÓFICA

	Termos sânscritos	Significado exotérico	Explicação
Quaternário inferior	(a) Rupa ou Sthula-Sarira (b) Prana (c) Linga Sharira (d) Kama-rupa	(a) Corpo físico (b) Vida ou princípio vital (c) Corpo astral (d) Base dos desejos animais e paixões	(a) É o veículo de todos os outros "princípios" durante a vida. (b) Necessária apenas para *a, c* e *d* e às funções do *manas inferior*, que abrangem todas as funções limitadas ao cérebro (*físico*). (c) *O duplo*, o corpo fantasma (d) Esse é o centro do homem animal, onde há a linha de demarcação que separa o homem mortal da entidade imortal.
Tríade superior imperecível	(e) Manas – princípio dual em suas funções (f) Buddhi (g) Atmã	(e) Mente, inteligência: a mente humana superior, cuja luz ou radiação conecta eternamente a MÔNADA ao homem mortal. (f) alma espiritual (g) espírito	(e) O estado futuro e o destino cármico do homem dependem de os manas gravitarem mais para baixo, até o kama-rupa, a base das paixões animais, ou para cima, em direção ao buddhi, o ego espiritual. Neste último caso, a consciência mais elevada das aspirações individuais espirituais da mente (manas), assimilando-se a buddhi, são absorvidas por ele e formam o ego, que se torna a felicidade em estado devacânico[1]. (f) O veículo de puro espírito universal. (g) Uno com o Absoluto em sua radiação.

E o que Platão nos ensina? Ele afirma que o homem *interior* é constituído de duas partes — uma imutável e sempre idêntica, formada pela mesma *substância* que a Deidade, e a outra, mortal e corruptível. Essas "duas partes" são encontradas em nossa *Tríade* superior e no *Quaternário* inferior (ver Quadro). Ele explica que, quando a alma, *psuche*, "se alia ao *Nous* (espírito divino ou substância)[2], passa a fazer tudo corretamente e com felicidade"; mas o caso é diferente quando ela se associa à *anoia*, (loucura, ou alma animal irracional). Aqui, então, temos *manas* (ou alma) em seus dois aspectos: quando se liga à *anoia* (nossa kama-rupa, ou "alma animal", no *Budismo esotérico*), busca sua total aniquilação, no que se refere ao ego pessoal; quando associada ao *Nous* (atmã-buddhi), funde-se com o ego imortal e imperecível, e então sua consciência espiritual do que *era* a personalidade torna-se imortal.

A distinção entre alma e espírito

E: Vocês realmente ensinam, como acusam alguns espiritualistas e espíritas franceses, a aniquilação de toda personalidade?

T: Não. Mas como essa questão da dualidade — a *individualidade* do Ego divino e a *personalidade* do animal humano — envolve a possibilidade da aparição do verdadeiro ego imortal nas sessões espíritas como "espírito materializado", que refutamos por completo, como já explicado anteriormente, nossos oponentes passaram a fazer essa acusação absurda.

E: Você disse que a *psuche* busca sua total aniquilação, caso se associe à *anoia*. O que Platão queria dizer, e o que isso significa?

T: A *total* aniquilação da consciência *pessoal*, como um caso excepcional e raro, creio eu. A regra geral e quase invariável é a fusão do pessoal com a consciência individual ou imortal do ego, uma transformação ou transfiguração divina, e a aniquilação total apenas do *quaternário* inferior. Você esperaria que o homem carnal, ou a *personalidade temporária*, sua sombra, o "astral", seus instintos animais e até mesmo sua vida física sobrevivessem junto com o "ego espiritual" e se tornassem eternos? Naturalmente, tudo isso deixa de existir, seja quando ocorre a morte corporal ou depois. Com o tempo, desintegra-se completamente e desaparece de vista, sendo aniquilado como um todo.

E: Então também rejeitam a *ressurreição da carne*?

T: Definitivamente! Por que nós, que acreditamos na filosofia esotérica arcaica dos antigos, aceitaríamos as especulações não filosóficas da teologia cristã posterior, emprestadas dos sistemas exotéricos egípcios e gregos dos gnósticos?

E: Os egípcios reverenciavam os espíritos da natureza e divinizavam até as cebolas; os hindus são *idólatras* até hoje; os zoroastrianos adoravam e ainda adoram o Sol; e os melhores filósofos gregos eram sonhadores ou materialistas — veja Platão e Demócrito, por exemplo. Como é capaz de compará-los?

T: Seu catecismo cristão moderno e até mesmo científico pode pensar desse modo; mas mentes imparciais não estão de acordo. Os egípcios reverenciavam o "Uno-Único-Uno" como *Nout*; e é dessa palavra que Anaxágoras obteve sua denominação *Nous*, ou, como a chama, Νοῦς αὐτοκρατής, "a Mente ou Espírito Autopotente", o ἀρχή της κινήσεως, o motor primordial ou *primum-mobile* de tudo. Segundo ele, o *Nous* era Deus e o *logos* era o homem, sua emanação. O *Nous* é o espírito (seja no cosmos ou no homem) e o *logos*, seja Universo ou corpo astral, a emanação do primeiro, sendo o corpo físico apenas o animal. Nossos poderes externos percebem *fenômenos*; apenas o nosso *Nous* é capaz de reconhecer seus *númenos*[3]. Somente o *logos* ou o númeno sobrevive, pois é imortal em sua própria natureza e essência, e o *logos* no homem é o ego eterno, que reencarna e dura para sempre. Mas como pode a sombra evanescente ou externa, a veste temporária dessa emanação divina que retorna à fonte de onde veio, ser aquela *que se eleva na incorruptibilidade*?

E: Ainda assim, dificilmente escapariam da acusação de ter inventado uma nova divisão dos constituintes espirituais e psíquicos do homem; pois nenhum filósofo fala deles, embora acreditem que Platão o faça.

T: Apoio essa opinião. Além de Platão, há Pitágoras, que também seguia o mesmo preceito[4]. Ele descreveu a *alma* como uma unidade que se move por si mesma (*mônada*), composta de três elementos, o *nous* (espírito), o *phren* (mente) e o *thumos* (vida, respiração ou o *nephesh* dos cabalistas), e estes, por sua vez, correspondem ao nosso "*atmã--buddhi*" (espírito-alma superior), ao *manas* (o ego) e a *kama-rupa*, em conjunção com o reflexo *inferior* de *manas*. O que os filósofos da Grécia antiga chamavam de *alma*, em geral, chamamos de espírito ou *alma* espiritual, *buddhi*, o veículo de *atmã* (o *Agathon,* ou a Deidade Suprema de Platão). O fato de Pitágoras e outros afirmarem que *phren* e *thumos* são compartilhados por nós e os animais prova que, neste caso, se referem ao reflexo manásico *inferior* (instinto) e *kama-rupa* (paixões animais). E como Sócrates e Platão aceitaram a ideia e seguiram esses cinco princípios, especificamente, *Agathon* (Deidade ou Atmã), *psuche* (alma no sentido coletivo), *nous* (espírito ou mente), *phren* (mente física) e *thumos* (*kama-rupa* ou paixões), acrescentamos o *eidolon* dos mistérios, a *forma sombria* ou o duplo humano, e o *corpo físico*, será fácil demonstrar que as ideias de Pitágoras e Platão eram idênticas às nossas. Até mesmo os egípcios defendiam a divisão setenária. Ensinavam que, ao partir, a alma (ego) tinha de passar por sete câmaras, ou princípios, aqueles que deixaria para trás e aqueles com que seguiria. A única diferença é que, tendo sempre em mente a pena de revelar a doutrina dos mistérios, que era a *morte*, difundiram o ensinamento em linhas gerais, enquanto nós o elaboramos e explicamos em detalhes. Embora entreguemos ao mundo o que é permitido, mesmo em nossa doutrina mais de um detalhe importante é preservado, e apenas aqueles que estudam a filosofia esotérica e estão comprometidos com o silêncio *têm direito de o conhecer*.

Os ensinamentos gregos

E: Existem excelentes estudiosos de grego, latim, sânscrito e hebraico. Como é que não encontramos nada em suas traduções sobre o que vocês dizem?

T: Porque seus tradutores, apesar de sua grande erudição, fizeram dos filósofos, especialmente os gregos, escritores *obscuros* em vez de místicos. Veja Plutarco, por exemplo, e leia o que diz sobre "os princípios" do homem. O que ele descreve foi aceito literalmente e atribuído à superstição metafísica e ignorância. Permita-me ilustrar essa questão: "O homem", diz Plutarco, "é composto; e *enganam-se os que o pensam composto apenas de duas partes*. Pois imaginam que o entendimento (intelecto do cérebro) é uma parte da alma (a tríade superior), mas estão tão equivocados quanto os que creem que a alma seja uma parte do corpo, ou seja, aqueles que fazem da *tríade* parte do *quaternário* mortal corruptível. Pois o entendimento (*nous*) excede em muito a alma, já que a alma é melhor e mais divina do que o corpo. Essa composição de alma (Ψυχή) com o entendimento (νους) forma a razão; e com o corpo (ou *thumos*, a alma animal) a paixão; sendo uma a origem ou princípio do prazer e da dor, e o outro, da virtude e do vício. Das três partes unidas e compactadas, a Terra deu o corpo, a Lua a alma e o Sol o entendimento à geração humana".

Esta última frase é puramente alegórica e será compreendida apenas por aqueles versados na ciência esotérica das correspondências, que sabem qual planeta está *relacionado a cada princípio*. Plutarco os divide em três grupos e faz do corpo uma combinação entre estrutura física, sombra astral e respiração, ou a parte tríplice inferior, que "da terra foi tirada e à terra retornará"; do princípio médio e da alma instintiva, a segunda parte, derivada *da* Lua[5], e por ela sempre influenciada; e apenas da parte superior ou da *alma espiritual*, com os elementos átmicos e manásicos presentes nela, faz uma emanação direta do Sol, que representa *Agathon*, a Deidade Suprema. Isso é provado pelo que Plutarco diz:

> Quanto às mortes pelas quais passamos, uma faz do homem dois de três e a outra um de dois. A primeira ocorre na região e jurisdição de Deméter; por isso, o nome dado aos Mistérios, τελειν, assemelha-se ao nome dado à morte, τελευταν. Os atenienses também consagravam os falecidos a Deméter. A outra morte ocorre na Lua, ou região de Perséfone.

Eis a nossa doutrina, que mostra o homem como um *setenário* durante a vida; um *quinário* logo após a morte, no *kama-loka*; e um tríplice *ego*, espírito-alma e consciência, no *devakhan*. Essa separação, primeiro nos "Prados de Hades", como Plutarco chama o *kama-loka*, depois no *devakhan*, era parte integrante das apresentações dos sagrados Mistérios, quando os candidatos à iniciação representavam todo o drama da morte e da ressurreição como um espírito glorificado, ao qual denominamos *consciência*. É a isso que Plutarco se refere quando diz:

> Com um, o terrestre, assim como com o outro, o celeste, Hermes habita. Isso separa violenta e repentinamente a alma do corpo; mas Prosérpina por muito tempo e suavemente separa o entendimento da alma[6]. Por essa razão ela é chamada de *monogenes, unigênita*, ou também *a que gera um só*; pois *a*

melhor parte do homem fica só quando é separada por ela. Pois bem, tanto um quanto o outro ocorrem segundo a natureza. Quer o destino (*fatum* ou *karma*) que cada alma, com ou sem entendimento (mente), vague por um tempo quando sai do corpo, embora não sigam todas a mesma determinação temporal, na região situada entre a Terra e a Lua (*kama-loka*)[7]. Aqueles que foram injustos e dissolutos sofrem a punição devida pelas suas ofensas; mas os bons e virtuosos são aí detidos até que sejam purificados e tenham, por expiação, eliminado todas as infecções que porventura tenham contraído a partir do contágio do corpo, como enfermidades desagradáveis, vivendo na parte mais amena da atmosfera, chamada Prados de Hades, onde devem permanecer por certo tempo estabelecido e determinado. E então, como se estivessem retornando de uma peregrinação errante ou de um longo exílio do seu país, vivenciam uma sensação de alegria, tal como a que sentem principalmente aqueles que são iniciados nos sagrados Mistérios, embora misturada com angústia, admiração e a esperança peculiar de cada um.

Esta é a bem-aventurança nirvânica, e nenhum teosofista poderia descrever de forma mais clara, embora esotérica, as alegrias mentais do *devakhan*, onde cada homem tem ao seu redor o paraíso construído por sua consciência. Contudo, deve-se ter cuidado com o equívoco em que muitos caem, inclusive nossos teosofistas. Não se imagine que, devido ao fato de o homem ser chamado setenário, depois *quíntuplo* e tríade, ele é composto por sete, cinco ou três *entidades*; ou, como expressado por um escritor teosofista, de peles a serem descascadas como as camadas de uma cebola. Os "princípios", como já foi dito, salvam o corpo, a vida e o *eidolon* astral, os quais se dispersam na morte, são simplesmente *aspectos* e *estados de consciência*. Há apenas um homem *real*, que persiste através do ciclo da vida e é imortal em essência, se não em forma, e este é *manas*, o homem-mente ou consciência encarnada. A objeção feita pelos materialistas, que negam a possibilidade de a mente e a consciência agirem sem matéria, é inútil em nosso caso. Não negamos a solidez de seu argumento; mas simplesmente perguntamos aos nossos oponentes: "Estão familiarizados *com todos os estados da matéria*, vocês, que até agora conheciam apenas três? E como sabem se o que chamamos CONSCIÊNCIA ABSOLUTA ou deidade para sempre invisível e incognoscível não é o que, embora para sempre escape à nossa concepção finita humana, ainda é espírito-matéria universal ou matéria-espírito *em sua absoluta infinitude*?" Em sua manifestação manvantárica, o *ego* consciente é um dos aspectos inferiores desse espírito-matéria *fracionado*, que cria seu próprio paraíso, talvez o paraíso de um tolo, mas ainda assim um estado de êxtase.

E: Mas o que é *devakhan*?

T: A "terra dos deuses", literalmente; uma condição, um estado de êxtase mental. Filosoficamente, uma condição mental análoga ao sonho, mas muito mais vívida e real do que o mais vívido sonho. É o estado da maioria dos mortais após a morte.

– VII –
SOBRE OS VÁRIOS ESTADOS DO PÓS-MORTE

O homem físico e o espiritual

E: Fico feliz em saber que acreditam na imortalidade da alma.

T: Não da "alma", mas do espírito divino; ou melhor, na imortalidade do ego reencarnado.

E: Qual é a diferença?

T: Em nossa filosofia há uma enorme diferença, mas é uma questão muito obscura e difícil para ser abordada superficialmente. Vamos analisá-los separadamente e depois em conjunto. Podemos começar com o espírito. Dizemos que o espírito (o "Pai em segredo" de Jesus), ou atmã, não é propriedade individual de nenhum homem, e sim a essência divina que não possui corpo, nem forma, que é imponderável, invisível e indivisível, aquilo que não *existe* e mesmo assim é, como dizem os budistas do nirvana. Apenas ofusca o mortal, o que entra nele e impregna seu corpo todo são apenas seus raios onipresentes, ou luz, irradiados através de *buddhi*, seu veículo e emanação direta. Esse é o significado secreto das afirmações de quase todos os filósofos antigos, quando dizem que "a parte *racional* da alma do homem"[1] nunca entrava inteiramente nele, mas apenas o ofuscava em maior ou menor grau através da alma espiritual *irracional,* ou Buddhi[2].

E: Sempre tive a impressão de que apenas a "alma animal" era irracional, jamais a divina.

T: Você deve aprender a diferença entre o que é negativa ou *passivamente* "irracional" por não ser diferençável e o que é irracional por ser muito *ativo* e positivo. O homem é uma correlação de poderes espirituais, bem como uma correlação de forças químicas e físicas, postas em funcionamento pelo que chamamos "princípios".

E: Tenho lido muito sobre o assunto e parece-me que as noções dos filósofos mais antigos difeririam muito das dos cabalistas medievais, embora concordem em alguns detalhes.

T: A diferença mais substancial entre eles e nós é esta: enquanto acreditamos, como os neoplatônicos e as doutrinas orientais, que o espírito (Atmã) nunca desce hipoteticamente no homem vivo, mas apenas despeja, em menor ou maior grau, seu esplendor no homem *interior* (o composto psíquico e o espiritual dos princípios *astrais*), os cabalistas afirmam que o espírito humano, desprendendo-se do oceano de luz e do Espírito Universal, entra na alma do homem, permanecendo por toda a vida aprisionado na cápsula astral. Todos os cabalistas cristãos ainda sustentam o mesmo princípio, pois são incapazes de romper totalmente com suas doutrinas antropomórficas e bíblicas.

E: E vocês, o que dizem?

T: Dizemos que só admitimos a presença da radiação do espírito (ou Atmã) na cápsula astral e apenas no que se refere a esse esplendor espiritual. Dizemos que o homem e a alma devem conquistar sua imortalidade ascendendo em direção à unidade com a qual, se bem-sucedidos, ficarão ligados e na qual serão finalmente, por assim dizer, absorvidos. A individualização do homem após a morte depende do espírito, não de sua alma e corpo. Embora a palavra "personalidade", no sentido em que é geralmente entendida, seja absurda se aplicada literalmente à nossa essência imortal, ainda assim, ela é, como nosso ego individual, uma entidade distinta, imortal e eterna por si só. *Apenas no caso de praticantes de magia negra ou de criminosos sem redenção, criminosos que têm sido assim durante uma longa série de vidas* — é que o fio brilhante, que liga o espírito à alma *pessoal* desde o momento do nascimento da criança, é violentamente cortado, e a entidade desencarnada separa-se da alma pessoal, sendo esta última aniquilada sem deixar vestígios de si mesma na primeira. Se essa união entre o *manas* inferior, ou pessoal, e o ego individual reencarnado não for efetuada durante a vida, então o primeiro é abandonado para compartilhar o destino dos animais inferiores, ou seja, dissolver-se gradualmente no éter e ter sua personalidade aniquilada. Mas mesmo assim o ego permanece um ser distinto. Ele (o ego espiritual) apenas perde um estado devacânico — depois daquela vida especial e, nesse caso, inútil —, como essa *personalidade* idealizada, e reencarna quase imediatamente, após desfrutar por um curto espaço de tempo de sua liberdade como espírito planetário.

E: No livro *Isis Unveiled* [Ísis sem véu], diz-se que esses espíritos ou anjos planetários, "os deuses dos pagãos ou arcanjos dos cristãos", jamais serão homens em nosso planeta.

T: Precisamente. Mas não *"esses"* de que acabamos de falar, e sim *algumas* classes de espíritos planetários superiores, que jamais serão homens neste planeta porque são espíritos libertos de um mundo primitivo, anterior e, como tal, não podem voltar a ser homens no mundo em que vivemos. No entanto, todos viverão novamente no próximo e muito mais elevado Mahamanvântara, assim que essa "grande era" e o *"pralaya* de Brahma" (um curto período de 16 algarismos ou mais) acabar. Já deve ter escutado que a filosofia oriental nos ensina que a humanidade consiste em tais "espíritos" aprisionados em corpos humanos. A diferença entre animais e homens é a seguinte: os primeiros são *potencialmente* animados pelos "princípios" e os últimos o são *de fato.*[3] Compreende agora a diferença?

E: Sim, mas essa especialização tem sido em todas as épocas o grande entrave dos metafísicos.

T: Tem sido mesmo. Todo o esoterismo da filosofia budista é baseado inteiramente nesse misterioso ensinamento, compreendido por tão poucas pessoas e tão totalmente deturpado por muitos dos mais instruídos eruditos modernos. Até os metafísicos tendem a confundir o efeito com a causa. Um ego que conquistou sua vida imortal como espírito permanecerá o mesmo eu interior durante todos os seus renascimentos na Terra; mas isso não significa necessariamente que deva continuar sendo o mesmo sr. Smith ou Brown que foi ou que deva perder sua individualidade. Portanto, a alma astral e o corpo terrestre do homem podem ser absorvidos na escuridão do além no oceano cósmico de elementos sublimados e deixar de sentir seu último ego *pessoal* (se não mereceu se elevar ainda mais); enquanto o *divino* ego ainda permanece a mesma entidade imutável, embora a experiência terrestre de sua emanação possa ser totalmente esquecida no instante da separação do veículo indigno.

E: Como Orígenes, Sinésio e outros filósofos semicristãos e semiplatônicos ensinaram, se o "espírito", ou a porção divina da alma, é como um ser distinto preexistente por toda a eternidade, e se for o mesmo, e nada mais que a alma metafisicamente objetiva, como pode ser outra coisa senão eterno? E o que importa, em tal caso, se o homem leva uma vida pura ou lasciva, se, independentemente do que faça, jamais perderá sua individualidade?

T: Como afirmado, essa doutrina é tão perniciosa em suas consequências quanto em sua expiação aplicada pelos vicários. Se este último dogma, aliado à falsa ideia de que somos todos imortais, tivesse se manifestado ao mundo em seu verdadeiro aspecto, a humanidade teria sido melhorada com sua propagação.

Repetirei novamente. Pitágoras, Platão, Timeu de Lócrida e a antiga Escola Alexandrina derivavam a *alma* do homem (ou seus "princípios" e atributos mais elevados) da alma universal do mundo, sendo esta última, de acordo com seus ensinamentos, Éter (Pater-Zeus). Portanto, nenhum desses "princípios" pode ser a essência pura do *monas* pitagórico ou nosso *atmã-buddhi*, pois o *anima mundi* é apenas o efeito, a emanação subjetiva, ou melhor, a radiação do primeiro. Tanto o espírito *humano* (ou a individualidade), o ego espiritual reencarnado, como *buddhi*, a alma espiritual, são preexistentes. Mas enquanto o primeiro existe como entidade distinta, ou individualização, a alma existe como sopro preexistente, a parte inconsciente de um todo inteligente. Ambos foram originalmente formados do Eterno Oceano de luz; mas, como expressaram os filósofos do fogo — os teosofistas medievais —, no fogo há um espírito visível e invisível. Estabeleceram uma diferença entre *anima bruta* e *anima divina*. Empédocles acreditava firmemente que todos os homens e animais possuíam duas almas; e descobrimos que Aristóteles chama uma de alma racional, νους, e a outra animal, ψυχή. De acordo com esses filósofos, a alma racional vem de *dentro* da alma universal e a outra, de *fora*.

E: Vocês chamariam de matéria à alma, isto é, a alma humana que pensa, ou o que chamam de ego?

T: De matéria não, mas de substância seguramente; não evitaríamos a palavra "matéria" desde que acompanhada do adjetivo *primordial*. Dizemos que essa matéria é coeterna com o espírito, e não é nossa matéria visível, tangível e divisível, mas sua sublimação extrema. O Espírito Puro é apenas uma mudança do *não* espírito ou *tudo* absoluto. A menos que se admita que o homem evoluiu desse espírito-matéria primordial e representa uma escala progressiva regular de "princípios" do *meta*-espírito até a matéria mais grosseira, como podemos considerar o homem *interior* como imortal e, ao mesmo tempo, como uma entidade espiritual e um homem mortal?

E: Então por que não acreditam em Deus como tal entidade?

T: Porque, de acordo com toda filosofia oriental digna desse nome, o que é infinito e incondicional não pode ter forma e existir como um ser. Uma "entidade" é imortal, mas apenas em sua essência final, não em sua forma individual. Quando na última etapa de seu ciclo, é absorvida em sua natureza primordial; tornando-se espírito, quando perde seu nome de entidade.

Sua imortalidade como forma é limitada apenas ao seu ciclo de vida ou ao *Mahamanvântara*; após o qual se torna una e idêntica ao Espírito Universal, e não mais uma entidade separada. Quanto à alma *pessoal* — que entendemos como a centelha de consciência que preserva no ego espiritual a ideia do "eu" pessoal da última encarnação —, esta permanece como lembrança distinta apenas no período devacânico; após o qual se junta à série de incontáveis outras encarnações do ego, como a lembrança em nossa memória de um dia entre uma série deles ao final de um ano. Vocês vinculariam a infinitude que reivindicam para seu Deus a condições finitas? Somente aquele que é indissoluvelmente consolidado pelo *Atmã* (ou seja, Buddhi-Manas) é imortal. A alma do homem (isto é, sua personalidade) *por si só* não é imortal, eterna ou divina. Diz o *Zohar* (vol. III, p. 616): "A alma, quando enviada a esta terra, põe uma vestimenta terrestre para se preservar, então recebe por cima uma vestimenta brilhante, a fim de poder olhar sem dano no espelho, cuja luz procede do Senhor da Luz". Além disso, o *Zohar* ensina que a alma não pode alcançar a morada da bem-aventurança, a menos que tenha recebido o "ósculo santo" ou a reunião da alma *com a substância da qual emanou* — o espírito. Todas as almas são duais, um princípio feminino, enquanto o espírito é masculino. Aprisionado no corpo, o homem é uma trindade, a menos que sua degradação seja tal que tenha causado seu divórcio do espírito. "Ai da alma que prefere o matrimônio terreno com seu corpo terrestre a seu divino esposo (espírito)", registra um texto da obra hermética *Book of the Keys* [Livro das chaves]. Ai, de fato, pois nada restará dessa personalidade para ser registrado nas tábuas imperecíveis da memória do ego.

E: Como pode deixar de ser imortal aquilo que, se não foi soprado por Deus no homem, conforme sua própria confissão, tem uma substância idêntica à divina?

T: Cada átomo e partícula de matéria, não apenas de substância, é *imperecível* em sua essência, mas não em sua *consciência individual*. A imortalidade é apenas a própria consciência contínua; e a consciência *pessoal* dificilmente pode durar mais do que a própria personalidade, não acha? E tal consciência, como já dito, sobrevive apenas no *devakhan*, após o qual é reabsorvida, primeiro na consciência *individual* e então na *universal*. Pergunte a seus teólogos como conseguiram confundir tanto as Escrituras judaicas. Leia a Bíblia, se desejar obter uma boa prova de que os escritores do Pentateuco e especialmente do *Gênesis* jamais consideraram *nephesh*, aquilo que Deus sopra em Adão (Gênesis, cap. 2), como a alma *imortal*. Eis alguns exemplos: "E Deus criou... cada *nephesh* (vida) que se move" (Gn 1:21), referindo-se aos animais; e (Gn 2:7) diz: "E o homem tornou-se *nephesh*" (alma viva), o que mostra que a palavra *nephesh* foi aplicada indiferentemente ao homem *imortal* e ao animal *mortal*. "Certamente requererei o sangue das vossas *nepheshim* (vidas); da mão de todo animal o requererei, como também da mão do homem" (Gn 9:5), "Escapa-te por tua *nephesh*" (foi traduzido como "escapa-te por tua *vida*"), (Gn 19:17). "Não a matemos", diz a versão inglesa (Gn 37:21). "Não mataremos a sua *nephesh*", diz o texto hebraico. "*Nephesh* por *nephesh*", diz o Levítico (17:8). "Aquele que matar qualquer homem certamente será morto", literalmente "Aquele que matar a *nephesh* de um homem" (Lv 24:17); e do versículo 18 em diante diz: "E aquele que matar um animal (*nephesh*) o restituirá... animal por animal", enquanto o texto original diz "*nephesh* por *nephesh*". Como poderia o homem matar o que é imortal? E isso explica também porque os saduceus negavam a imortalidade da alma, já que ela também fornece outra prova de que, muito provavelmente, os judeus mosaicos — os não iniciados, pelo menos — jamais acreditaram na sobrevivência da alma.

Sobre a recompensa e punição eternas; e o nirvana

E: Creio ser desnecessário perguntar se acreditam nos dogmas cristãos do paraíso e do inferno, ou em recompensas e punições futuras, como ensinado pelas Igrejas Ortodoxas.
T: Refutamos por completo os dogmas descritos em seus catecismos; muito menos admitimos sua eternidade. Mas acreditamos firmemente no que chamamos

de *lei da retribuição* e na absoluta justiça e sabedoria que guia essa lei, ou *carma*. Portanto, nos recusamos positivamente a aceitar a cruel e não filosófica crença de recompensa ou punição eternas. Concordamos com Horácio, quando diz:

> Estabeleçam-se as regras para conter nossa exaltação e punam-se as faltas com proporcional aflição; mas não açoiteis quem apenas mereceu uma chicotada pela falta que cometeu.

Trata-se de uma regra que vale para todos os homens, e é justa. Devemos acreditar que Deus, considerado por vocês a personificação da sabedoria, amor e misericórdia, tem menos direito a esses atributos do que o homem mortal?

E: Há outras razões para rejeitarem esse dogma?
T: Nossa principal razão para isso se baseia na reencarnação. Como já foi dito, refutamos a ideia de que uma nova alma é criada para cada recém-nascido. Acreditamos que todo ser humano é o portador, ou o *veículo*, de um ego contemporâneo a todos os outros egos; pois todos os *egos* têm a *mesma essência* e pertencem à emanação primordial de um *ego* infinito universal. Platão chama este último de *logos* (o segundo Deus manifestado); e nós chamamos de princípio divino manifestado, que é uno com a mente ou alma universal, não o Deus antropomórfico, extracósmico e *pessoal* em que tantos teístas acreditam. Por favor, não confunda.

E: Uma vez que aceitam um princípio manifesto, qual a dificuldade em acreditar que a alma de cada novo mortal é *criada* por esse princípio, como foram antes todas as almas?

T: Porque o que é *impessoal* dificilmente pode criar, planejar e pensar a seu bel-prazer e segundo sua graciosa vontade. Uma *lei* universal, imutável em suas manifestações periódicas que irradiam e manifestam sua própria essência no início de cada novo ciclo de vida, não deve criar os homens apenas para se arrepender de tê-los criado, alguns anos depois. Se temos mesmo que acreditar em um princípio divino, deve ser em um que é tanto harmonia absoluta, lógica e justiça quanto amor absoluto, sabedoria e imparcialidade. Um Deus que atribui a cada alma que *cria* um *breve período de vida*, animando o corpo de um homem rico e feliz ou de um pobre desgraçado e sofredor, infeliz desde o nascimento até a morte, embora este não tenha feito nada para merecer esse destino cruel — é muito mais um *demônio* insensível do que um Deus (ver nota a seguir "Sobre o castigo do ego"). Ora, nem mesmo os filósofos judeus, crentes na Bíblia mosaica (esotericamente, é claro), jamais cogitaram tal ideia; além disso, acreditavam na reencarnação, como nós.

E: Pode me dar alguns exemplos como prova disso?

T: Claro que sim. Fílon de Alexandria diz (em *De somniis* [*Sobre os sonhos*], p. 455): "O ar está cheio delas (de almas); aquelas que estão mais próximas da terra descem para se unir a corpos mortais, παλινδρομοῦσιν αὖθις retornam a outros corpos, *desejando viver neles*". No *Zohar*, a alma é feita para pleitear sua liberdade diante de Deus: "Senhor do Universo! Estou feliz neste mundo, e não quero ir para outro, onde serei uma serva, exposta a todos os tipos de profanações"[4]. A doutrina da necessidade fatal, a lei eterna e imutável, é afirmada na resposta da Divindade: "Contra a tua vontade, te tornas um embrião, e contra a tua vontade, nasces"[5]. A luz seria incompreensível sem a escuridão para torná-la manifesta por contraste; o bem não seria mais o bem sem o mal para mostrar a natureza inestimável da bênção; e assim a virtude pessoal não pode reivindicar mérito, a menos que tenha passado pelo fogo da tentação. Nada é eterno e imutável, exceto a Divindade oculta. Nada que seja finito — seja porque teve um começo ou deve ter um fim— pode permanecer estacionário. Deve progredir ou retroceder; e uma alma que anseia a reunião com seu espírito, o único que lhe confere a imortalidade, deve se purificar por meio de transmigrações cíclicas em direção à única região da bem-aventurança e descanso eterno, chamada no *Zohar* "O palácio do amor", היבל אהכה; "moksha" (mocsa) na religião hindu; "Plenitude da luz eterna" entre os gnósticos; e "nirvana" pelos budistas. E todos esses estados são temporários, não eternos.

E: No entanto, em nenhum momento mencionam a reencarnação.

T: Uma alma que implora para permanecer onde está deve ser preexistente e não ter sido criada para aquela ocasião. No *Zohar* (vol. III, p. 61), contudo, há uma prova ainda melhor. Falando de egos reencarnados (as almas *racionais*), aqueles cuja última personalidade precisa desaparecer inteiramente, diz: "Todas as almas que no céu se afastaram do Santíssimo — bendito seja Seu nome — lançaram-se num abismo em sua própria existência e anteciparam o momento em que devem descer mais uma vez à terra." O "Santíssimo" significa aqui, esotericamente, o Atmã ou *Atmã-Buddhi*.

E: É bem estranho encontrar o *nirvana* mencionado como sinônimo de reino dos céus, ou paraíso, já que, segundo todos os orientalistas notáveis, o nirvana é sinônimo de aniquilação!

T: Se tomado literalmente, no que diz respeito à personalidade e matéria diferenciada, não de outra forma. Essas ideias sobre a reencarnação e a trindade do homem foram defendidas por muitos dos primeiros Padres da Igreja. A confusão feita entre alma e espírito pelos tradutores do Novo Testamento e dos antigos tratados filosóficos ocasionou muitos mal-entendidos. É também uma das muitas razões pelas quais Buda, Plotino e tantos outros iniciados são agora acusados de terem desejado a extinção total de suas almas: "absorção na deidade" ou "reunião com a alma universal", significando aniquilação de acordo com as ideias modernas. A alma pessoal deve, é claro, ser desintegrada em suas partículas, antes de poder fundir eternamente sua mais pura essência ao espírito imortal. Mas tanto os tradutores de *Atos* e as *Epístolas*, que lançaram as fundações do *Reino dos Céus*, quanto os modernos comentaristas do sutra budista da *Fundação do Reino da Justiça* confundiram o sentido do grande apóstolo do cristianismo e do grande reformador da Índia. Os primeiros ocultaram a palavra ψυχικός (*psychikos*) para que nenhum leitor imagine que tenha qualquer relação com *alma*; e, com essa confusão entre *alma* e *espírito*, os leitores da Bíblia tiveram apenas uma percepção deturpada do assunto. Por outro lado, os intérpretes de Buda não conseguiram entender o significado e objetivo dos quatro graus budistas de Dhyana. Pergunte aos pitagóricos: "Pode aquele espírito, que concede vida e movimento e participa da natureza da luz, ser reduzido à nulidade?", observam os ocultistas, "Pode o espírito, sensível mesmo nos animais que exercitam a memória, uma das faculdades racionais, morrer e tornar-se nada?". Na filosofia budista, a *aniquilação* significa apenas a dispersão da matéria, em qualquer forma ou *aparência* de forma, pois tudo que possui uma forma é temporário e, portanto, é realmente uma ilusão. Pois, na eternidade, os períodos mais longos de tempo são como um piscar de olhos; assim é com a forma. Antes de termos tempo de notar sua existência, passou para sempre como o clarão de um relâmpago. Quando a *entidade* espiritual se desprende para sempre de cada partícula de matéria, substância ou forma e volta a ser um sopro espiritual, somente então entra no eterno e imutável *nirvana*, permanecendo tanto quanto durou o ciclo da vida — uma eternidade, na verdade. E então aquele sopro, existindo *em espírito*, não é *nada* porque é *tudo*; como forma, aparência, figura, é aniquilado por completo; mas como espírito absoluto ainda é, pois se tornou a própria *existencialidade*. A expressão usada, "absorvido na essência universal", quando se fala da "alma" como espírito, significa "união com". Jamais poderá significar aniquilação, pois isso pressupõe separação eterna.

E: Não estão se expondo à acusação de pregar a aniquilação com a adoção dessa linguagem? Foi dito há pouco que a alma do homem retorna a seus elementos primordiais.

T: Mas você se esquece de que lhe expliquei as diferenças entre os vários significados da palavra "alma" e mostrei como o termo "espírito" foi traduzido incorretamente até agora. Falamos da alma *animal, humana* e *espiritual*, e sobre as diferenças entre elas. Platão, por exemplo, chama "alma racional" ao que chamamos *buddhi*, porém acrescentando o adjetivo "espiritual"; mas ao que chamamos ego reencarnado, *manas*, ele chama espírito, *nous*, etc., à medida que aplicamos o termo *espírito*, quando sozinho e sem qualquer qualificação, apenas a Atmã. Pitágoras repete nossa doutrina arcaica ao afirmar que o *ego* (*nous*) é eterno com a Deidade; que a alma só passa por vários estágios para chegar à excelência divina; enquanto *thumos* volta à terra, e até mesmo o *phren*, o *manas* inferior, é eliminado. Mais uma vez, Platão define *alma* (*buddhi*) como "o movimento que é capaz de mover a si mesmo". "A alma", acrescenta ele (Leis X), "é a mais antiga de todas as coisas, e o início do movimento", chamando assim à atmã-*buddhi* "alma" e ao *manas*, "espírito", o que não fazemos.

A alma foi gerada antes do corpo, e o corpo é posterior e secundário, de acordo com a natureza, sendo governado pela alma dominante. A alma, que governa tudo que está em movimento em todas as direções, governa igualmente os céus.

A alma então comanda tudo no céu, na terra e no mar, segundo seus movimentos — cujos nomes são: querer, considerar, cuidar, consultar, formar opiniões verdadeiras e falsas, vivenciar um estado de alegria, tristeza, confiança, medo, ódio, amor, juntamente com todos os movimentos primários aliados a estes... Por ser uma deusa, sempre toma como aliado *nous*, um deus, e disciplina todas as coisas correta e alegremente; mas, quando aliada a *annoia* — não *nous* —, tudo funciona ao contrário.

Nessa linguagem, como nos textos budistas, o negativo é tratado como existência essencial. A *aniquilação* tem uma explicação semelhante. O estado positivo é a existência essencial, mas não a manifestação como tal. Na linguagem budista, quando entra no *nirvana*, o espírito perde a existência objetiva, mas retém o ser subjetivo. Para mentes objetivas, isso significa converter-se no "nada" absoluto; para mentes subjetivas, em NÃO COISA, nada a ser manifestado aos sentidos. Assim, seu nirvana significa a certeza da imortalidade individual *em espírito*, não em alma, que, embora seja "a mais antiga de todas as coisas", ainda é — junto com todos os outros *deuses* — uma emanação finita em forma e individualidade, se não em substância.

E: Ainda não compreendi bem a ideia e ficaria grato se a explicasse com alguns exemplos.

T: Sem dúvida, é de difícil compreensão, especialmente para alguém educado nos habituais preceitos ortodoxos da igreja cristã. Além disso, preciso lhe dizer uma coisa: a menos que se tenha estudado muito bem as funções separadas atribuídas a todos os "princípios" humanos e o estado de todos eles *após a morte*, será difícil compreender nossa filosofia oriental.

Sobre os vários "princípios" no homem

E: Tenho ouvido falar muito sobre essa constituição do "homem interior", como a chamam, mas não faço a menor ideia do que isso significa, para falar a verdade.

T: Certamente é muito difícil e, como você diz, "complicado" entender corretamente e saber distinguir entre os vários *aspectos* a que chamamos "princípios" do verdadeiro ego. E mais ainda porque entre as várias escolas orientais há uma notável diferença na enumeração desses princípios, embora a base da doutrina seja a mesma.

E: Está se referindo, como exemplo, aos vedantinos, que dividem os sete "princípios" de vocês em apenas cinco?

T: Sim, de fato o fazem; mas embora eu não ouse contestar esse ponto com um sábio vedantino, posso expressar, como minha opinião particular, que têm uma razão óbvia para isso. Para eles, o *homem* é apenas aquele agregado espiritual composto, que consiste em vários aspectos mentais e cujo corpo físico em sua visão é meramente uma *ilusão*, merecendo desprezo. E o vedanta não é a única filosofia a pensar desse modo. Lao-Tsé, em seu *Tao te ching*, menciona apenas cinco princípios, porque, como os vedantinos, omite a inclusão de dois princípios, a saber, o espírito (Atmã) e o corpo físico, a que chama "o cadáver". Há também a escola táraka rajaioga, cuja doutrina reconhece apenas três "princípios" de fato; mas, na realidade, seu *sthulopadi*, ou corpo físico, em seu estado desperto de consciência, seu *sukshmopadhi*, o mesmo corpo em *svapna*, ou estado de sonho, e seu *karanopadhi*, "corpo causal", ou o que passa de uma encarnação a outra, são todos duais em seus aspectos e, assim, formam seis. Acrescente a esses Atmã, o princípio divino impessoal, ou o elemento imortal no homem, indistinguível do Espírito Universal, e obtém-se novamente os mesmos sete princípios.[6] Eles têm total liberdade para manter essa divisão; e nós a nossa.

E: Não parece quase a mesma divisão feita pelos místicos cristãos: corpo, alma e espírito?

T: De fato. Poderíamos facilmente fazer do corpo o veículo do "duplo vital"; deste último, o veículo da vida ou *prana*; de *kama-rupa*, ou alma (animal), o veículo da mente *superior* e *inferior*, e então formar seis princípios, coroando todos com o único espírito imortal. No ocultismo, toda mudança qualitativa no estado de nossa consciência dá um novo aspecto ao homem e, se prevalece e torna-se parte do ego vivo e atuante, deve receber (e recebe) um nome especial para distinguir o homem que está nesse estado particular daquele que vivencia outro estado.

E: É exatamente isso que é tão difícil de entender.

T: Pelo contrário, parece-me muito fácil, uma vez que se compreenda a ideia principal, ou seja, que o homem age neste ou em outro plano de consciência em estrita conformidade com sua condição mental e espiritual. Mas tal é o materialismo desta época que, quanto mais explicamos, menos as pessoas parecem capazes de compreender. Divida o ser terrestre chamado homem em três aspectos principais, pois, a menos que o tome por um simples animal, não se pode dividi-lo em menos. Considere seu *corpo* objetivo; o princípio de reflexão que há nele — que é apenas um pouco mais elevado que o elemento *instintivo* no animal — ou a alma vital consciente; e aquilo que o coloca tão incomensuravelmente acima de qualquer outro animal — ou seja, sua alma *racional* ou "espírito". Bem, se tomarmos esses três grupos, ou entidades representativas, e subdividi-los de acordo com os ensinamentos ocultistas, o que obtemos?

Em primeiro lugar, o espírito (no sentido do Absoluto e, portanto, o TODO indivisível) ou Atmã. Como isso não pode ser encontrado nem limitado na filosofia, sendo simplesmente aquilo que é na eternidade e não pode estar ausente nem mesmo no ponto geométrico ou matemático mais ínfimo do universo, da matéria ou substância, não deveria ser chamado, na verdade, princípio "humano". Ao contrário, e na melhor das hipóteses, é na Metafísica aquele ponto no espaço em que a mônada humana e seu veículo, o homem, habitam durante o período de cada vida. Esse ponto é tão imaginário quanto o próprio homem e, na realidade, é uma ilusão, ou *maya*; e para nós mesmos, como para os outros egos pessoais, somos uma realidade durante esse instante de ilusão chamado vida, e temos de levar em conta nós mesmos, na nossa própria imaginação, se mais ninguém o fizer. Para torná-lo mais compreensível ao intelecto humano, ao tentar pela primeira vez estudar o ocultismo, e para resolver o abc do mistério humano, o ocultismo chama a esse *sétimo* princípio "síntese do sexto", e lhe atribui como veículo a alma *espiritual, buddhi*. Este último esconde um mistério que nunca é revelado a ninguém, exceto aos *chelas* irrevogavelmente comprometidos, ou àqueles em que se pode confiar com segurança. É claro que haveria menos confusão se fosse possível revelá-lo; mas como está diretamente relacionado ao poder de projetar o duplo conscientemente e à vontade, e como esse dom, como o "anel de Giges", seria muito fatal para o homem em geral e ao possuidor dessa faculdade em particular, ele é cuidadosamente guardado. Mas voltemos aos "princípios". Essa alma divina, ou *buddhi*, então, é o veículo do espírito. Os dois unidos são um, impessoal e sem atributo algum (neste plano, é claro), e formam dois "princípios" espirituais. Se passarmos à alma *humana, manas* ou *mens*, todos hão de concordar que a inteligência do homem é, no mínimo, dual, por exemplo: o homem de mente elevada dificilmente pode se tornar tolo; há um abismo separando o homem intelectual e espiritual do homem obtuso, ignorante e material, se não de mente animal.

E: Mas por que o homem não deveria ser representado por dois "princípios", ou dois aspectos?

T: Todo homem tem em si esses dois princípios, um mais ativo que o outro e, em raros casos, um deles está completamente atrofiado em seu crescimento, por assim dizer, ou paralisado pela força e predominância do outro *aspecto*, independentemente da direção. Esses, então, são o que chamamos de dois princípios ou aspectos de *manas*, o superior e o inferior; o primeiro, o manas superior, ou o ego reflexivo e consciente que gravita em direção à alma espiritual (buddhi); e o último, ou seu princípio instintivo, é atraído por *kama*, o centro das paixões e dos desejos animais no homem. Assim, temos quatro "princípios" justificados; os três últimos sendo: (1) o "duplo", que concordamos em chamar de alma proteu inconstante ou plástica; o veículo do (2) *princípio* da vida; e (3) o corpo físico. É claro que nenhum fisiologista ou biólogo aceitaria esses princípios, tampouco os compreenderia. E talvez por isso nenhum deles compreende até hoje as funções do baço, o veículo físico do duplo proteu, nem as de um determinado órgão situado no lado direito do homem, a sede dos desejos mencionados anteriormente, tampouco tem algum conhecimento sobre a glândula pineal, descrita como uma glândula calosa contendo um pouco de areia, sendo que é, na verdade, a sede da mais elevada e divina consciência humana, sua mente onisciente e espiritual, que abrange tudo. E isso mostra ainda mais claramente que não inventamos esses sete princípios, e tampouco eles são considerados novos no mundo da filosofia, como podemos facilmente provar.

E: Mas, segundo sua crença, o que pode reencarnar?

T: O ego espiritual pensante, o princípio permanente no homem, ou aquilo que é a base de *manas*. Não é atmã, nem mesmo atmã-*buddhi*, considerado a *mônada* dual, que é o homem *individual* ou *divino*, mas manas; pois atmã é o todo universal e torna-se o EU SUPERIOR do homem apenas em conjunção com *buddhi*, seu veículo, que o liga à individualidade (ou homem divino). *Buddhi-manas* é o que chamam de *corpo causal* (o quinto e o sexto princípios unidos) e é a *consciência* que o conecta com cada personalidade que habita a terra. Portanto, sendo a alma um termo genérico, há nos homens três *aspectos* da alma — o terrestre ou animal; a alma humana; e a alma espiritual; estes, estritamente falando, são uma única alma em seus três aspectos. Do primeiro aspecto, nada permanece após a morte; do segundo (*nous* ou *manas*), apenas sobrevive sua essência divina *se não for maculada*, enquanto o terceiro, além de ser imortal, torna-se *conscientemente* divino, pela assimilação do *manas* superior. Mas, para esclarecer, antes de tudo, precisamos falar algumas palavras sobre a reencarnação.

E: Você se sairá bem, pois é essa doutrina que seus inimigos combatem ferozmente.

T: Refere-se aos espíritas? Sim, é verdade; e muitas são as objeções absurdas, laboriosamente elaboradas por eles nas páginas da revista *Light*. Alguns são tão obtusos e maliciosos que nada pode detê-los. Um deles encontrou recentemente uma contradição em declarações extraídas das palestras de Sinnett e a discutiu gravemente em uma carta a essa revista. Descobriu essa grave contradição nestas duas frases: "Os regressos prematuros à vida terrena podem ocorrer devido a complicações cármicas..."; e "não há *acidente* no ato supremo da justiça divina guiando a evolução". Um pensador tão profundo certamente veria uma contradição na lei da gravidade, se um homem estendesse a mão para impedir que uma pedra caindo esmagasse a cabeça de uma criança.

– VIII –
SOBRE REENCARNAÇÃO OU RENASCIMENTO

O que é a memória, segundo a doutrina teosófica?

E: Explicar e dar motivos razoáveis para tal crença será o mais difícil para vocês. Nenhum teosofista jamais conseguiu apresentar uma única prova válida para abalar meu ceticismo. Em primeiro lugar, contra essa teoria da reencarnação há o fato de que não foi encontrado ainda nenhum homem que se lembre de ter vivido e muito menos de quem foi em sua vida anterior.

T: Vejo que seu argumento tende à mesma velha objeção; a perda de memória relativa à nossa encarnação prévia. Acha que isso invalida nossa doutrina? Minha resposta é não e, de qualquer modo, tal objeção não pode ser definitiva.

E: Gostaria de ouvir seus argumentos.

T: São poucos e curtos. Contudo, levando em consideração: (a) a total incapacidade dos melhores psicólogos modernos de explicar ao mundo a natureza da *mente*; e (b) a completa ignorância de suas potencialidades e estados superiores, deve-se admitir que essa objeção é baseada em uma conclusão *a priori* extraída de evidências à primeira vista e circunstanciais, mais do que qualquer coisa. Agora, por favor, qual é a sua concepção de "memória"?

E: O que geralmente se entende por memória: a faculdade de nossa mente de lembrar e reter o conhecimento de pensamentos, ações e eventos prévios.

T: Por favor, considere a grande diferença que há entre as três formas aceitas de memória. Além da memória em geral, temos a *lembrança*, *recordação* e *reminiscência*, não? Já pensou na diferença que há entre elas? Lembre-se de que "memória" é um nome genérico.

E: No entanto, todos são apenas sinônimos.

T: Na verdade, não o são — em todo caso, não em filosofia. A memória é simplesmente um poder inato aos seres racionais, e mesmo aos animais, de reproduzir impressões do passado pela associação de ideias, sugeridas principalmente por coisas objetivas ou por alguma ação em nossos órgãos sensoriais externos. A memória é uma faculdade que depende inteiramente, em maior ou menor grau, do funcionamento normal e saudável de nosso cérebro *físico*; e a *lembrança* e a *recordação* são atributos que servem a essa memória. Mas a *reminiscência* é algo totalmente diferente. A "reminiscência" é definida pela psicologia moderna como algo intermediário entre *lembrança* e *recordação*, ou "um processo consciente de recordar ocorrências passadas, porém sem a referência completa e diversificada de aspectos particulares que caracterizam a *recordação*". Locke, ao mencionar recordação e lembrança, diz: "Quando uma *ideia* se repete *novamente*, sem a operação de um objeto semelhante no sistema sensorial externo, trata-se de uma *lembrança*; se procurada pela mente e, com trabalho e esforço for novamente encontrada e evocada, é uma *recordação*". Mas mesmo Locke deixa a *reminiscência* sem uma definição clara, porque não é uma faculdade ou atributo de nossa memória *física*, e sim uma percepção intuitiva à parte, e fora de nosso cérebro físico; uma percepção que (sendo posta em ação pelo conhecimento sempre presente de nosso ego espiritual) cobre todas as visões humanas consideradas anormais — desde pinturas sugeridas pelos gênios até os *delírios* de febre e até mesmo loucura — e que são classificadas pela ciência como não existentes fora de nossa imaginação. O ocultismo e a teosofia, entretanto, consideram a *reminiscência* sob um aspecto inteiramente diferente. Para nós, a *memória* é física e transitória, e depende das condições fisiológicas do cérebro — proposição fundamental entre todos os professores de mnemônica, sustentada pelas investigações científicas dos psicólogos modernos — chamamos de *reminiscência* à *memória da alma*. E é *essa* memória que confere a quase todo ser humano, compreendendo-a ou não, a certeza de ter vivido antes e ter de viver novamente. Como Wordsworth diz:

> Nosso nascimento é tão-somente sono e esquecimento,
> a estrela de nossa vida, a alma que se eleva em nós,
> teve em outro lugar seu poente, e de longe vem.

E: Se sua doutrina se baseia nessa espécie de memória — poesia e fantasias anormais, como você mesma confessa —, receio então que não conseguirá convencer a muitos.

T: Não "confessei" que era uma fantasia. Simplesmente disse que os fisiologistas e cientistas em geral consideram essas reminiscências como alucinações e fantasia, cuja *sábia* conclusão é muito bem-vinda. Não negamos que tais visões e vislumbres do passado sejam anormais, em contraste com nossa experiência normal de vida cotidiana e memória física. Mas concordamos com o professor W. Knight quando diz que "a ausência de memória de qualquer ação realizada em um estado anterior não pode ser um argumento conclusivo contra a possibilidade de termos vivenciado isso". E todo oponente justo deve concordar com o que Butler diz na obra *Lectures on Platonic Philosophy* [*Leituras sobre a filosofia platônica*]: "que o sentimento de extravagância com o qual (a preexistência) nos afeta tem sua fonte secreta em preconceitos materialistas ou semimaterialistas". Também sustentamos que a memória, como Olimpiodoro a chamou, é uma simples *fantasia*, e o aspecto mais duvidoso em nós[1]. Amônio Saccas afirmou que a *memória* é a única faculdade do homem diretamente oposta à profecia ou vidência do futuro. Além disso, lembre-se de que a memória é uma coisa e a mente, ou o *pensamento*, outra; uma delas é uma máquina de gravação, um registro que muito facilmente se desordena; a outra (o pensamento) é eterna e imperecível. Você se recusaria a acreditar na existência de certas coisas ou homens apenas porque seus olhos físicos não os viram? O testemunho coletivo de gerações passadas que o viram não seria uma garantia suficiente de que Júlio César existiu? Por que não se deve levar em consideração o mesmo testemunho dos sentidos psíquicos das massas?

E: Mas essas distinções não seriam sutis demais para serem aceitas pela maioria dos mortais?

T: Pela maioria dos materialistas, é melhor dizer. E a eles dizemos, vejam: até mesmo no curto período de uma existência comum a memória falha em registrar todos os eventos de uma vida. Com que frequência mesmo os eventos mais importantes permanecem adormecidos em nossa memória até serem despertados por alguma associação de ideias ou postos a funcionar devido a outra ligação. Isso ocorre sobretudo com pessoas de idade avançada, que sofrem constantemente de fraqueza de memória. Quando, portanto, nos lembramos do que sabemos sobre os princípios físicos e espirituais do homem, não é a falha de nossa memória em registrar nossas vidas passadas que deveria nos surpreender, e sim o contrário.

Por que não nos lembramos de nossas vidas passadas?

E: Foi apresentada uma visão panorâmica dos sete princípios; mas como eles explicam a completa perda de memória de termos vivido antes?

T: Muito facilmente. Os "princípios" que chamamos físicos, nenhum dos quais é negado pela ciência, embora os chame por outros nomes[2], desintegram-se após a morte com seus elementos constituintes, e a *memória* juntamente com o cérebro. Essa memória dissipada de uma personalidade desaparecida não pode lembrar nem registrar nada na reencarnação subsequente do ego. A reencarnação significa que esse ego será provido de um *novo* corpo, um *novo* cérebro e uma *nova* memória. Portanto, seria tão absurdo esperar que essa *memória* se lembrasse do que nunca registrou quanto seria inútil examinar no microscópio a camisa de um assassino, à procura de manchas de sangue, se ela não foi a usada por ele na ocasião. Não é a camisa limpa que devemos investigar, mas as roupas usadas durante o crime; e se estas foram queimadas e destruídas, como se pode chegar à solução?

E: Como pode ter certeza de que um crime foi cometido, ou de que o "homem da camisa limpa" existiu anteriormente?

T: Não por processos físicos, certamente; nem confiando no testemunho daquilo que não existe mais. Mas há evidências circunstanciais, aceitas talvez até mais do que deveriam por nossas sábias leis. Para se convencer do fato da reencarnação e das vidas passadas, é necessário colocar-se em *harmonia* com o seu verdadeiro ego permanente, e não com a memória passageira.

E: Mas como as pessoas podem acreditar naquilo que *não conhecem*, nunca viram e, muito menos, tiveram contato?

T: Se as pessoas, inclusive as mais instruídas, acreditam na gravidade, no éter, na força e em abstrações científicas e "hipóteses" que nunca viram, tocaram, cheiraram, ouviram ou provaram — por que não haveriam de acreditar, partindo do mesmo princípio, em seu próprio ego permanente, uma "hipótese" muito mais lógica e importante do que qualquer outra?

E: O que é, afinal, esse misterioso princípio eterno? Pode explicar sua natureza para que todos consigam compreendê-la?

T: O EGO que se reencarna, o "eu" individual e *imortal* — não o pessoal; em suma, o veículo da MÔNADA atmã-búdica, aquele que é recompensado no *devakhan* e punido na Terra, e, finalmente, aquele ao qual se une apenas o reflexo dos *skandhas,* ou atributos de cada encarnação[3].

E: O que quer dizer com *skandhas?*
T: Exatamente o que disse: "atributos", entre os quais, a *memória*. Todos perecem como uma flor, deixando para trás apenas um tênue perfume. Eis outro parágrafo da obra *Catecismo budista*[4], de H. S. Olcott, que trata diretamente do assunto, abordando a questão da seguinte forma: "O idoso se lembra dos incidentes da juventude, apesar de ter mudado física e mentalmente. Por que, então, não permanece conosco a lembrança de vidas passadas, do nosso último nascimento até o presente? Porque a memória está incluída nos *skandhas*, e, tendo estes mudado com a nova existência, desenvolve-se uma nova memória, o registro daquela existência anterior em particular. No entanto, o registro ou reflexo de todas as vidas passadas deve sobreviver, pois, quando o príncipe Sidarta se tornou Buda, a sequência completa de seus

nascimentos anteriores foi vista por Ele... qualquer um que atinja o estado de *Jhana* pode, desse modo, traçar retrospectivamente a linha de suas vidas". Isso prova que, embora as qualidades imortais da personalidade como o amor, a bondade, a caridade etc., — estejam ligadas ao ego imortal, registrando nele uma fotografia permanente, por assim dizer, do aspecto divino do homem que havia existido, seus *skandhas* materiais (que geram os efeitos cármicos mais marcantes) permanecem tão passageiros quanto um relâmpago e não ficam gravados no novo cérebro da nova personalidade; contudo, ainda assim, não prejudicam de maneira alguma a identidade do ego reencarnado.

E: Isso pressupõe a sobrevivência apenas da memória da alma, como a chamam, sendo a alma ou o ego apenas uma e a mesma coisa, enquanto nada da personalidade permanece?

T: Não exatamente. Algo de cada personalidade, a menos que seja totalmente materialista, cuja natureza não permita passar nem sequer um raio espiritual, pode sobreviver, pois deixa sua impressão eterna no Eu permanente encarnado ou ego espiritual[5]. (Veja "Sobre a consciência pós-morte e pós-natal".) A personalidade de seus *skandhas* está sempre mudando a cada novo nascimento. É, como dito antes, apenas o papel desempenhado pelo ator (o verdadeiro ego) por uma noite. É por isso que não guardamos nenhuma memória de nossas vidas passadas no plano físico, embora o *verdadeiro* "ego" as tenha vivido e conhecido.

E: Como, então, o homem real ou espiritual não registra esse conhecimento em seu novo "eu" pessoal?

T: Como as criadas de uma pobre propriedade rural puderam falar hebraico e tocar violino em estado de transe ou sonambulismo, quando não sabiam fazer isso em seu estado normal? Porque, como diria qualquer genuíno psicólogo da velha escola, e não da moderna, o ego Espiritual só pode agir quando o ego pessoal está paralisado. O "Eu" Espiritual no homem é onisciente e todo seu conhecimento é inato; enquanto o eu pessoal é criação do ambiente e escravo da memória física. Se o primeiro pudesse se manifestar ininterruptamente e sem impedimentos, não haveria mais homens na terra, e sim deuses.

E: Mesmo assim, certamente há exceções, e alguns devem se lembrar.

T: De fato, há. Mas quem acredita no que dizem? Geralmente, esses sensitivos são considerados pelos materialistas modernos como histéricos alucinados, malucos, aficionados pelo assunto ou farsantes. Leia obras sobre o assunto, em especial *Reincarnation, a Study of Forgotten Truth* [Reencarnação, um estudo da verdade esquecida], de E. D. Walker, membro da Sociedade Teosófica, e veja a quantidade de provas que o competente autor traz à tona sobre essa controversa questão. Alguém fala sobre alma, as pessoas perguntam: "O que é alma? Pode provar sua existência?". Claro, é inútil discutir com um materialista, mas mesmo assim eu lhe faria esta pergunta: "Consegue se lembrar do que era ou do que fazia quando bebê? Tem alguma lembrança da vida, pensamentos, atitudes, ou do que viveu durante os primeiros dezoito meses ou dois anos de sua existência? Seguindo o mesmo princípio, por que então não negar que um dia já foi um bebê?". Com relação a tudo isso, acrescentamos que o ego reencarnado ou a *individualidade* retém, durante o período devacânico, apenas a essência da experiência de vida ou personalidade terrena passada; sendo toda experiência física que envolve um estado de existência em potencial, por assim dizer, traduzida em fórmulas espirituais. Quando lembramos ainda que o período de tempo entre dois renascimentos se estende, supostamente, por dez a quinze séculos, período no qual a consciência física está completa e absolutamente inativa, sem órgãos para atuar e, portanto, *sem existência*, a razão para a ausência de todas as lembranças na memória puramente física fica bastante clara.

E: Foi dito que o ego espiritual é onisciente. Onde está, então, essa onisciência alardeada durante a chamada vida devacânica?

T: Durante esse tempo, é latente e potencial, pois, em primeiro lugar, o ego espiritual (que compõe o *buddhi-manas*) *não* é o eu superior, que, sendo uno com a alma ou mente universal, é o único onisciente; e, em segundo lugar, porque *devakhan* é a continuação idealizada da vida terrestre deixada para trás, um período de ajuste retributivo e uma recompensa por injustiças e sofrimentos imerecidos sofridos naquela vida em especial. É onisciente apenas *potencialmente* no *devakhan*, e, de fato, exclusivamente no nirvana, quando o ego se funde na alma-mente universal. Volta a ser *quase* onisciente em determinados momentos na terra, quando certas condições anormais e mudanças fisiológicas no corpo fazem o *ego* libertar--se das amarras da matéria. Assim, os exemplos mencionados anteriormente sobre sonambulismo, uma pobre criada falando hebraico e outra tocando violino, ilustram o caso em questão. Isso não significa que as explicações oferecidas pela ciência médica sobre esses dois fatos não são verdadeiras, pois, anos antes, uma das meninas tinha escutado seu mestre, um clérigo, ler em voz alta obras hebraicas, e a outra ouvido um artista tocando violino na fazenda. Mas nenhuma das duas teria reproduzido aquilo com tamanha perfeição sem ter sido sensibilizada por aquele que, devido à similaridade de sua natureza com a mente universal, é onisciente. No primeiro caso, o princípio superior agiu sobre os *skandhas*, comovendo-os; no outro, com a personalidade paralisada, a individualidade se manifestou. Por favor, não confunda os dois casos.

Sobre individualidade e personalidade[6]

E: Mas qual é a diferença entre as duas? Confesso que ainda estou no escuro. De fato, é justamente essa diferença que não fica bem gravada em nossa mente.

T: Procuro explicar; mas, infelizmente, para alguns é mais difícil do que lhes incutir um sentimento de reverência quase infantil, apenas porque são *ortodoxos* e a ortodoxia é respeitável. Para compreender bem a ideia, primeiro é preciso estudar os conjuntos duais de "princípios"; os *espirituais,* ou aqueles que pertencem ao imperecível ego; e os *materiais,* ou os que compõem os corpos em constante mutação ou as séries de personalidades daquele ego. Estabelecemos nomes permanentes para eles:

I.   Atmã, o "eu superior", não é o seu espírito nem o meu, porém, como a luz do sol, ilumina a todos. É o *"princípio divino"* universalmente difundido e inseparável de seu único e absoluto meta-espírito, como o raio de sol é inseparável da luz solar.

II. *Buddhi* (a alma espiritual) é apenas seu veículo. Nem cada um separadamente nem os dois coletivamente são tão úteis para o corpo humano quanto a luz solar e seus raios o são para um bloco de granito enterrado na terra, *a menos que a díade divina seja assimilada e refletida em alguma consciência.* Nem atmã nem *buddhi* são alcançados pelo carma, pois o primeiro é o aspecto mais elevado do carma, seu próprio *agente ativo* em um aspecto, e o outro é inconsciente *neste plano.* Essa consciência ou mente é:

III. *Manas*[7], a derivação ou o produto numa forma refletida de *ahamkara*, "a concepção do eu", ou personalidade (EGOIDADE). Quando inseparavelmente unido aos dois primeiros, é, portanto, chamado EGO ESPIRITUAL e *taijasi* (o radiante). Essa é a verdadeira individualidade, ou o homem divino. É esse ego que — tendo encarnado originalmente na forma humana *sem consciência,* animado pela presença da mônada dual em si mesmo, embora inconsciente (uma vez que não tinha consciência) — fez dessa forma humana similar um *homem de verdade.* É esse ego, esse "corpo causal" que encobre cada personalidade que o carma o obriga a encarnar; e é considerado responsável por todos os pecados cometidos em (e por meio de) cada novo corpo ou nova personalidade — máscaras evanescentes que escondem o verdadeiro Indivíduo através de longas séries de renascimentos.

E: Mas isso é justo? Por que esse ego deve ser punido por ações que esqueceu de ter cometido?

T: Ele não as esqueceu; está ciente e se lembra bem de suas ações, assim como você se lembra do que fez ontem. Pensa que o verdadeiro ego as esqueceu porque a memória desse feixe de compostos físicos chamado "corpo" não se lembra do que seu predecessor (a personalidade que *não existe mais*) fez? Assim como é injusto afirmar que as botas novas de um menino punido por roubar maçãs merecem ser repreendidas por algo que desconhecem.

E: Mas não há meios de comunicação entre a consciência ou memória espiritual e humana?

T: Claro que há; mas não são reconhecidos pelos psicólogos modernos. A que você atribui a intuição, a "voz da consciência", as premonições, as reminiscências vagas e indefinidas etc., se não a tais comunicações? Bom seria se a maioria dos homens instruídos tivesse, no mínimo, a excelente percepção espiritual de Coleridge, que mostra o quanto é intuitivo em alguns de seus comentários. Observe o que ele diz sobre a probabilidade de que "todos os pensamentos sejam em si mesmos imperecíveis". "Se a faculdade da inteligência (súbito 'despertar' da memória) fosse mais abrangente, exigiria apenas uma organização diferente e apropriada, o *corpo celestial* em vez do *corpo terrestre*, para trazer diante de cada alma humana *a experiência coletiva de toda sua existência passada* (melhor dizendo, *existências*)." Esse *corpo celestial* é nosso ego manásico.

Sobre a recompensa e a punição do ego

E: Ouvi você dizer que o *ego*, qualquer que tenha sido a vida terrena da pessoa na qual se encarnou, jamais recebe uma punição pós-morte.

T: Isso mesmo, exceto em casos muito raros e excepcionais, que não mencionaremos aqui, pois a natureza do "castigo" não se aproxima de nenhuma de suas concepções teológicas de condenação.

E: Mas se é punido nesta vida pelas más ações cometidas em vidas passadas, então, este ego também deveria ser recompensado, seja aqui ou quando desencarnar.

T: E assim é. Se não admitimos nenhuma punição fora da Terra, é porque o único estado que o Eu Espiritual conhece, daqui por diante, é o de pura bem-aventurança.

E: Como assim?

T: É muito simples: *crimes e pecados cometidos num plano objetivo e num mundo material não podem receber punição num mundo de pura subjetividade.* Não acreditamos em inferno ou paraíso como localidades; em nenhum fogo objetivo do inferno, em vermes que nunca morrem, tampouco numa Jerusalém de ruas pavimentadas com safiras e diamantes. Acreditamos é num estado pós-morte ou numa condição mental, como a que vivenciamos durante um sonho vívido. Acreditamos numa lei imutável de amor, justiça e misericórdia absolutos. E, acreditando nisso, afirmamos: "Qualquer que seja o pecado e os terríveis resultados da transgressão cármica original dos egos agora encarnados[8], nenhum homem (ou a forma externa material ou periódica da Entidade Espiritual) pode ser considerado, com algum grau de justiça, responsável pelas consequências de seu nascimento. Ele não pede para nascer, nem pode escolher os pais que lhe darão a vida. Em todos os aspectos, é uma vítima de seu ambiente, o produto de circunstâncias sobre as quais não tem controle; e se cada uma de suas transgressões fosse investigada imparcialmente, descobrir-se-ia que, em nove de dez casos, ele não seria o pecador, e sim o ofendido. A vida é, na melhor das hipóteses, um espetáculo teatral cruel, um mar tempestuoso a atravessar e um fardo pesado, muitas vezes difícil de suportar. Os maiores filósofos tentaram em vão sondar e descobrir sua *razão de ser* e todos falharam, exceto aqueles que tinham a chave para isso, ou seja, os sábios orientais. A vida é descrita por Shakespeare como:

> (...) apenas uma sombra errante, um ator medíocre
> que se pavoneia e se atrapalha em cena,
> e, em seguida, não é mais ouvido. É um conto
> narrado por um tolo, cheio de som e fúria,
> que nada significa (...)

Nada é, se a considerarmos separadamente, embora seja da maior importância em sua coletividade ou série de vidas. De qualquer modo, praticamente toda vida individual significa, em seu pleno desenvolvimento, sofrimento. E devemos acreditar que homens pobres e indefesos, ao serem atirados como um pedaço de madeira podre nas ondas furiosas da vida, caso se mostrem fracos demais para resistir a elas, serão punidos com a danação *eterna* ou mesmo uma punição temporária? Nunca! Seja um pecador grande ou mediano, bom ou mau, culpado ou inocente, uma vez livre do fardo da vida física, o cansado e esgotado *manu* ("ego pensante") ganha o direito a um período de absoluto repouso e bem-aventurança. A mesma lei infalivelmente sábia e justa, em vez de misericordiosa, que inflige ao ego encarnado a punição cármica por cada pecado cometido durante a vida passada na Terra, proporciona à entidade agora desencarnada um longo período de descanso mental, ou seja, o completo esquecimento de cada evento triste, sim, até o menor pensamento doloroso, que ocorreu em sua vida anterior como personalidade, deixando na memória da alma apenas a reminiscência do que era alegre ou conduzia à felicidade. Plotino, ao afirmar que o nosso corpo era o verdadeiro rio Lete, pois "as almas nele mergulhadas esquecem tudo", oferece um significado mais profundo do que aparenta. Do mesmo modo que nosso corpo terrestre se assemelha ao Lete, assim é nosso *corpo celestial* no *devakhan*, e muito mais.

E: Então devo compreender que o assassino, o transgressor da lei divina e humana em todas as formas, pode ficar impune?

T: Quem disse isso? Nossa filosofia tem uma doutrina de punição tão rígida quanto a do mais severo calvinista, só que muito mais filosófica e consistente com a justiça absoluta. Nenhuma ação, nem menos um pensamento pecaminoso, ficará impune; sendo este último punido mais severamente do que a primeira, pois um pensamento é muito mais eficaz em criar resultados negativos do que uma ação[9]. Acreditamos na lei da retribuição infalível, chamada carma, que garante uma concatenação natural das causas e dos seus inevitáveis resultados.

E: Como ou onde ela atua?

T: Todo trabalhador é digno do seu salário, diz a Sabedoria do Evangelho; e cada ação, boa ou má, é um pai prolífico, diz a Sabedoria das Eras. Junte as duas e descubra o "porquê". Após permitir à alma escapar das aflições da vida pessoal e conceder uma compensação suficiente, cem vezes maior, carma, com seu exército de *skandhas*, espera no limiar de *devakhan*, de onde o *ego* ressurge para assumir uma nova encarnação. É nesse momento que o destino futuro do agora descansado ego estremece na balança da justa retribuição, pois agora cai mais uma vez sob a influência da lei cármica ativa. Esse renascimento aguarda por *ele*, trata-se de um renascimento selecionado e preparado por essa misteriosa e inexorável LEI, infalível na equidade e sabedoria de seus decretos, e que pune os pecados da vida anterior do ego. Só que o ego não é lançado num inferno imaginário, com chamas teatrais e diabos ridículos com rabos e chifres, e sim na própria Terra, no plano e na região de seus pecados, onde terá que expiar cada mau pensamento e má ação. Colherá o que semeou. A reencarnação reunirá a seu redor todos os outros egos que sofreram, direta ou indiretamente, pelas suas mãos, ou mesmo pela instrumentalidade inconsciente de sua *personalidade* passada. Serão lançados por Nêmesis no caminho do *novo* homem, ocultando o *velho*, o eterno ego, e...

E: Mas onde está a equidade, já que essas *novas* "personalidades" ignoram ter pecado ou sofrido algum pecado?
T: Deve-se considerar tratado com justiça o casaco que tenha sido rasgado, ao ser arrancado das costas do homem que o roubou, pelo dono que reconhece sua propriedade? A nova "personalidade" nada mais é do que uma nova roupa, com suas características específicas, cor, forma e qualidades; mas o homem *verdadeiro* que a usa é o mesmo culpado de antes. É a *individualidade* que sofre por meio de sua "personalidade". Apenas isso, e nada mais do que isso, pode justificar a terrível, ainda que apenas *aparente*, injustiça na distribuição de fatalidades na vida do homem. Quando seus filósofos modernos conseguirem nos explicar por que tantos homens aparentemente inocentes e bons nascem apenas para sofrer durante a vida; por que tantos nascem pobres e morrem de fome nas favelas das grandes cidades, abandonados pela sorte e pelos homens; por que, enquanto esses nascem na sarjeta, outros vêm à luz em palácios; por que a nobreza e a fortuna parecem dadas muitas vezes ao pior dos homens

e raramente aos dignos; por que existem mendigos cujo eu *interior* é igual ao dos mais elevados e nobres dos homens; quando isso e muito mais for satisfatoriamente explicado por seus filósofos ou teólogos, apenas então, e não antes disso, terão o direito de refutar a teoria da reencarnação. Os maiores poetas vislumbraram essa verdade das verdades. Shelley acreditava nela, Shakespeare deve ter pensado nela ao escrever sobre a inutilidade do nascimento. Lembre-se de suas palavras:

> Por que meu nascimento haveria de impedir a ascensão de meu espírito?
> Não estão todas as criaturas sujeitas ao tempo?
> Há legiões de mendigos sobre a Terra,
> cuja origem provém de reis,
> e há muitos monarcas agora, cujos pais foram
> a ralé de sua época...

Troque a palavra "pais" por "egos" e você terá a verdade.

- IX -
SOBRE O KAMA-LOKA
E O DEVAKHAN

Sobre o destino dos "princípios" inferiores

E: Quando você diz *kama-loka*, a que se refere?

T: Quando o homem morre, seus três princípios inferiores o abandonam para sempre; isto é, o corpo, a vida e seu veículo, o corpo astral ou duplo do homem *vivente*. Então, seus quatro outros princípios, o princípio central ou intermediário, a alma animal ou *kama-rupa*, com o que assimilou do *manas* inferior e a tríade superior, encontram-se no *kama-loka*. Este último é uma localidade astral, o *limbo* da teologia escolástica, o Hades dos antigos, e, estritamente falando, uma *localidade* apenas no sentido relativo. Não tem área nem limite definidos, mas existe *dentro* do espaço subjetivo; ou seja, está além de nossas percepções sensoriais. Ainda assim existe, e é ali que os *eidolons* astrais de todos os seres que já viveram, inclusive dos animais, aguardam sua *segunda morte*. Para os animais, esta vem com a desintegração e o completo desaparecimento de suas partículas *astrais*. Para o *eidolon* humano, começa quando a tríade atmã-buddhi-manásica "separa-se" de seus princípios inferiores, ou seja, do reflexo da antiga personalidade, caindo no estado devacânico.

E: E o que acontece depois disso?

T: Em seguida, o fantasma *kama-rúpico*, despojado do princípio pensante, o *manas* superior, e do aspecto inferior deste último, a inteligência animal, não recebe mais luz da mente superior e, não mais tendo um cérebro físico para trabalhar, entra em colapso.

E: De que maneira?

T: Bem, ele cai num estado semelhante ao do sapo que tem certas partes do cérebro retiradas pelo vivisseccionista. Não pode mais pensar, mesmo num plano animal inferior. De agora em diante, não é sequer o *manas* inferior, uma vez que este não é nada sem o "superior".

E: É essa não entidade que vemos materializada nas sessões espíritas, com os médiuns?

T: Exatamente. No entanto, é uma verdadeira não entidade apenas quanto à faculdade de raciocínio ou pensamento, mas é uma *entidade*, ainda que astral e fluida, como mostrado em certos casos, quando, atraída magnética e inconscientemente por um médium, é revivida por algum tempo e nele vive por procuração, por assim dizer. Esse "fantasma", ou *kama-rupa*, pode ser comparado à *água-viva*, que tem uma aparência etérea e gelatinosa, desde que esteja em seu próprio elemento, a água (a AURA específica do médium), mas que, tão logo é expulsa, dissolve-se na mão ou na areia, especialmente à luz do sol. Na aura do médium, ele vive uma espécie de vida vicária, raciocina e fala através do cérebro do médium ou de outras pessoas presentes. Mas isso nos levaria longe demais, a um terreno alheio, que não me compete e o qual não desejo invadir. Vamos nos ater ao tema da reencarnação.

E: E este último? Quanto tempo o *ego* encarnado permanece no estado devacânico?
T: Segundo nos ensinam, isso depende do grau de espiritualidade e do mérito ou demérito da última encarnação. O tempo médio é de dez a quinze séculos, como já lhe disse.

E: Mas por que esse ego não pode se manifestar e se comunicar com os mortais, como os espíritas sustentam? O que impede uma mãe de se comunicar com os filhos que ela deixou na terra, um marido com sua esposa, e assim por diante? Confesso que é uma crença bastante reconfortante. Não me espanta que aqueles que a professam sejam tão avessos a contestá-la.
T: Ninguém os obriga a isso, a menos que prefiram a verdade à ficção, por mais "reconfortante" que seja. Nossas doutrinas podem ser incompatíveis com a dos espíritas; ainda assim, nada do que acreditamos e ensinamos é tão egoísta e cruel quanto o que pregam.

E: Não consigo entender. Por que egoísta?
T: Refiro-me à doutrina do regresso dos espíritos, as verdadeiras "personalidades", como afirmam; e lhe direi por quê. Se o *devakhan* — chame-o de "paraíso", se quiser,

um "lugar de bem-aventurança e felicidade suprema" —
é esse lugar (ou melhor dizer, *estado*), a lógica nos diz que
nenhuma tristeza ou sombra de dor pode ser vivenciada
nele. "Deus enxugará todas as lágrimas dos olhos" daqueles que estão no paraíso, lemos no livro das promessas. E
se os "espíritos dos mortos" podem voltar e ver tudo o que
está acontecendo na Terra, em especial *na casa deles*, que
espécie de bem-aventurança os espera?

Por que os teosofistas não creem no retorno dos espíritos "puros"?

E: Como assim? Por que isso deveria interferir em sua
bem-aventurança?

T: É muito simples e darei um exemplo. Uma mãe morre,
deixando seus filhinhos (a quem ela adora) desamparados e órfãos, talvez até mesmo um marido querido. Dizemos que seu "espírito" ou ego — a individualidade que foi
completamente impregnada, por todo o período devacânico, com os mais nobres sentimentos de sua antiga *personalidade*, isto é, o amor que sente pelos filhos, a piedade
pelos que sofrem e assim por diante — está agora inteiramente separado do "vale de lágrimas"; que sua futura
bem-aventurança consiste naquela bendita ignorância
de todos os infortúnios que deixou para trás. Os espíritas
dizem, pelo contrário, que o espírito está bastante ciente
deles, ainda mais do que antes, pois "os espíritos veem
mais do que os mortais de carne e osso". Dizemos que a
bem-aventurança do estado *devacânico* consiste na con-

vicção completa de que jamais deixou a Terra, e que não existe algo semelhante à morte; que a *consciência* espiritual pós-morte da mãe fará com que ela sinta que permanece cercada por seus filhos e por todos aqueles que amava; que não falta nenhuma lacuna ou conexão para preencher seu estado desencarnado com a mais perfeita e absoluta felicidade. Os espíritas negam veementemente esse ponto. De acordo com sua doutrina, nem na morte o desafortunado homem consegue se livrar das tristezas desta vida. Nem sequer uma gota do cálice de dor e sofrimento da vida será desperdiçada; e querendo ou não, já que agora pode ver tudo, deve beber até a última e amarga gota. E a esposa amorosa, que durante sua vida se dispôs a proteger o marido de qualquer infelicidade, mesmo se precisasse sacrificar o próprio bem-estar físico, agora está condenada a ver, em absoluta impotência, o desespero de seu amado e a registrar cada lágrima derramada por sua partida. E pior: talvez veja as lágrimas secarem muito cedo e os olhos do marido, o pai dos seus filhos, brilharem por outra pessoa; talvez veja outra mulher ocupando o seu lugar e recebendo o afeto que outrora ele lhe dedicava; condenada a ouvir seus órfãos chamando com o santo nome de "mãe" alguém que lhes é indiferente e a ver as crianças negligenciadas, se não maltratadas. De acordo com essa doutrina, o "suave caminho para a vida imortal" torna-se, sem qualquer transição, o rumo para um novo caminho de sofrimento mental! E ainda assim, as colunas do *Banner of Light*, o veterano jornal dos espíritas norte-americanos, estão cheias de mensagens dos mortos, os "entes queridos que partiram", que escrevem para dizer o quanto estão *felizes*! Por acaso, esse estado de conhecimento é condizente com a bem-aventurança? Nesse caso, a "bem-aventurança" pode ser considerada a pior das maldições e a danação ortodoxa passa a ser um alívio em comparação a ela!

E: Mas como a sua teoria invalidaria esse ponto? Como vocês podem reconciliar a teoria da onisciência da alma com a ignorância sobre o que está ocorrendo na Terra?

T: Porque essa é a lei do amor e da compaixão. Durante cada período devacânico, o ego onisciente veste, por assim dizer, o *reflexo* da "personalidade" que era. Acabei de dizer que a eflorescência *ideal* de todas as qualidades ou atributos abstratos e, portanto, imortais e eternos, como amor e compaixão, o amor a tudo que é bom, verdadeiro e belo, que sempre falou ao coração da "personalidade" viva, apegou-se ao ego após a morte e, portanto, seguiu-o até o *devakhan*. Com o passar do tempo, então, o ego passa a ser o reflexo ideal do ser humano que existiu na Terra, e *isso* não é onisciente. Se o fosse, não estaria nunca no estado que chamamos de *devakhan*.

E: Quais são as suas razões para isso?

T: Se quiser uma resposta dentro das linhas estritas de nossa filosofia, então direi que é porque tudo é *ilusão* (*maya*) fora da verdade eterna, que não tem forma, cor nem limitação. Aquele que se colocou além do véu de maya — como os mais elevados adeptos e iniciados — não pode ter *devakhan*. Quanto ao mortal comum, sua bem-aventurança com ele é completa. É o esquecimento *absoluto* de tudo o que lhe causou dor ou tristeza na encarnação passada e até mesmo o esquecimento do fato de que coisas como dor ou tristeza existiram. O *estado devacânico* vive seu ciclo intermediário entre duas encarnações, cercado por tudo a que aspirou em vão e na companhia de todos que amava na Terra. Alcançou a realização de todos os anseios de sua alma. E, assim, vive através de longos séculos uma existência de *genuína* felicidade, que é a recompensa por seus sofrimentos na vida terrena. Em suma, banha-se em um mar de felicidade ininterrupta, perpassado apenas por momentos ainda mais felizes.

E: Mas isso é mais que uma simples ilusão, é uma existência de alucinações insanas!

T: Do seu ponto de vista, talvez, não segundo a nossa filosofia. Além disso, nossa vida terrestre não está repleta de tais ilusões? Nunca conheceu homens e mulheres que vivem há anos no paraíso dos tolos? Se soubesse que um marido é infiel a sua esposa, que o adora e acredita ser amada por ele, você partiria o coração dela e destruiria seu lindo sonho, despertando-a rudemente para a realidade? Creio que não. Reafirmo que tal esquecimento e tais *alucinações* — se preferir chamá-las assim — são apenas a estrita justiça e a lei misericordiosa da natureza. De qualquer forma, é uma perspectiva muito mais fascinante do que a harpa dourada ortodoxa com um par de asas. A garantia de que "a alma vivente ascende com frequência, percorrendo com familiaridade as ruas da Jerusalém celestial, visitando os patriarcas e profetas, saudando os apóstolos e admirando o exército de mártires" pode parecer algo muito piedoso para alguns. No entanto, é uma alucinação de caráter muito mais ilusório, já que as mães amam seus filhos com um amor imortal, como todos nós sabemos, enquanto as figuras mencionadas na "Jerusalém celestial" são de uma natureza bastante duvidosa. Mas, ainda assim, eu preferiria aceitar a "Nova Jerusalém", com suas ruas pavimentadas como as vitrines de uma joalheria, a encontrar consolo na doutrina cruel dos espíritas. A simples ideia de que as *almas intelectuais conscientes* de um pai, uma mãe, uma filha ou um irmão encontram a felicidade no "plano astral do céu" — um lugar que descrevem de modo um pouco mais natural, mas tão ridículo quanto a "Nova Jerusalém" — seria o suficiente para fazer alguém perder todo o respeito por "aqueles que partiram". Acreditar que um espírito puro pode, de fato, sentir-se feliz mesmo fadado a testemunhar pecados, erros, deslealdade e, acima de tudo, os sofrimentos daqueles de quem foi separado pela morte e a quem mais ama, sem poder ajudá-los, seria simplesmente enlouquecedor.

E: Seu argumento é interessante. Confesso que nunca tinha pensado na questão sob esse ponto de vista.

T: Exato. É preciso ser egoísta até o âmago e completamente desprovido de senso de justiça retributiva para imaginar algo assim. Ainda temos a companhia daqueles que perdemos em sua forma material, e estamos muito mais perto deles agora do que quando estavam vivos. E não apenas na ilusão do estado *devacânico*, como alguns podem imaginar, mas na realidade. Pois o amor divino puro não é o simples desabrochar do coração humano, mas tem raízes na eternidade. O amor sagrado espiritual é imortal, e, cedo ou tarde, o carma faz com que todos aqueles que se amavam com tanta afeição espiritual reencarnem no mesmo grupo familiar. Mais uma vez, reafirmamos que o amor que transcende a morte, ainda que se possa chamá-lo de ilusório, tem uma potência mágica e divina que reage sobre os vivos. O *ego* de uma mãe, repleto de ternura pelas crianças imaginárias que vê perto de si e vivendo uma vida de felicidade tão real quanto quando na Terra, projeta um amor que sempre será sentido pelos seus filhos de carne e osso. Isso se manifestará em seus sonhos e, muitas vezes, em vários acontecimentos — em proteções e fugas *providenciais*, pois o amor é um escudo muito forte, que não se limita ao tempo ou espaço. O que ocorre com essa "mãe" em estado devacânico pode ser estendido aos demais relacionamentos e apegos humanos, salvo os puramente egoístas ou materiais. A analogia sugere o resto.

E: Em nenhum caso, então, vocês admitem a possibilidade da comunicação dos vivos com o espírito *desencarnado*?
T: Sim, existe um caso e até duas exceções à regra. A primeira exceção é durante os poucos dias que se seguem imediatamente à morte de uma pessoa e antes que o ego passe para o estado devacânico. Se algum mortal vivente, salvo alguns casos excepcionais — (quando a intensidade do desejo do moribundo em retornar para algum propósito força a consciência superior a *permanecer acordada*; logo, não foi o "espírito" que se comunicou e sim a *individualidade*) —, obtenve muitos benefícios com o retorno do

169

espírito ao plano *objetivo* é outra questão. O espírito fica atordoado após a morte e logo cai no que chamamos de "inconsciência *pré-devacânica*". A segunda exceção ocorre com os *nirmanakayas*.

E: Quem são eles? O que significam para vocês?
T: É o nome dado àqueles que, embora tenham conquistado o direito ao nirvana e ao repouso cíclico — (não ao "*devakhan*", já que este último é uma ilusão de nossa consciência, um sonho feliz, e aqueles que estão preparados para o nirvana devem ter perdido inteiramente os desejos ou as possibilidades das ilusões do mundo) —, renunciaram ao estado nirvânico por pena da humanidade e dos que deixaram na Terra. Tal adepto ou santo, chame-o do que quiser, acreditando ser um ato de egoísmo descansar em êxtase enquanto a humanidade geme sob o peso da miséria produzido pela ignorância, renuncia ao nirvana e decide permanecer invisível *em espírito* nesta Terra. Ele não tem um corpo material, pois o deixou para trás; mas permanece com todos os seus princípios, mesmo os de sua *vida astral*, em nossa esfera. E pode se comunicar com alguns eleitos, mas certamente não com médiuns *comuns*.

E: Perguntei-lhe sobre os *nirmanakayas* porque li em alguma obra alemã e em outros livros que esse foi o nome dado às aparências terrestres ou corpos assumidos por Budas, segundo os ensinamentos do budismo do Norte.
T: Exato. Só que os orientalistas confundiram esse corpo terrestre, entendendo-o como *objetivo* e *físico*, em vez de puramente astral e subjetivo.

E: E que bem eles podem fazer na Terra?

T: Não muito, no que se refere aos indivíduos, pois não têm o direito de interferir no karma e podem apenas aconselhar e inspirar mortais para o bem geral. No entanto, realizam mais ações benéficas do que você imagina.

E: Os cientistas e os psicólogos modernos jamais concordariam com a afirmação de que parte da inteligência pode sobreviver ao cérebro físico. O que você responderia a eles?

T: Nem me daria ao trabalho de responder, simplesmente diria, citando as palavras de M. A. Oxon: "A inteligência perpetua-se, mesmo depois que o corpo morre. Não é apenas uma questão de cérebro... É razoável propor a indestrutibilidade do espírito humano, pelo que sabemos" (*Spirit Identity* [Identidade do espírito], p. 69).

E: Mas M. A. Oxon não é espírita?

T: Sim, e o único *verdadeiro* espírita que conheço, embora ainda tenhamos certas discordâncias quanto a algumas questões menores. Com exceção disso, nenhum espírita chega tão perto das verdades ocultas quanto ele. Como qualquer um de nós, ele fala incessantemente dos "perigos externos que cercam as pessoas despreparadas e frívolas que se envolvem com o oculto e cruzam o limiar sem considerar o custo"[1]. Nossa única discordância reside na questão da "Identidade do espírito". Eu, por exemplo, concordo quase inteiramente com ele e aceito as três proposições que incorporou em seu discurso de julho de 1884. É esse eminente espírita que discorda de nós, não nós dele.

E: Quais são essas proposições?

T: São as seguintes:

1. "Que existe uma vida concomitante à vida física do corpo e independente dela.

2. Que, como corolário necessário, essa vida se estende além da vida do corpo (dizemos que se estende por todo o devakhan).

3. Que há comunicação entre os ocupantes desse estado de existência e do mundo em que vivemos agora."

Veja bem, tudo depende dos aspectos menores e secundários dessas proposições fundamentais. Tudo depende das nossas opiniões sobre espírito e alma, ou *individualidade* e *personalidade*. Os espíritas confundem ambas e acham que "são uma só"; nós as separamos e dizemos que, salvo as exceções mencionadas anteriormente, nenhum *espírito* voltará novamente à Terra, embora a alma animal possa fazê-lo. Mas voltemos novamente ao nosso assunto principal, os *skandhas*.

E: Creio que agora estou começando a entender melhor. Digamos que os espíritos dos *skandhas* mais enobrecedores se associam ao ego encarnado, sobrevivem e são acrescentados a suas experiências angelicais. E são os atributos conectados aos *skandhas* materiais com motivos egoístas e pessoais que desaparecem do campo da ação entre duas encarnações e reaparecem na encarnação seguinte como resultados cármicos a serem compensados; e, consequentemente, o espírito não deixa o *devakhan*. É isso?

T: Quase isso. Se acrescentar que a lei da retribuição ou carma recompensa os mais elevados e espiritualizados no *devakhan* e jamais deixa de recompensá-los novamente na Terra, concedendo-lhes um desenvolvimento mais completo e equipando o ego com um corpo adequado, então você estará totalmente correto.

Algumas palavras sobre os skhandas

E: O que acontece com os outros, os *skandhas* inferiores da personalidade, após a morte do corpo? São destruídos por completo?

T: São e não são — eis um novo mistério oculto e metafísico para você. São destruídos como material a serviço da personalidade; e permanecem como *efeitos cármicos*, semelhantes a germes pairando na atmosfera do plano terrestre, prontos para ganhar vida, como tantos demônios vingadores, a fim de se unirem à nova personalidade do Ego reencarnante.

E: Isso realmente vai além da minha compreensão e é muito difícil de entender.

T: Será mais fácil, assim que assimilar todos os detalhes. Então você verá que, quanto à lógica, consistência, profundidade da filosofia, misericórdia divina e equidade, a doutrina da reencarnação não tem igual na Terra. É a crença no progresso perpétuo de cada ego encarnado ou alma divina; na evolução do exterior para o interior, do material para o espiritual, chegando, ao fim da etapa, à unidade absoluta com o Princípio divino. De força em força, da beleza e perfeição de um plano à beleza e perfeição ainda maior de outro, com acessões de nova glória, de novos conhecimentos e poder em cada ciclo, tal é o destino de todo ego, que assim se torna seu próprio Salvador em cada mundo e encarnação.

E: Mas o cristianismo ensina o mesmo. E também prega a progressão.

T: Sim, mas com o acréscimo de alguns pontos. Diz que é *impossível* alcançar a salvação sem a ajuda de um Salvador milagroso e, portanto, condena à danação todos aqueles que não aceitam o dogma. Essa é a diferença entre a teologia cristã e a teosofia. A primeira reforça a crença na Descida do Ego Espiritual ao *Eu Inferior*, a última inculca a necessidade do esforço para elevar-se ao estado de Cristo ou Buda.

E: Ao ensinar a aniquilação da consciência em caso de falha, contudo, você não acha que isso equivale à aniquilação do *eu*, na opinião de alguém não metafísico?

T: Do ponto de vista daqueles que acreditam na ressurreição *literal* do corpo e afirmam que cada osso, artéria e átomo de carne surgirão fisicamente no Dia do Juízo Final — é claro que sim. Se insiste em dizer que a forma perecível e as qualidades finitas constituem o homem *imortal*, então será difícil nos entendermos. E se não entende que, ao limitar a existência de cada ego a uma vida na Terra, você transforma sua divindade em um Indra eternamente embriagado da letra morta purânica, um Moloch cruel, um deus que causa uma inexplicável desordem na Terra e ainda exige agradecimentos por isso, então quanto mais cedo encerrarmos essa conversa, melhor.

E: Agora que abordamos os *skandhas*, voltemos então à questão da consciência que sobrevive à morte. Esse é o ponto que mais interessa às pessoas. Angariamos mais conhecimento no *devakhan* do que na vida na Terra?

T: Em certo sentido, podemos adquirir mais conhecimento; ou seja, podemos desenvolver qualquer faculdade que amamos e buscamos aprender durante a vida, desde que esteja relacionada a coisas abstratas e ideais, como música, pintura, poesia etc., uma vez que o *devakhan* é meramente uma continuação idealizada e subjetiva da vida terrena.

E: Mas se o espírito está livre da matéria no *devakhan*, por que, então, não possui todo o conhecimento?

T: Porque, como eu disse, o ego uniu-se, por assim dizer, à memória de sua última encarnação. Logo, se refletir sobre o que eu disse e juntar todos os pontos, perceberá que o estado devacânico não é onisciente, e sim uma continuação transcendental da vida pessoal que se encerrou. É o descanso que a alma tem das labutas da vida.

E: Mas os materialistas científicos afirmam que, após a morte do homem, nada permanece; que os elementos que compõem o corpo humano simplesmente se desintegram; e que o que chamamos de alma é apenas uma autoconsciência temporária, criada como um subproduto da ação orgânica, que se dissipará como o vapor. Não é estranho esse modo de pensar?

T: Não me parece nem um pouco estranho. Se dizem que a autoconsciência termina quando o corpo morre, então, nesse caso, estão simplesmente declarando uma profecia inconsciente, pois, uma vez que estejam firmemente convencidos do que afirmam, nenhuma consciência pós-morte será possível para eles. Pois *há* exceções para todas as regras.

Sobre consciência pós-morte e pós-natal[2]

E: Mas se, de fato, a autoconsciência humana sobrevive à morte, por que deveria haver exceções?

T: Nos princípios fundamentais do mundo espiritual, nenhuma exceção é possível. Mas existem regras para quem enxerga e regras para quem prefere continuar cego.

E: Entendo. Trata-se apenas da alienação de um cego que nega a existência do Sol porque não o vê. Mas, quando morrer, seus olhos espirituais o forçarão a enxergar. É isso que quer dizer?

T: Ele não será forçado a nada, tampouco passará a enxergar. Tendo persistentemente negado durante a vida a continuação da existência pós-morte, será incapaz de vê-la, pois, como sua capacidade espiritual foi atrofiada em vida, não poderá se desenvolver após a morte, de maneira que continuará cego. Ao insistir que ele *deve* enxergar, você evidentemente quer dizer uma coisa e eu, outra. Você fala do espírito que vem do espírito ou da chama que emana da chama — em suma, do atmã — e o confunde com a alma humana, *manas*... Vejo que não compreende o que estou dizendo; permita-me esclarecer esse ponto da melhor maneira possível. Em suma, você deseja saber se um materialista convicto perde completamente sua autoconsciência e autopercepção após a morte, não é mesmo? Respondo que isso é possível. Pois, crendo firmemente em nossa doutrina esotérica, que se refere ao período pós-morte (ou o intervalo entre duas vidas ou nascimentos) como um estado meramente transitório, digo o seguinte: quer esse intervalo entre dois atos do drama ilusório da vida dure um ano ou um milhão de anos, o pós-morte continuará exatamente o mesmo estado de um homem completamente inconsciente, sem que haja qualquer violação da lei fundamental.

E: Mas você acabou de dizer que as leis fundamentais do pós-morte não admitem exceções. Como explica isso?

T: Não estou dizendo que há uma exceção aqui. Mas a lei espiritual da continuidade se aplica apenas a coisas que são verdadeiramente reais. Para quem leu e entendeu o *Mundaka Upanishad* e o *Vedantasara*, tudo isso parece muito claro. E digo mais: basta entender nossa explicação sobre Buddhi e a dualidade de *manas* para obter uma clara percepção do motivo pelo qual o materialista falha em obter uma sobrevivência autoconsciente após a morte. O *manas*, que no aspecto inferior é a sede da mente terrestre, pode fornecer apenas uma percepção do Universo baseada na evidência dessa mente; não pode conferir uma visão espiritual. Na realidade, a Escola Oriental diz que a diferença entre *buddhi* e *manas* (o *ego*), ou *iswara* e *pragna*[3], é a mesma entre *uma floresta e suas árvores, um* *lago e suas águas*, como ensina o *Mundaka*. Uma única árvore ou centenas que morrem por falta de vitalidade ou pelo machado de um lenhador não impedem que a floresta continue uma floresta.

E: Mas, pelo que entendi, nesta comparação *buddhi* representa a floresta e *manas taijasi*[4] as árvores. E se *buddhi* é imortal, como pode algo semelhante a ele, ou seja, *manas taijasi*, perder inteiramente sua consciência até o dia de sua nova encarnação? Não consigo entender isso.

T: Isso porque você confunde uma representação abstrata do todo com suas mudanças casuais de forma. Lembre-se: o que dizemos sobre *buddhi-manas*, que é incondicionalmente imortal, não pode ser dito do *manas* inferior, muito menos de *taijasi*, que é um mero atributo. Nem *manas* nem *taijasi* podem existir separados de *buddhi*, a alma divina, porque o primeiro (*manas*) é, em seu aspecto inferior, um atributo qualificativo da personalidade terrestre e o segundo (*taijasi*) é idêntico ao primeiro, porque é o mesmo *manas* com a luz de *buddhi* refletida nele. Por sua vez, *buddhi* continua sendo apenas um espírito impessoal, sem o elemento que toma emprestado da alma humana, que o condiciona e o torna, neste universo ilusório, *algo separado* da alma universal durante todo o período do ciclo da encarnação. Digamos que *buddhi-manas* não pode morrer, tampouco perder sua autoconsciência composta na Eternidade e a lembrança de suas encarnações anteriores, nas quais os dois — isto é, a alma espiritual e a humana — estavam intimamente ligados. Mas isso não se aplica a um materialista, cuja alma humana não apenas não recebe nada da alma divina como também se recusa a reconhecer sua existência. É difícil aplicar esse axioma aos atributos e qualificações da alma humana; seria como presumir que, do mesmo modo que a alma divina é imortal, o rubor em sua face também seja imortal; considerando que esse rubor, como *taijasi*, é um simples fenômeno transitório.

E: Ou seja, você afirma que não devemos misturar em nossa mente o númeno com o fenômeno, a causa com seu efeito?

T: Sim, e repito que o resplendor de *taijasi* torna-se uma mera questão de tempo, independentemente se estiver limitado a *manas* ou apenas à alma humana; pois a imortalidade e a consciência pós-morte tornam-se para a personalidade terrestre do homem meros atributos condicionados, uma vez que dependem inteiramente de condições e crenças criadas pela própria alma humana durante a vida corpórea. O carma atua incessantemente; colhemos em nossa *vida pós-morte* o fruto daquilo que nós mesmos semeamos.

E: Mas se, após a destruição do meu corpo, meu ego mergulhar em um estado de total inconsciência, como poderei ser punido pelos pecados da minha vida passada?

T: Nossa filosofia ensina que a punição cármica atinge o ego apenas em sua próxima encarnação. Após a morte, ele recebe somente a recompensa pelos sofrimentos imerecidos sofridos durante sua última encarnação[5]. A punição após a morte, mesmo para um materialista, consiste, portanto, na ausência de qualquer recompensa e na perda total da consciência do próprio êxtase e descanso. O carma é filho do ego terrestre, fruto das ações de uma árvore que chamamos de personalidade objetiva, visível a todos, assim como o fruto dos pensamentos e até motivos do "eu" espiritual; mas o carma também é a terna mãe que cura as feridas por ela infligidas durante a vida pregressa, antes que comece a torturar esse ego lhe infligindo novas. Pode-se dizer que todo sofrimento mental ou físico na vida de um mortal é uma consequência e fruto de algum pecado em uma existência pregressa; por outro lado, uma vez que não guarda a menor lembrança disso em sua vida atual, não se sente merecedor de tal punição e, portanto, pensa que sofre devido a uma culpa imerecida. Só isso já basta para que essa alma humana tenha direito ao máximo consolo, descanso e êxtase em sua existência pós-morte. Para nossos egos espirituais, a morte sempre surge como libertadora e amiga. Para o materialista que, não obstante o seu materialismo, não foi um homem mau, o intervalo entre as duas vidas será como o sono ininterrupto e plácido de uma criança, totalmente sem sonhos, ou cheio de imagens das quais ele não terá percepção; enquanto, para um mortal comum, será um sonho tão vívido quanto a vida e cheio de felicidade e visões realistas.

E: Então o homem pessoal deve continuar sofrendo *às cegas* as penalidades cármicas incorridas ao ego?

T: Não exatamente. No momento solene da morte, todo homem, mesmo quando a morte é repentina, vê sua vida inteira se desenrolar diante dele, em seus mínimos detalhes. Por um breve instante, o *pessoal* torna-se uno com o ego *individual* e onisciente. Mas esse instante basta para mostrar a ele toda a cadeia de causas postas em ação durante sua vida. Então ele consegue enxergar e compreender a si mesmo exatamente como é, desprovido de lisonjas ou autoengano. Ele consegue ver a sua vida como um espectador olhando a arena que está abandonando; sente e percebe a justiça de todo o sofrimento que o acometeu.

E: Isso acontece com todos?

T: Sem exceção. Na nossa doutrina, aprendemos que homens muito bons e santos veem não apenas a vida que estão deixando como até mesmo outras vidas pregressas, nas quais foram produzidas as causas que os tornaram o que eram na vida recém-encerrada. Reconhecem a lei do carma em toda a sua majestade e justiça.

E: Há algo correspondente a isso antes do renascimento?

T: Sim. Uma vez que o homem no momento da morte tem uma visão retrospectiva da vida que levou, então, no momento em que renasce na Terra, o *ego*, despertando do estado de *devakhan*, tem uma visão futura da vida que o espera e descobre as causas que o levaram a ela. Ele as compreende e vê o futuro, pois é entre o *devakhan* e o renascimento que o *ego* recupera sua plena consciência *manásica* e torna-se novamente, por um breve momento, o deus que era, antes de, em conformidade com a lei cármica, descer à matéria e encarnar no homem de carne e osso. O "fio dourado" vê todas as suas "pérolas" e não perde nenhuma delas.

O que realmente significa a aniquilação?

E: Ouvi alguns teosofistas mencionarem um fio dourado que rege suas vidas. O que quiseram dizer com isso?

T: Nos livros sagrados hindus, chama-se de *sutratma* (literalmente o "fio da alma") aquilo que passa por encarnações periódicas. É sinônimo do ego reencarnante — *manas* conjugado a *buddhi* — que absorve as lembranças manásicas de todas as nossas vidas pregressas. Tem esse nome porque, como pérolas em um colar, assim é a longa série de vidas humanas unidas no mesmo fio. Em algum *Upanishad* esses renascimentos recorrentes são comparados à vida de um mortal que oscila periodicamente entre dormir e acordar.

E: Devo confessar que isso não me parece muito claro e direi por quê. Para o homem que desperta, começa outro dia, contudo o homem é o mesmo do dia anterior, em alma e corpo; ao passo que, em cada encarnação, uma completa mudança ocorre não apenas no invólucro externo, no sexo e na personalidade, como também nas capacidades mentais e psíquicas. Logo, a comparação não me parece correta. O homem que acorda lembra-se claramente do que fez ontem, anteontem e até meses e anos atrás. Mas nenhum de nós tem a menor lembrança de uma vida anterior ou de qualquer fato ou acontecimento relacionado a ela... Pela manhã, talvez eu já tenha esquecido o que sonhei durante a noite, mas ainda sei que dormi e estou certo de que vivi durante o sono; mas que lembrança posso ter da minha encarnação passada até o momento da morte? Como conciliar isso?

T: Algumas pessoas, enquanto estão vivas, lembram-se de suas encarnações passadas; mas estas são Budas e iniciados. É o que os iogues chamam de *samma-sambuddha*, ou o conhecimento de toda a série de encarnações passadas de uma pessoa.

E: Mas como nós, que somos mortais comuns e não alcançamos *samma-sambuddha*, devemos entender essa comparação?

T: Estudando e tentando compreender com mais exatidão as características e os três tipos de sono. O sono é uma lei geral e imutável tanto para o homem quanto para os animais, mas existem diferentes tipos de sono e tipos ainda mais específicos de sonhos e visões.

E: Mas isso nos leva a outro assunto. Voltemos ao materialista, que, embora não negue os sonhos, o que dificilmente poderia fazer, ainda rejeita a ideia de imortalidade em geral e a sobrevivência de sua própria individualidade.

T: E o materialista, sem saber, tem razão. A alma da pessoa que não possui uma percepção interior e fé na imortalidade de sua alma jamais poderá se tornar *buddhi-taijasi*; permanecerá simplesmente *manas*, e, nesse caso, não há imortalidade possível. Para desfrutar de uma vida consciente no mundo, é preciso, antes de tudo, acreditar nessa vida, durante a existência terrestre. Com base nesses dois aforismos da ciência secreta é construída a filosofia sobre consciência pós-morte e a imortalidade da alma. O Ego sempre recebe o que lhe é de direito, de acordo com seus méritos. Após a dissolução do corpo, começa para ele um período de plena consciência desperta, um estado de sonhos caóticos ou um sono totalmente sem sonhos, indistinguível da aniquilação, e esses são os três tipos de sono. Se os fisiologistas associam a causa dos sonhos e das visões ao preparo inconsciente para eles durante as horas de vigília, por que isso não se aplica aos sonhos pós-morte? Pois eu repito: *a morte é um sono*. Após a morte, desenrola-se diante dos olhos espirituais da alma uma performance condizente com um programa aprendido e, muitas vezes, inconscientemente composto por nós mesmos: a realização prática de crenças *corretas* ou ilusões que nós mesmos criamos. O metodista será um metodista e o muçulmano um muçulmano (pelo menos durante algum tempo) no paraíso perfeito dos insensatos, segundo o desejo e a criação de cada homem. São os frutos pós-morte da árvore da vida. Naturalmente, nossa crença ou descrença no fato que é a imortalidade consciente não pode influenciar a realidade incondicional do próprio fato, uma vez que ele existe; mas a crença ou descrença nessa imortalidade como um atributo de entidades independentes ou separadas não altera esse fato, nem sua aplicação a cada uma dessas entidades. Está começando a compreender, agora?

E: Creio que sim. O materialista, desacreditando em tudo o que não pode ser provado por seus cinco sentidos ou pelo raciocínio científico, com base exclusivamente nos dados fornecidos por esses sentidos (apesar de insuficientes) e refutando qualquer manifestação espiritual, acredita que a vida é a única existência consciente. Portanto, ocorrerá com ele uma confirmação de suas crenças.

Perderá seu ego pessoal e mergulhará em um sono sem sonhos até um novo despertar. É isso?

T: Quase isso. Lembre-se do virtualmente universal ensinamento dos dois tipos de existência consciente: a terrestre e a espiritual. A última deve ser considerada real por ser habitada pela eterna, imutável e imortal mônada; enquanto o ego encarnado veste-se com roupas novas, totalmente diferentes das encarnações anteriores, nas quais (salvo o seu protótipo espiritual) está condenado a sofrer uma mudança radical, que não deixa rastros.

E: Como assim? O meu "eu" terrestre consciente pode perecer não apenas por um tempo, como a consciência do materialista, mas inteiramente, de modo a não deixar traço algum?

T: Segundo nossos ensinamentos, todos devem perecer e em sua plenitude, exceto o princípio que, tendo se unido à mônada, tornou-se assim uma essência puramente espiritual e indestrutível, em consonância à eternidade. Mas, no caso de um materialista completo, em cujo "eu" pessoal nenhum *buddhi* jamais se refletiu, como pode este último levar para a eternidade uma única partícula dessa personalidade terrestre? Seu "eu" espiritual é imortal; mas do seu eu atual pode ser levado para a eternidade apenas o que se tornou digno da imortalidade, ou seja, o aroma da flor que foi ceifada pela morte.

E: Bem, e a flor, o "eu" terrestre?

T: A flor, como todas as flores passadas e futuras que floresceram e haverão de florescer no ramo mãe, o *sutratma*, todas filhas de uma mesma raiz ou *buddhi* — retornará ao pó. Por exemplo, seu atual "eu", como você sabe, não é o corpo sentado diante de mim nesse momento, nem o que eu chamaria de *manas-sutratma*, e sim *sutratma-buddhi*.

E: Mas isso não esclarece, de maneira alguma, por que vocês chamam a vida após a morte de imortal, infinita e real, e a vida terrestre de simples fantasma ou ilusão; uma vez que mesmo essa vida pós-morte tem limites, embora muito mais amplos que os da vida terrestre.

T: Sem dúvida. O ego espiritual do homem se move pela eternidade como um pêndulo entre as horas do nascimento e da morte. Mas se essas horas que marcam os períodos de vida terrestre e espiritual são limitadas em sua duração, e o número de tais estágios na Eternidade entre o sono e o despertar, ilusão e realidade, tem seu início e seu fim, o peregrino espiritual, por outro lado, torna-se eterno. Essas são, portanto, as horas de sua vida pós-morte, quando, desencarnado, ele fica face a face com a verdade (e não com as miragens de suas existências mundanas e transitórias) durante o período de peregrinação que chamamos de "ciclo de renascimentos" — a única realidade, segundo nossa concepção. Tais intervalos, apesar de sua limitação, não impedem o ego de continuar se aperfeiçoando sempre, de seguir invariavelmente, embora de maneira gradual e lenta, o caminho para sua última transformação, quando esse ego, tendo alcançado seu objetivo, torna-se um ser divino. Esses intervalos e estágios ajudam a concretizar esse resultado final, em vez de atrapalhá-lo; e sem esses intervalos limitados, o ego divino jamais poderia alcançar seu objetivo final. Já usei um exemplo familiar quando comparei o *ego* ou a *individualidade* a um ator; e suas numerosas e várias encarnações aos papéis que ele desempenha. Você associaria essas peças ou seus figurinos à individualidade do próprio ator? Como esse ator, o ego é forçado a desempenhar, durante o ciclo da necessidade até o limiar do parinirvana, muitos papéis que podem lhe ser desagradáveis. Mas como a abelha coleta o mel de cada flor, deixando o resto como alimento para os vermes terrenos, o mesmo ocorre com a nossa individualidade espiritual, quer a chamemos de *sutratma* ou ego. Ao coletar de cada personalidade terrestre, na qual o carma a força a encarnar, apenas o néctar das qualidades espirituais e da autoconsciência, ela une tudo isso ao todo e emerge de sua crisálida como o glorioso Dhyan Chohan. Tanto pior para as personalidades terrestres, das quais nada se pode coletar. Tais personalidades certamente não podem sobreviver conscientemente à sua existência terrestre.

E: Parece-me que, para a personalidade terrestre, a imortalidade ainda é condicional. A própria imortalidade então *não* é incondicional?

T: De forma alguma. Mas a imortalidade não pode tocar o *inexistente*: pois tudo que existe como Sat ou emana de Sat, a imortalidade e a eternidade, é absoluto. A matéria é o polo oposto do espírito, mas os dois são um só. A essência de tudo isso, ou seja, o espírito, a força e a matéria, ou os três em um, é tão infinita quanto eterna; mas a forma adquirida por essa unidade tripla durante suas encarnações, sua exterioridade, é certamente apenas a ilusão de nossas concepções pessoais. Portanto, chamamos de realidade o nirvana e a vida universal, enquanto relegamos a vida terrestre, sua personalidade terrestre e até mesmo sua existência devacânica ao reino fantasma da ilusão.

E: Mas por que, em tal caso, devemos chamar o sono de realidade e o despertar de ilusão?
T: É uma simples comparação para facilitar a compreensão do assunto, e esta, do ponto de vista das concepções terrestres, é muito correta.

E: Ainda não consigo entender por que, sendo a vida futura baseada na justiça e merecida retribuição por todo o sofrimento terrestre recebido, no caso dos materialistas, muitos dos quais são realmente homens honestos e caridosos, nada resta de sua personalidade, a não ser os vestígios de uma flor murcha.
T: Ninguém jamais afirmou tal coisa. Nenhum materialista, por mais incrédulo que seja, pode morrer para sempre na plenitude de sua individualidade espiritual. O que foi dito é que a consciência pode desaparecer total ou parcialmente no caso de um materialista, de modo a não restar nenhum vestígio consciente de sua personalidade.

E: Mas isso não é uma aniquilação?
T: Certamente não. Pode-se dormir um sono profundo e perder várias estações durante uma longa viagem de trem, sem a menor lembrança ou consciência disso, e

acordar em outra estação e continuar a viagem passando por inúmeras paradas até finalizar a jornada ou alcançar o objetivo. Mencionei a você que existem três tipos de sono: o sem sonhos, o caótico e o tão realista que, para o homem adormecido, torna-se a mais pura realidade. Se acreditou no último, por que não pode fazer o mesmo com relação ao primeiro; pois, segundo a percepção de vida após a morte que o homem defendeu, tal é a vida que ele terá. Alguém que não esperava uma vida futura, experimentará um vazio absoluto, equivalente à aniquilação, no intervalo entre os dois renascimentos. Essa é apenas a concretização do programa de que falamos, um programa criado pelos próprios materialistas. Mas, como você disse, há vários tipos de materialistas. O egoísta, o perverso individualista que jamais derramou uma lágrima por ninguém, exceto por si mesmo, acrescentando à sua incredulidade uma total indiferença pelo mundo inteiro, deve, no limiar da morte, abandonar sua personalidade para sempre. Essa personalidade, não tendo nenhuma simpatia pelo mundo ao seu redor e, portanto, nada que a ligue ao *sutratma*, partirá com seu último suspiro, e, assim, toda conexão entre os dois é quebrada. Logo, não há *devakhan* para tal materialista, o *sutratma* irá reencarnar quase imediatamente. Quanto aos materialistas que não cometeram nenhum erro, a não ser professar sua descrença, estes dormirão profundamente e perderão a estação. E chegará a hora em que esses ex-materialistas perceberão a si mesmos na eternidade e talvez se arrependam de ter perdido um dia ou uma estação da vida eterna.

E: Ainda assim, não seria mais correto dizer que a morte é o nascimento em uma nova vida ou, mais uma vez, um retorno à eternidade?

T: Você pode, se quiser. Lembre-se apenas de que os nascimentos são diferentes, e que há nascimentos de seres "natimortos", que são *falhas* da natureza. Além disso, com suas ideias fixas ocidentais sobre a vida material, as palavras "viver" e "ser" são totalmente inaplicáveis ao estado subjetivo puro da existência pós-morte. Exceto por certos filósofos que não são lidos por muitos e que, por sua vez, estão bem confusos para apresentar uma imagem distinta da questão, as ideias ocidentais sobre a vida e a morte tornaram-se tão estreitas que, por um lado, levaram a um materialismo crasso e, por outro, a uma concepção ainda mais material da outra vida, que os espíritas formularam no seu plano astral do céu. Nesse local, as almas dos homens podem comer, beber, casar e viver em um paraíso tão sensual quanto o de Maomé, mas ainda menos filosófico. As concepções generalizadas dos cristãos incultos não são muito melhores, talvez sejam até mais materiais, se isso for possível. Afinal, com seus anjos truncados, trombetas de bronze, harpas de ouro e fogo do inferno material, o paraíso cristão mais parece uma cena de contos de fadas em uma pantomima de Natal.

É por causa dessas concepções estreitas que você encontra tanta dificuldade em compreender esse ponto. É justamente porque a vida da alma desencarnada, embora possuindo toda a vivacidade da realidade, como em certos sonhos, é desprovida de qualquer forma grosseiramente objetiva de vida terrestre, que os filósofos orientais a compararam com visões oníricas.

Palavras precisas para questões precisas

E: Não acha que essa confusão de ideias com relação às respectivas funções desses "princípios" ocorre em nossa mente porque não existem termos precisos e fixos que indiquem cada "princípio" no homem?

T: Eu mesma já pensei nisso. O problema surgiu quando começamos nossas exposições e discussões sobre os "princípios" usando seus nomes em sânscrito, em vez de cunhar imediatamente, para o uso dos teosofistas, seus equivalentes em inglês. Devemos tentar remediar isso agora.

E: É uma boa ideia, pois isso pode evitar mais confusão; pois parece-me que, até agora, nenhum autor teosofista concordou em chamar o mesmo "princípio" pelo mesmo nome.

T: No entanto, a confusão é mais aparente do que real. Ouvi alguns de nossos teosofistas expressarem surpresa e criticarem vários ensaios falando desses "princípios"; mas, quando os examinaram, o erro mais grave que encontraram foi o uso da palavra "alma" para abranger os três princípios, sem especificar as distinções. O primeiro e, positivamente, o mais transparente de nossos escritores teosofistas, o senhor A. P. Sinnett, tem algumas passagens abrangentes e admiravelmente escritas sobre o "eu superior"[6]. Sua ideia concreta também foi mal interpretada por alguns, devido ao uso da palavra "alma" em um sentido geral. No entanto, eis algumas passagens que lhe mostrarão como é claro e abrangente tudo o que ele escreve sobre o assunto:

A alma humana, uma vez lançada nas correntes da evolução como individualidade humana[7], passa por períodos alternados de existência física e relativamente espiritual. Ela passa de um plano, estrato ou uma condição da natureza para outra sob a orientação de suas afinidades cármicas; vivendo em encarnações a vida que seu carma determinou previamente; modificando seu progresso dentro das limitações das circunstâncias e desenvolvendo um novo carma pelo uso ou abuso de oportunidades; assim ele retorna à existência espiritual (*devakhan*) após cada vida física — através da região intermediária do *kama-loka* —, a fim de descansar, ser gradualmente absorvido em sua essência e obter o progresso cósmico da experiência de vida adquirida "na Terra" ou durante a existência física. Essa visão da questão sugeriu, além disso, muitas inferências colaterais a quem se debruça sobre o assunto; como, por exemplo, que a transferência de consciência do *kama-loka* ao estágio devacânico dessa progressão seria necessariamente gradual[8]; que, na verdade, nenhuma linha imutável separa as variedades de condições espirituais; que mesmo os planos espirituais e físicos, como mostram as faculdades psíquicas dos que estão vivos, não estão tão irremediavelmente isolados uns dos outros, como as teorias materialistas sugerem; que todos os estados da natureza estão à nossa volta, simultaneamente, e apelam a diferentes faculdades perceptivas; e assim por diante... É claro que, durante a existência física, as pessoas que possuem faculdades psíquicas permanecem em conexão com os planos da consciência superfísica; e embora a maior parte das pessoas não seja dotada de tais faculdades, todos nós, como os fenômenos do sono e especialmente... do sonambulismo ou mesmerismo mostram, somos capazes de atingir condições de consciência que nada têm a ver com os cinco sentidos físicos. Nós — as almas dentro de nós — não estamos totalmente à deriva no oceano da matéria. Obviamente, retemos alguns interesses ou direitos remanescentes na costa do local onde, durante algum tempo, flutuamos. O processo de encarnação, portanto, não é totalmente descrito quando falamos de uma existência *alternativa* nos planos físico e espiritual, e, assim, retratamos a alma como uma entidade completa que desliza inteiramente de um estado de existência a outro. Uma definição mais correta do processo provavelmente representaria a encarnação que ocorre neste plano físico da natureza em razão de um efluxo que emana da alma. Durante todo esse tempo, o reino espiritual seria o hábitat adequado da alma, que jamais a abandonaria inteiramente; e essa porção não materializável da alma que habita permanentemente no plano espiritual talvez possa, apropriadamente, ser chamada de EU SUPERIOR.

Esse "eu superior" é ATMÃ e, evidentemente, é "não materializável", como diz o senhor Sinnett. E mais: não pode ser "objetivo" em nenhuma circunstância, mesmo para a percepção espiritual mais elevada. Para *atmã* ou o "eu superior" é realmente Brahma, o ABSOLUTO e indistinguível. Em horas de *samadhi*, a consciência espiritual superior do iniciado é inteiramente absorvida pela essência UNA que é atmã, e, portanto, sendo una com o todo, não pode haver nada de objetivo nela. Alguns teósofos adquiriram o hábito de utilizar as palavras "eu" e "ego" como sinônimos, de associar o termo "eu" com o mais elevado "eu" ou "ego" do homem individual ou mesmo pessoal, embora esse termo devesse ser aplicado apenas ao *ser universal*. Eis de onde provém a confusão. Falando de *manas*, o "corpo causal", podemos chamá-lo — quando conectado com a radiância búdica — de "EGO SUPERIOR", nunca de "eu superior". Pois mesmo *buddhi*, a "alma espiritual", não é o EU, mas apenas o veículo do EU. Todos os outros *"eus"* — como o "individual" e o "pessoal" — jamais devem ser pronunciados ou escritos sem sua qualificação e os adjetivos característicos.

Logo, nesse excelente ensaio sobre o "eu superior", esse termo é aplicado ao *sexto princípio* ou *buddhi* (obviamente em conjunto com *manas*, uma vez que, sem tal união, não haveria princípio ou elemento *pensante* na alma espiritual); e, consequentemente, apenas deu origem a tais mal-entendidos. A afirmação de que "uma criança não adquire seu *sexto* princípio — ou se torna um ser moralmente responsável, capaz de gerar carma — até alcançar sete anos de idade", prova o que se entende por EU SUPERIOR. Portanto, justifica-se que o competente autor explique que, após o "eu superior" passar para o ser humano e saturar sua personalidade — apenas nas melhores disposições — com sua consciência, "pessoas com faculdades psíquicas podem, por vezes, perceber o eu superior através dos seus sentidos mais refinados". Mas aqueles que limitam o termo "eu superior" ao Princípio Divino Universal também "se justificam" em interpretá-lo erroneamente. Pois quando lemos, sem estarmos preparados para essa mudança de termos metafísicos[9], que, embora "manifestando-se plenamente no plano físico... o eu superior ainda permanece um ego espiritual consciente no plano correspondente da natureza" — conseguimos ver "atmã" no "eu superior" dessa frase e no ego—espiritual *manas*", ou melhor, *buddhi-manas*, e, de imediato, tachar a afirmação de incorreta.

Para evitar, de agora em diante, tais distorções, proponho traduzir literalmente dos termos ocultistas orientais seus equivalentes em inglês e disponibilizá-los para uso futuro.

O eu superior é:	atmã, o raio inseparável do ser ÚNICO e universal. É o Deus que está mais acima do que dentro de nós. Feliz do homem que consegue embeber seu ego interior nele!
O ego espiritual *divino* é:	a alma espiritual ou *buddhi*, ligada intimamente a *manas*, o princípio da mente, sem o qual ele não é nenhum EGO, mas apenas o veículo átmico.
O ego interior ou superior é:	manas, o chamado "quinto" princípio, independentemente de *buddhi*. O ego espiritual apenas é o princípio da mente quando *se funde* a *buddhi*; e não se suponha que nenhum materialista possua um ego *assim*, por maiores que sejam suas capacidades intelectuais. É a *individualidade* permanente ou o "ego reencarnante".
O ego inferior ou pessoal é:	o homem físico, em conjunção com seu eu inferior, isto é, os instintos animais, as paixões, os desejos etc. É a chamada "falsa personalidade" e consiste no manas inferior combinado com o kama-rupa, que opera por meio do corpo físico e seu fantasma ou "duplo".

O "princípio" remanescente, "prana" ou "vida" é, estritamente falando, a força radiante ou energia do atmã — como a vida universal e o EU UNO —, seu aspecto inferior, ou melhor (em seus efeitos), mais físico, pois é seu aspecto manifestado. Prana ou vida permeia todo o universo objetivo; e só é chamada de "princípio" porque é um fator indispensável e o *deus ex machina* do homem vivo.

E: Creio que essa divisão simplificada e suas combinações explicam melhor a ideia. A outra é muito metafísica.

T: Se tanto as pessoas de fora quanto os teosofistas estiverem de acordo, certamente isso tornará as coisas muito mais compreensíveis.

- X -
SOBRE A NATUREZA DO NOSSO PRINCÍPIO REFLEXIVO

O mistério do ego

E: Quando citou há pouco o *Catecismo budista*, notei uma discrepância que eu gostaria que me explicasse. O autor diz que os *skandhas* — a memória inclusa — mudam a cada nova encarnação. E afirma ainda que o reflexo das vidas passadas, que, segundo dizem, são inteiramente constituídos de *skandhas*, "devem sobreviver". No momento, não consigo entender com clareza o que exatamente sobrevive, e gostaria de uma explicação. O que é? É só aquela "reflexão", aqueles *skandhas* ou sempre o mesmo ego, o *manas*?

T: Acabei de explicar que o princípio da reencarnação, ou aquilo que chamamos de homem *divino*, é indestrutível ao longo do ciclo de vida: indestrutível como uma *entidade* pensante e até mesmo como uma forma etérea. O "reflexo" é apenas a *lembrança* espiritualizada, durante o período devacânico, da *antiga personalidade*, o senhor A. ou a senhora B. — com a qual o ego se identifica durante aquele período. Uma vez que o último é apenas a continuação da vida terrena, por assim dizer, o ápice, em uma série ininterrupta, de poucos momentos felizes na agora antiga existência, o *ego* deve se identificar com a consciência *pessoal* dessa vida, se dela restar alguma coisa.

E: Isso significa que o *ego*, independentemente de sua natureza divina, passa cada um desses períodos entre duas encarnações em um estado de obscurecimento mental ou insanidade temporária.

T: Entenda como quiser. Como acreditamos que, fora da REALIDADE UNA, nada é melhor do que uma ilusão passageira — o universo todo incluso —, não vemos isso como uma insanidade, mas como uma sequência muito natural ou o desenvolvimento da vida terrestre. O que é a vida? Um agrupamento das mais variadas experiências, de ideias, emoções e opiniões que mudam diariamente. Quando jovens, muitas vezes nos devotamos com entusiasmo a um ideal, a algum herói ou alguma heroína que tentamos seguir e reviver; anos depois, quando o frescor daqueles sentimentos juvenis já se extinguiu e se acalmou, somos os primeiros a rir dos nossos caprichos. E, no entanto, houve um dia em que nossa personalidade se identificou tanto com a do ideal que povoava a nossa mente — especialmente se fosse a de um ser vivo —, que a primeira se fundiu e perdeu-se inteiramente neste último. Pode-se dizer que um homem de cinquenta anos é o mesmo ser que era aos vinte? O homem *interior* é o mesmo; mas a personalidade viva exterior foi completamente transformada e alterada. Você também chamaria essas mudanças nos estados mentais humanos de insanidade?

E: Como você os nomearia e, especialmente, como explicaria a permanência de um e o esvaecimento do outro?

T: Temos nossa própria doutrina, e, para nós, ela não oferece nenhuma dificuldade. A chave está na dupla consciência de nossa mente e, também, na dupla natureza do "princípio" mental. Existe uma consciência espiritual, a mente manásica iluminada pela luz de *buddhi*, que, subjetivamente, percebe abstrações; e a consciência senciente (a luz manásica inferior), inseparável do nosso cérebro físico e dos nossos sentidos. Essa última consciência é mantida em submissão pelo cérebro e pelos sentidos físicos, e, sendo por sua vez, igualmente dependente deles, deve, naturalmente, desvanecer e, por fim, morrer com eles. É somente o primeiro tipo de consciência cuja raiz jaz na eternidade, que resiste e vive para sempre e pode, portanto, ser considerada imortal. Tudo o mais pertence a ilusões passageiras.

E: O que vocês realmente entendem por ilusão, nesse caso?

T: Está tudo muito bem descrito no ensaio que acabamos de mencionar sobre "O eu superior". Diz o autor:

> A teoria que estamos considerando (o intercâmbio de ideias entre o *ego superior* e o eu inferior) harmoniza-se muito bem com o tratamento do mundo em que vivemos como um mundo fenomenal de ilusão, uma vez que, por outro lado, os planos espirituais da natureza são o mundo numenal ou plano da realidade. A região da natureza na qual a alma está permanentemente enrai-

zada, por assim dizer, é mais real do que aquela em que suas flores transitórias surgem por um breve momento para murchar e se despedaçar, enquanto a planta recupera energia para gerar uma nova flor. Supondo que as flores fossem perceptíveis apenas aos sentidos comuns e que suas raízes existissem em um estado de natureza intangível e invisível para nós, os filósofos que adivinharam que existia algo como raízes em outro plano de existência seriam capazes de dizer o seguinte das flores: essas plantas não são reais; elas não têm importância, são meros fenômenos ilusórios do momento.

É a isso que me refiro. O mundo no qual desabrocham as flores transitórias e evanescentes das vidas pessoais não é o mundo real e permanente; e sim o mundo no qual encontramos a raiz da consciência, que por sua vez está além da ilusão e vive na eternidade.

E: O que quer dizer com a raiz que vive na eternidade?
T: Refiro-me à entidade pensante, o ego encarnado, quer o consideremos como "anjo", "espírito" ou uma força. De tudo o que recai sob nossa percepção sensorial, apenas o que cresce diretamente dessa raiz invisível ou é apegado a ela pode participar de sua vida imortal. Portanto, cada pensamento nobre, ideia e aspiração da personalidade, procedente dessa raiz e por ela alimentada, deve se tornar permanente. Quanto à consciência física, pois é uma qualidade sensível, porém inferior do "princípio" (*kama-*

-rupa ou instinto animal, iluminado pela reflexão manásica inferior, ou alma humana) — esta deve desaparecer. A mais elevada consciência é que exibe atividade enquanto o corpo está adormecido ou paralisado, pois nossa memória registra, de modo débil e impreciso — embora automático —, tais experiências e muitas vezes nem sequer retém a mais ligeira impressão.

E: Mas como MANAS, que vocês chamam de *nous*, um "deus", é tão fraco durante suas encarnações, a ponto de ser subjugado e limitado por seu corpo?

T: Eu poderia responder com a mesma pergunta e questionar: "Como aquele a quem você considera 'o Deus dos Deuses' e o Único Deus vivo, é *tão fraco* a ponto de permitir que o mal (ou o Diabo) leve o melhor sobre *ele* e todas as suas criaturas, enquanto ele permanece no céu, ou mesmo durante o tempo em que esteve encarnado nesta Terra?". Você certamente responderá mais uma vez: "É um mistério; e estamos proibidos de nos intrometer nos mistérios de Deus". Porém, como nossa filosofia religiosa não nos proíbe, em resposta à sua pergunta, afirmo que, a menos que Deus desça como um *avatar*, nenhum princípio divino pode ser tolhido e paralisado por algo caótico como matéria animal. A heterogeneidade sempre levará vantagem sobre a homogeneidade nesse plano de ilusões. e quanto mais próxima uma essência está de seu princípio-raiz, a homogeneidade primordial, mais difícil é para esta última impor-se na Terra. Há poderes divinos e espirituais adormecidos em cada ser humano; e quanto mais ampla for sua visão espiritual, mais poderoso será o Deus dentro dele. Mas poucos homens podem sentir esse Deus, uma vez que, via de regra, a divindade está sempre vinculada a nossos pensamentos, sendo limitada por concepções anteriores (ideias que são inculcadas em nós desde a infância). Por esse motivo, você tem tanta dificuldade em compreender nossa filosofia.

E: E esse ego por acaso é o nosso Deus?

T: De forma alguma; "um Deus" não é a divindade universal, mas apenas uma centelha do oceano único de fogo divino. Nosso Deus *dentro* de nós, ou "nosso Pai em segredo", é o que chamamos de "EU SUPERIOR", *atmã*. Nosso ego encarnado era um Deus em sua origem, como foram todas as emanações primevas do Princípio Desconhecido Único. Mas desde sua "queda para a matéria", na qual teve que encarnar sucessivamente ao longo do ciclo, do princípio ao fim, não é mais um deus livre e feliz, mas um pobre peregrino que busca recuperar o que perdeu. Posso responder de maneira mais completa repetindo o que é dito sobre o HOMEM INTERIOR em *Ísis sem véu* (vol. II, p. 593):

> Desde a mais remota Antiguidade, a *humanidade* como um todo *sempre esteve convencida da existência de uma entidade espiritual pessoal dentro do homem físico pessoal*. Essa entidade interior era mais ou menos divina, de acordo com sua proximidade com a *coroa*. Quanto mais próxima a união, mais sereno será o destino do homem e menos perigosas serão as condições externas. Não se trata de fanatismo ou superstição, é apenas um sentimento onipresente e instintivo da pro-

ximidade de outro mundo espiritual e invisível, que, embora seja subjetivo aos sentidos do homem exterior, é perfeitamente objetivo para o ego interior. Além disso, eles acreditam que *existem condições externas e internas que afetam a determinação de nossa vontade sobre nossas ações*. Rejeitam o fatalismo, pois isso implica uma conduta cega da parte de um poder ainda mais cego. Mas acreditam em *destino* ou *Carma*, na ideia de que, do nascimento à morte, todo homem tece um fio à sua volta, como uma aranha faz sua teia; e esse destino é guiado pela presença que alguns chamam de anjo da guarda ou o nosso homem interior astral mais íntimo, que é, muitas vezes, o gênio do mal do homem de carne e osso ou da *personalidade*. Ambos conduzem ao Homem, mas um dos dois deve prevalecer; e desde o início do motim invisível, a severa e implacável *lei de compensação e retribuição* intervém e continua seu curso, seguindo fielmente as flutuações do conflito. Quando o último fio é tecido, o homem se vê aparentemente envolto na trama que ele mesmo criou e completamente subjugado a esse destino *autoimposto*, que, por sua vez, fixa-se nele como a concha inerte contra uma rocha imóvel ou flutua como uma pena num furacão produzido por suas próprias ações.

Esse é o destino do HOMEM — do verdadeiro ego, não do autômato, da *concha* que atende por esse nome. Cabe a ele subjugar a matéria.

A natureza complexa de *manas*

E: Mas você queria me dizer algo sobre a natureza essencial de *manas* e a relação que ela mantém com os skandhas do homem físico.

T: É essa natureza misteriosa, inconstante, além de qualquer compreensão, e quase obscura em suas correlações com os outros princípios que é muito difícil de compreender e mais ainda de explicar. Manas é um "princípio" e, ainda assim, é uma "Entidade", a individualidade ou Ego. Ele é um "Deus" e, no entanto, está condenado a um ciclo infinito de encarnações, sendo responsável por cada uma delas e por tudo que vier a sofrer. Tudo isso parece tão contraditório quanto intrigante; no entanto, existem centenas de pessoas, até mesmo na Europa, que compreendem perfeitamente esses conceitos, pois entendem o Ego não apenas em sua integridade, como também em seus muitos aspectos. Por fim, para me fazer mais compreensível, eu deveria começar pelo início e explicar a genealogia desse Ego em algumas linhas.

E: Prossiga.

T: Tente imaginar um "espírito", um ser celestial (não importa como o chamemos) divino em sua natureza essencial, mas não puro o bastante para tornar-se *uno com o Todo*, que deve purificar sua natureza para finalmente atingir esse objetivo. E imagine que ele só pode alcançá-lo passando *individual* e *pessoalmente*, ou seja, espiritual e fisicamente, por cada experiência e sentimento que existe no Universo múltiplo ou diferenciado.

Portanto, após viver tal experiência nos reinos inferiores e galgar cada vez mais alto os degraus da escada do ser, ele passou por todas as experiências nos planos humanos. Em sua verdadeira essência, ele é pensamento, e, portanto, é chamado em sua pluralidade de *manasa putra*, de "filhos da mente (universal)". Esse "pensamento" *individualizado* é o que nós, teosofistas, chamamos de *verdadeiro* Ego humano, a Entidade pensante aprisionada em um receptáculo de carne e osso. Trata-se certamente de uma entidade espiritual, não de *matéria*, e tais entidades são os egos encarnados que animam o agrupamento de matéria animal chamado humanidade e cujos nomes são *manasa* ou "mentes". Contudo, uma vez presos ou encarnados, suas essências passam a ser duais: isto é, os *raios* da eterna Mente divina, considerados entidades individuais, assumem um atributo duplo que é (a) sua característica inerente *essencial*, a mente que aspira ao céu (*manas* superior) e (b) a qualidade humana de pensamento ou cogitação animal, racionalizada pela superioridade do cérebro humano, que pende ao Kama ou Manas inferior. Um gravita em direção a *buddhi* e o outro, atraído pelas esferas inferiores, para a sede das paixões e desejos animais. Este último não tem espaço no *devakhan*, nem pode se associar à tríade divina que ascende como uma unidade ao êxtase mental. No entanto, é o ego, a entidade manásica considerada responsável por todos os pecados dos atributos inferiores, assim como um pai deve responder pelas transgressões de seu filho, enquanto este permanecer irresponsável.

E: Essa "criança" é a "personalidade"?

T: Isso mesmo. Quando, portanto, se afirma que a "personalidade" morre com o corpo, é necessário aprofundar essa explicação. O corpo, que era apenas o símbolo objetivo do senhor A. ou da senhora B., desaparece com todos os seus *skandhas* materiais, que são as expressões visíveis dos mesmos. Mas tudo o que se constituiu durante a vida, o conjunto *espiritual* de vivências, as aspirações mais nobres, as afeições imortais e a natureza *altruísta* do senhor A. ou da senhora B., agarra-se durante o período devacânico ao EGO, que se identifica com a parte espiritual dessa entidade terrestre que a essa altura já desapareceu de vista. O ATOR está tão imbuído no *papel* que acabou de desempenhar que sonha com ele durante toda a noite devacânica, e essas visões continuam até chegar o momento de voltar ao teatro da vida para representar outro papel.

E: Mas como essa doutrina, que você diz ser tão antiga quanto o pensamento humano, não encontrou espaço, digamos, na teologia cristã?

T: Você está enganado, encontrou, sim; só que a teologia a distorceu tanto que ela ficou irreconhecível, assim como muitas outras doutrinas. Para a teologia, o ego é o anjo que Deus nos dá no momento do nosso nascimento, para *cuidar de nossa alma*. Em vez de responsabilizar esse "anjo" pelas transgressões da pobre e indefesa "alma", é esta última que, de acordo com a lógica teológica, deve ser punida por todos os pecados da carne e da mente! É a alma, o *sopro* imaterial de Deus e sua *suposta criação*, que, devido a um incrível malabarismo intelectual, está condenada a queimar num inferno material, sem jamais ser consumida[1], enquanto o "anjo" escapa totalmente livre, após curvar suas asas brancas, sobre as quais derramou algumas lágrimas. Sim, esses são os nossos "espíritos mediadores", os "mensageiros da misericórdia" que foram enviados, segundo o bispo Richard Mant:

> [...] Para fazer o
> bem aos herdeiros da salvação e ainda sofrer por nós quando pecamos e regozijar-se quando nos arrependemos.

No entanto, é evidente que, se todos os bispos do mundo fossem convidados a definir de uma vez por todas o que entendem por *alma* e dizer quais são as suas funções, seriam tão incapazes de fazê-lo quanto de nos mostrar algum vestígio de lógica na crença ortodoxa!

A doutrina ensinada pelo Evangelho de São João

E: A isso os adeptos dessa crença poderiam responder que, mesmo prometendo ao pecador impenitente e ao materialista uma pena de sofrimento em um inferno por demais realista, o dogma ortodoxo lhes fornece, por outro lado, a oportunidade de arrependimento até o último minuto. Também não pregam a aniquilação nem a perda da personalidade, o que dá no mesmo.

T: A Igreja não ensina nada do tipo, mas Jesus, por outro lado, o fazia. Isso já é alguma coisa para aqueles que consideram Cristo superior ao cristianismo.

E: Mas Cristo pregava algo semelhante?

T: Sim; e todo ocultista bem informado e até mesmo os cabalistas podem confirmar essa informação. Cristo, ou o quarto Evangelho, pelo menos, também ensina que a reencarnação é a aniquilação da personalidade, se deixarmos de lado as doutrinas e nos apegarmos ao espírito esotérico. Lembre-se dos versículos 1 e 2 do capítulo 15 do Evangelho de São João. Do que a parábola fala, senão da *tríade superior* do homem? *Atmã* é o lavrador — o ego espiritual ou *buddhi* (*christos*), a videira, enquanto a alma animal e vital, a *personalidade*, é o "ramo". Eu sou a *verdadeira* videira e meu Pai é o lavrador. Todo ramo que, estando em mim, não dá fruto, ele corta. [...] Permaneçam em mim, e permanecerei em vocês. Nenhum ramo pode dar fruto por si mesmo, se não permanecer na videira. Vocês também não podem dar fruto, se não permanecerem em mim. Se alguém não permanecer em mim, será como o ramo que é jogado fora e *seca*. Tais ramos são apanhados, lançados ao fogo e queimados.

Expliquemos da seguinte forma. Não acreditando no fogo do inferno, que a teologia descobre como subjacente à ameaça aos *ramos*, dizemos que o "lavrador" significa atmã, o símbolo do princípio infinito e impessoal[2], enquanto a videira representa a alma espiritual, *christos*, e cada "ramo" uma nova encarnação.

E: Mas que provas vocês têm para sustentar uma interpretação tão arbitrária?

T: A simbologia universal garante a sua veracidade e atesta que ela não é arbitrária. Hermas diz que "Deus plantou a vinha", isto é, criou a humanidade. Na *Cabala*, o Ancião dos Anciões, o "Rosto Longo", planta uma vinha que representa a humanidade e uma trepadeira que significa a vida. Portanto, mostra-se o espírito do "*rei* Messias" banhando suas vestes no *vinho* do alto, da criação do mundo[3]. E o rei *Messias* é o ego purificado *ao lavar suas vestes* (ou seja, suas personalidades no renascimento) no vinho do alto, ou *buddhi*. Adão, ou A-Dam, é "sangue". A vida da carne está no sangue (*nephesh*-alma), como em Levítico 17:11. E Adam-Kadmon é o Unigênito. Noé também planta uma vinha — o berço alegórico da futura humanidade. Como consequência da adoção dessa mesma alegoria, nós a encontramos reproduzida no *Códex* nazareno. Sete vinhas plantadas — que representam nossas Sete Raças, com seus Sete Salvadores ou Budas — brotam de Iukabar Zivo; e Ferho Raba (ou Parcha) as rega[4]. Quando os abençoados ascenderem até os seres de Luz, verão Iavar-Xivo, o Senhor da Vida, e a primeira videira.[5] Essas metáforas cabalísticas repetem-se, naturalmente, no Evangelho de São João (15:1).

Não nos esqueçamos de que, no sistema humano — segundo as filosofias que ignoram nossa divisão setenária —, o ego ou *homem pensante* é chamado de *logos*, ou filho da alma e do espírito. "Manas é o filho adotivo do rei — e da rainha" (equivalente esotérico a atmã e *buddhi*), diz uma obra do ocultismo. Ele é o "homem-deus" de Platão, que crucifica a si mesmo no *espaço* (ou a duração do ciclo de vida) para a redenção da MATÉRIA. Ele faz isso encarnando repetidas vezes, conduzindo, desse modo, a humanidade à perfeição, e assim abrindo espaço para formas inferiores evoluírem. Nem por uma só vida ele deixa de evoluir e ajudar toda a natureza física a progredir; e sua evolução individual continua ainda que ele perca uma de suas personalidades (um acontecimento muito raro) ou seja privado de sua espiritualidade por completo.

E: Mas, certamente, se o *ego* é considerado responsável pelas transgressões de suas personalidades, deve responder também pela perda, ou melhor, pela completa aniquilação de uma delas.

T: De forma alguma, a menos que não tenha feito nada para evitar esse terrível destino. Mas se, apesar de todos os seus esforços, a *voz de sua consciência* for incapaz de penetrar pela parede da matéria, então a obtusidade desta última, proveniente da natureza imperfeita do material, é categorizada com outras falhas da natureza. O ego é suficientemente punido pela perda do *devakhan* e, especialmente, por ter que encarnar quase imediatamente.

E: Essa doutrina que prega a possibilidade de perder a alma — ou a personalidade, como vocês a chamam — opõe-se às teorias ideais tanto dos cristãos quanto dos espíritas, embora Swedenborg a adote em certa medida, no que chama de *morte espiritual*. Eles jamais aceitarão isso.

T: Isso não muda de forma alguma um fato da natureza, nem impede que algo semelhante ocorra ocasionalmente. O universo e tudo o que contém (moral, mental, físico, psíquico ou espiritual) é construído sobre uma lei perfeita de equilíbrio e harmonia. Como dito antes (ver *Ísis sem véu*), a força centrípeta pode não se manifestar sem a centrífuga nas revoluções harmoniosas das esferas; ao passo que todas as formas e seus respectivos progressos são produtos dessa dupla força da natureza. O espírito (ou *buddhi*) é a centrífuga e a alma (*manas*), a energia espiritual centrípeta; e para produzir um resultado devem estar em perfeita união e harmonia. Quebre ou danifique o movimento centrípeto da alma terrestre, que pende para o centro que a atrai; interrompa seu progresso, obstruindo-o com um peso material mais pesado do que pode suportar ou do que é adequado para o estado devacânico; e a harmonia do todo será destruída. A vida pessoal, ou talvez seu reflexo ideal, só pode continuar se for sustentada pela força dupla, ou seja, pela estreita união de *buddhi* e *manas* em cada renascimento ou vida pessoal. O menor desvio da harmonia a danifica; e quando é destruída além da redenção, as duas forças se separam no momento da morte. Durante um breve intervalo, a forma *pessoal* (chamada indiferentemente de *kama rupa* e *mayavi rupa*), cuja eflorescência espiritual liga-se ao ego, segue-o até o *devakhan*, onde confere à *individualidade* permanente sua cor pessoal (provisoriamente, por assim dizer), em seguida é levada até o *kama-loka* para ser gradualmente aniquilada. Pois é após a morte daquele que é totalmente depravado, não espiritualizado e perverso além da redenção que chega o momento crítico e supremo. Se, durante a vida, o esforço final e desesperado do EU INTERIOR (*manas*) em unir algo de sua personalidade com o raio superior resplandecente do divino Buddhi é frustrado; se esse raio se apartar cada vez mais da eterna e espessa crosta do cérebro físico; o ego espiritual ou *manas*, uma vez liberto do corpo, permanece inteiramente separado da etérea relíquia da personalidade; e o último, ou *kama rupa*, seguindo seu magnetismo terreno, é atraído até o Hades (que chamamos de *kama-loka*), onde permanece. Esses são "os ramos secos" cortados da videira, menciona-dos por Jesus. A aniquilação, contudo, nunca é instantâ-nea, e às vezes pode levar séculos para ser realizada. Mas a personalidade permanece ali junto com os *restos* de outros egos pessoais mais afortunados e torna-se com eles uma *casca* e um *elemental*. Como foi dito em *Ísis*, são essas as duas classes de "espíritos", as *cascas* e os *elementais*, que são as "estrelas" do grande palco espiritual de "materiali-zações". Mas você pode ter certeza de que não são eles os que encarnam; e, portanto, são poucos os "entes queridos falecidos" que sabem alguma coisa sobre a reencarnação, induzindo assim os espíritas a tantos equívocos.

E: Mas a autora de *Ísis sem v*éu não foi acusada de pregar contra a reencarnação?
T: Sim, por aqueles que não entenderam o que ela disse. Na época em que a obra foi escrita, nenhum espírita inglês ou americano acreditava em *reencarnação*; o que foi dito no livro dirigia-se aos espíritas franceses, cujas teorias são antifilosóficas e absurdas, na mesma medida em que os ensinamentos orientais são lógicos e óbvios em sua verdade. Os reencarnacionistas da escola de Allan Kardec acreditam em uma reencarnação arbitrária e ime-

diata. Segundo eles, o pai morto pode encarnar na própria filha, que ainda não nasceu, e assim por diante. Para eles, não existe *devakhan*, nem carma, nem filosofia alguma que justifique ou prove a necessidade de renascimentos consecutivos. Mas como a autora de *Ísis* pode argumentar contra a reencarnação *cármica*, em longos intervalos que variam entre 1.000 e 1.500 anos, quando essa é a crença fundamental de budistas e hindus?

E: Então vocês rejeitam inteiramente tanto as teorias dos espíritas quanto as dos espiritualistas?

T: Não inteiramente, apenas no que diz respeito às suas respectivas crenças fundamentais. Ambos confiam no que seus "espíritos" lhes dizem; e ambos discordam um do outro, assim como nós, teosofistas, discordamos deles. A verdade é uma só; e quando ouvimos os fantasmas franceses pregando a reencarnação e os fantasmas ingleses negando e denunciando a doutrina, dizemos que ambos, os "espíritos" franceses e ingleses, não sabem do que estão falando. Acreditamos, assim como os espíritas e os espiritualistas, na existência de "espíritos" ou seres invisíveis dotados de certa inteligência, em menor ou maior grau. Mas, enquanto nossa doutrina professa que seus tipos e *gêneros* são divididos em legiões, nossos oponentes não admitem senão "espíritos" humanos desencarnados, que, segundo nossos conhecimentos, são, em sua maioria, cascas kamalókicas.

E: Você parece bastante implacável com os espíritas. Como você me deu suas opiniões e suas razões para não acreditar na materialização de espíritos desencarnados — ou "espíritos dos mortos" — e na comunicação direta, em *sessões espíritas,* com eles, poderia me esclarecer mais um fato? Por que alguns teosofistas não se cansam de dizer o quanto é perigosa a comunicação com espíritos e a mediunidade? Eles têm algum motivo particular para isso?

T: Suponho que sim. Eu tenho. Devido à minha familiaridade, há mais de meio século, com essas "influências" invisíveis, porém muito tangíveis e inegáveis, que abrangem desde os elementais conscientes, *cascas* semiconscientes e até fantasmas de todos os tipos, totalmente irracionais e indefiníveis, tenho algum direito de sustentar minhas opiniões.

E: Pode citar algum caso (ou casos) para mostrar por que essas práticas devem ser consideradas perigosas?

T: Isso exigiria mais tempo do que posso despender no momento. Cada causa deve ser julgada pelos efeitos que produz. Faça uma análise da história do espiritismo nos últimos cinquenta anos, desde o seu reaparecimento neste século na América, e julgue por si só se essa doutrina fez mais bem ou mal aos seus devotos. Por favor, entenda que não falo contra o verdadeiro espiritismo, mas contra o movimento moderno que traz esse nome e a chamada filosofia que inventaram para explicar seus fenômenos.

E: Então você não acredita mesmo nesses fenômenos?

T: É porque tenho bons motivos para acreditar (salvo alguns casos de fraude deliberada) e sei que esses fenômenos são tão verdadeiros quanto você e eu, que todo o meu ser se revolta contra eles. Mas repito: falo apenas dos fenômenos físicos, não dos mentais ou psíquicos. Os semelhantes se atraem. Existem pessoas bondosas, nobres e puras que passaram muitos anos de sua vida sob a orientação direta e a proteção de "espíritos" elevados, desencarnados ou planetários. Mas *essas* inteligências não são os John Kings e Ernests que aparecem nas salas das sessões espíritas. Essas Inteligências guiam e controlam os mortais apenas nos raros e excepcionais casos em que são atraídos magneticamente pelo passado cármico do indivíduo. Não basta tentar alcançar "seu desenvolvimento", a fim de atraí-los. Isso só abre a porta para uma turba de "fantasmas", bons, maus e indiferentes, de quem o médium se torna um escravo pelo resto da vida. É contra a mediunidade promíscua e a comunicação com assombrações que levanto minha voz, não contra o misticismo espiritual. Este último é enobrecedor e sagrado; o primeiro tem exatamente a mesma natureza dos fenômenos de duzentos anos atrás, pelos quais sofreram tantas bruxas e tantos feiticeiros. Leia Glanvil e outros autores que abordam o tema da bruxaria e você encontrará em suas obras um paralelo da maioria (senão de todos) dos fenômenos físicos do "espiritismo" do século XIX.

E: Você sugere que tudo é bruxaria e nada mais?
T: O que quero dizer é que, seja consciente ou inconsciente, toda essa questão com os mortos não passa de *necromancia*, uma prática muito perigosa. Séculos antes de Moisés, evocar os mortos era considerado por todas as nações inteligentes uma prática profana e cruel, na medida em

que perturbava o descanso das almas e interferia em seu desenvolvimento evolutivo a estágios superiores. A sabedoria coletiva dos séculos passados sempre denunciou ruidosamente tais práticas. E, finalmente, direi o que nunca deixei de repetir verbalmente e por escrito, há mais de quinze anos: embora alguns dos chamados "espíritos" não saibam o que estão falando, repetindo apenas — como papagaios — o que encontram na mente dos médiuns e de outras pessoas, outros são muito mais perigosos e só podem levar ao mal. São dois fatos óbvios. Frequente os círculos espíritas da escola de Allan Kardec e encontrará "espíritos" afirmando a reencarnação e falando como católicos apostólicos romanos. Depois ouça os "entes queridos que faleceram" na Inglaterra e na América, e você os escutará negando veementemente a reencarnação, em todos os sentidos, denunciando aqueles que a ensinam e defendendo a visão protestante. Os melhores e mais poderosos médiuns, sem exceção, sofreram com enfermidades físicas e mentais. Pense no triste fim de Charles Foster, que morreu em um hospício como um lunático delirante; em Slade, um epiléptico; em Eglinton — atualmente o melhor médium da Inglaterra —, sujeito à mesma doença. Lembre-se da vida de D. D. Home, um homem cuja mente estava mergulhada em fel e amargura, que jamais tinha uma palavra boa a dizer de alguém que ele suspeitava possuir poderes psíquicos e que caluniou outros médiuns até seu amargo fim. Este Calvino do espiritualismo sofreu por anos de uma terrível doença da coluna, causada por sua comunicação com os "espíritos", e morreu completamente arruinado. Agora pense no triste destino do pobre Washington Irving Bishop. Eu o conheci em Nova York, quando ele tinha quatorze anos; e era inegavelmente um médium. É verdade que o pobre homem se aproveitou de seus "espíritos" e batizou-os de "ação muscular inconsciente", para a grande alegria das corporações de tolos científicos eruditos e para abastecer seu próprio bolso. Mas *de mortuis nihil nisi bonumzz*[6] e seu fim foi triste. Ele escondeu arduamente seus ataques epilépticos — o primeiro e mais forte sintoma de mediunidade genuína —, e quem sabe dizer se ele estava morto ou em transe quando o exame pós-morte foi realizado? Seus parentes insistem em dizer que estava vivo, se levarmos em conta os telegramas da Reuters. Por fim, veja as precursoras da mediunidade, as fundadoras e principais divulgadoras do espiritismo moderno: as irmãs Fox. Após mais de quarenta anos se comunicando com os "anjos", se tornaram alcoólatras incuráveis e agora denunciam, em palestras públicas, o próprio trabalho e a filosofia de uma vida toda como fraude. Pois lhe pergunto: que espécie de espíritos deve tê-las inspirado?

E: Mas crê que essa inferência está correta?

T: O que inferiria se os melhores alunos de uma determinada escola de canto sucumbissem por problemas nas cordas vocais? Que o método seguido foi ruim. Então creio que a inferência é igualmente justa no que diz respeito ao espiritismo, quando vemos seus melhores médiuns sofrerem com semelhantes destinos. Só podemos dizer: aqueles que se interessam pela questão que julguem a árvore do espiritismo por seus frutos e ponderem sobre a lição.

Nós, teosofistas, sempre consideramos os espíritas como irmãos, pois temos a mesma tendência mística, mas eles sempre nos trataram como inimigos. Como possuímos uma filosofia mais antiga, tentamos ajudá-los e alertá-los; mas eles nos retribuíram com insultos, nos difamando e desacreditando nossos motivos de todas as maneiras possíveis. No entanto, os espíritas ingleses, mais sensatos, tratam suas crenças com seriedade e dizem o mesmo que nós. Veja como M. A. Oxon confessou a seguinte verdade: "Os espíritas estão muito propensos a crer exclusivamente na intervenção de espíritos externos neste nosso mundo e a ignorar os poderes do espírito encarnado"[7]. Então por que nos vilipendiam e atacam, uma vez que dizemos exatamente o mesmo? Doravante, não temos mais nada a ver com o espiritismo. Voltemos, agora, ao tema da reencarnação.

– XI –
SOBRE OS MISTÉRIOS DA REENCARNAÇÃO

Renascimentos periódicos

E: Quer dizer, então, que todos já vivemos na Terra antes, em muitas encarnações passadas, e continuaremos vivendo desse modo?

T: Sim. O ciclo de vida, ou melhor, o ciclo de vida consciente, começa com a separação do homem-animal mortal em sexos e termina com o fim da última geração de homens, na sétima ronda e na sétima raça da humanidade. Considerando que estamos apenas na quarta ronda e na quinta raça, é mais fácil imaginar essa duração do que expressá-la.

E: E continuaremos encarnando novas *personalidades* durante esse tempo todo?

T: Certamente sim; pois esse ciclo de vida ou período de encarnação pode muito bem ser comparado à vida humana. Como cada uma dessas vidas é composta por dias de atividade e separada por noites de sono ou de inatividade, então, no ciclo de encarnação, uma vida ativa é seguida por um descanso devacânico.

E: E essa sucessão de nascimentos é geralmente definida como reencarnação?

T: Precisamente. Apenas por meio desses nascimentos é que o progresso perpétuo de milhões e milhões de egos que buscam a perfeição e o descanso final (tão extenso quanto o período de atividade) pode ser alcançado.

E: E o que regula a duração ou as qualidades especiais dessas encarnações?

T: O carma, a lei universal da justiça retributiva.

E: É uma lei inteligente?

T: O materialista, que chama de forças cegas e leis mecânicas a lei da periodicidade que regula a organização de vários corpos e todas as outras leis da natureza, sem dúvida considera o carma uma lei do acaso e nada mais. Para nós, nenhum adjetivo ou nenhuma qualificação poderia descrever algo impessoal, que não é uma entidade, e sim uma lei operativa universal. Se você me perguntar sobre sua inteligência causal, devo responder que não sei. Mas se me pedir para definir seus efeitos e dizer quais deles constam em nossa crença, posso afirmar que a experiência de milhares de anos nos mostrou que eles são os infalíveis e absolutos *equidade*, *sabedoria* e *inteligência*. Pois o carma, em seus efeitos, é um infalível reparador da injustiça humana e de todas as falhas da natureza; um severo ajustador de erros; uma lei retributiva que recompensa e pune com igual imparcialidade. No sentido mais estrito, "não faz distinção entre as pessoas", embora, por outro lado, não possa ser apaziguado, nem aplacado por orações. É uma crença comum a hindus e budistas, que também acreditam no carma.

E: Os dogmas cristãos contradizem ambos e duvido que algum cristão aceite tal preceito.

T: É verdade; e Inman deu a razão para isso muitos anos atrás. Como ele diz, enquanto "os cristãos aceitam qualquer absurdo promulgado pela Igreja como uma questão de fé, os budistas sustentam que nada que contrarie a razão pode ser uma verdadeira doutrina de Buda". Eles não acreditam em perdão por seus pecados, exceto após uma punição justa e adequada por cada ação ou pensamento maligno em uma encarnação futura e uma indenização proporcional às partes lesadas.

E: Onde isso é dito?

T: Na maior parte de suas obras sagradas. Em *The Wheel of Law* [A roda da lei] pode-se encontrar o seguinte princípio teosófico: "Os budistas acreditam que todo ato, palavra ou pensamento tem sua consequência, que aparecerá mais cedo ou mais tarde no estado atual ou futuro. Atos malignos produzirão consequências malignas, boas ações produzirão boas consequências: prosperidade neste mundo ou nascimento no céu (*devakhan*) [...] no estado futuro".

E: Mas os cristãos acreditam na mesma coisa, não é?

T: Não, eles acreditam no perdão e na remissão de todos os pecados. Foi-lhes prometido que, se acreditarem no sangue de Cristo (uma vítima *inocente*!), no sangue oferecido por Ele como expiação dos pecados de toda a humanidade, terão todos os seus pecados mortais perdoados. Também não acreditamos em uma expiação vicária, nem na possibilidade de remissão do mais ínfimo pecado por qualquer deus, nem mesmo um "Absoluto *pessoal*" ou "Infinito", se é que tal coisa existe. Acreditamos numa justiça estrita e imparcial. Nossa ideia de Deidade Universal desconhecida, representada pelo carma, é um Poder infalível, que, portanto, não pode demonstrar nem ira nem misericórdia, apenas Equidade absoluta, permitindo que cada causa, grande ou pequena, produza seus inevitáveis efeitos. A fala de Jesus "Porque com o juízo com que julgardes sereis julgados, e com a medida com que tiverdes medido vos hão de medir a vós" (Mateus 7:2) não aponta, por expressão ou implicação, qualquer esperança de misericórdia futura ou salvação por meio de terceiros. É por isso que, reconhecendo a justiça dessa afirmação, como fazemos em nossa filosofia, nunca é demais recomendar fortemente a misericórdia, a caridade e o perdão de ofensas mútuas. Não resista ao mal e *pague o mal com o bem* são preceitos budistas, pregados pela primeira vez com a constatação da implacabilidade da lei cármica. Pois fazer justiça com as próprias mãos é, de qualquer forma, uma presunção sacrílega para o homem. A Lei Humana deve usar medidas restritivas, não punitivas; mas um homem que, acreditando no carma, ainda se vinga e se recusa a perdoar todas as injúrias, pagando assim o bem com o mal, é um criminoso que só prejudica a si mesmo. Uma vez que o carma certamente punirá o infrator, ao tentar infligir uma punição adicional ao seu inimigo, o homem que, em vez de deixar o castigo a cargo da grande Lei, tenta fazer justiça por conta própria, apenas gera uma causa para a recompensa futura de seu próprio inimigo e uma punição futura para si mesmo. O regulador infalível determina em cada encarnação a qualidade da seguinte; e a soma dos méritos ou deméritos das encarnações passadas reflete-se na seguinte.

E: Devemos então inferir o passado de um homem a partir de seu presente?

T: Apenas se acreditarmos que sua vida atual é como deveria ser, para expiar com justiça os pecados da vida passada. É claro que não podemos, como mortais comuns — salvo videntes e grandes adeptos — saber quais foram esses pecados. Com a nossa escassez de dados, é impossível até mesmo determinar como deve ter sido a juventude de um ancião; nem sequer podemos, pelos mesmos motivos, tirar conclusões definitivas sobre a vida passada de um homem, com base no que vemos de sua vida.

O que é carma?

E: Mas o que é carma?

T: Como eu disse, nós a consideramos como a *Lei Suprema* do universo, o princípio, a fonte e a origem de todas as outras leis que existem em toda a natureza. O carma é a lei infalível que ajusta o efeito à causa, nos planos físicos, mentais e espirituais do ser. Como nenhuma causa permanece sem o devido efeito (da maior à menor), desde uma perturbação cósmica até o movimento de sua mão, e como os semelhantes se atraem, o *carma* é a lei invisível e desconhecida que *ajusta com sabedoria, inteligência* e *equidade* cada efeito à sua causa, fazendo esta última remontar àquele que a produz. Embora seja *irreconhecível*, sua ação é perceptível.

E: Então trata-se novamente do "Absoluto" e "Irreconhecível", que não serve muito para explicar os problemas da vida.

T: Pelo contrário. Pois, embora não saibamos o que é o carma *por si só* e qual é a sua essência, sabemos *como* ele funciona e podemos definir e descrever seu modo de ação com precisão. Apenas *não* conhecemos sua *causa* principal, assim como a filosofia moderna admite universalmente que a causa principal de qualquer coisa é "incompreensível".

E: E o que a Teosofia tem a dizer sobre a solução das necessidades mais pragmáticas da humanidade? Como ela explica o terrível sofrimento e a extrema necessidade que prevalece nas chamadas "classes mais baixas"?

T: Segundo nossa doutrina, todos os grandes males sociais, a distinção de classes e sexos na sociedade e nos assuntos da vida, a distribuição desigual de capital e trabalho — tudo isso se deve ao que chamamos, sucinta, mas verdadeiramente, de CARMA.

E: Mas todos esses males que parecem recair um tanto quanto indiscriminadamente sobre as massas não são carmas reais, merecidos e individuais?

T: Não, não podem ser tão estritamente definidos segundo seus efeitos para mostrar que o ambiente individual e as condições particulares da vida de cada pessoa nada mais são do que o carma retributivo que o indivíduo gerou numa vida passada. Não devemos perder de vista o fato de que cada átomo está sujeito à lei geral que rege o corpo ao qual pertence, e aqui chegamos à via mais ampla da lei cármica. Não vê que a combinação de carmas individuais se torna o carma da nação a que esses indivíduos pertencem e que, além disso, a soma de carmas nacionais passa a ser o carma do mundo? Os males a que você se refere não são inerentes ao indivíduo ou mesmo à nação, são universais em maior ou menor grau; e é sobre essa ampla linha de interdependência humana que a lei do carma encontra sua legítima e igualitária distribuição.

E: Devo, então, concluir que a lei do carma não é necessariamente uma lei individual?

T: É precisamente o que eu quis dizer. Seria impossível o carma corrigir o equilíbrio de poder na vida e no progresso do mundo, a menos que tivesse uma linha ampla e geral de ação. Os teosofistas acreditam que a interdependência da humanidade é a causa do que chamamos de carma distributivo, e é essa lei que fornece a solução para um grande problema: o sofrimento coletivo e seu alívio. Além disso, uma lei do ocultismo determina que nenhum homem pode superar suas falhas individuais sem elevar também (mesmo que infimamente) o corpo do qual é parte integrante. Da mesma forma, ninguém peca ou sofre os efeitos do pecado sozinho. Na realidade, não existe uma "separação"; e o mais próximo desse estado egoísta que as leis da vida permitem está na intenção ou no motivo.

E: E não há um meio de concentrar ou coletar, por assim dizer, esse carma distributivo ou nacional, a fim de cumpri-lo de modo natural e legítimo sem esse sofrimento prolongado?

T: Via de regra e dentro de certos limites que definem a época à qual pertencemos, não se pode acelerar nem retardar o cumprimento da lei do carma. Mas de uma coisa eu tenho certeza: jamais se considerou a possibilidade de alterá-lo da forma como você mencionou. Ouça a seguinte exposição de uma fase de sofrimento nacional e então pergunte a si mesmo se, admitindo o poder ativo do carma individual, relativo e distributivo, esses males não são capazes de efetuar extensas modificações e propiciar um alívio geral. O que estou prestes a ler veio da pena de uma salvadora da pátria, alguém que, tendo superado o ego e estando livre para decidir, escolheu servir a humanidade, suportando o máximo de carma nacional que os ombros de uma mulher podem aguentar. Eis o que ela disse:

> Sim, a natureza sempre fala, não acha? Só que às vezes fazemos tanto barulho que afogamos sua voz. Por isso é tão relaxante sair da cidade e aninhar-se um pouco nos braços da Mãe. Penso no anoitecer em Hampstead Heath, quando vimos o sol se pôr. Ah! Aquele sol se pôs em meio a tanto sofrimento e tanta miséria! Uma senhora trouxe-me ontem uma grande cesta de flores silvestres. Achei que alguma

família do East End faria melhor uso dela do que eu, então a levei esta manhã para uma escola bastante humilde em Whitechapel. Você tinha que ver como aqueles rostinhos pálidos se iluminaram! Então levei algumas crianças para almoçar numa taverna. Situava-se numa rua secundária, estreita, cheia de gente se empurrando; com um fedor indescritível de peixe, carne e outros itens comestíveis, todos expostos a um sol que, em Whitechapel, apodrecia em vez de purificar. A taverna era a epítome de todos os odores. Tortas de carne indescritíveis a um *penny* cada, repugnantes porções de "comida" e enxames de moscas, um verdadeiro altar de Belzebu! Criancinhas rondavam por toda a parte em busca de restos, uma, com um rosto angelical, recolhia caroços de cerejas para sua dieta leve e nutritiva. Voltei para o oeste com cada nervo do meu corpo afetado, trêmula e abalada, perguntando-me se havia algo a fazer por alguns bairros de Londres. Algo que não fosse tragá-los em um terremoto e repovoá-los, após mergulhar seus habitantes em algum Lete purificador, do qual nenhuma memória poderia emergir! E então pensei em Hampstead Heath, e ponderei. Se, por algum sacrifício, fosse possível alcançar o poder de salvar essas pessoas, valeria a pena fazê-lo, a qualquer custo; porém, elas também precisam mudar — mas como fazer isso? Nas condições em que estão agora, não se beneficiariam de nenhum ambiente em que as colocassem; contudo, no ambiente atual, continuarão corrompendo-se. Parte meu coração contemplar essa miséria infinita e desesperançada, e a brutal degradação que é, ao mesmo tempo, sua consequência e sua raiz. É como a figueira-de-bengala; cada galho se enraíza e produz novos brotos. Que diferença entre esses sentimentos e a cena pacífica em Hampstead! E ainda assim, nós, que somos irmãos e irmãs dessas pobres criaturas, só temos o direito de usar os Hampstead Heaths para adquirir a força necessária para salvar os Whitechapels da vida. (Assinado por um nome muito respeitado e conhecido para ser exposto ao escárnio.)

E: É uma carta triste, mas bonita, e acho que se apresenta com dolorosa conspicuidade o terrível funcionamento do que você chamou de "carma relativo e distributivo". Mas, infelizmente, parece não haver esperança imediata de alívio, seja por um terremoto ou um cataclismo geral!

T: Que direito temos de pensar assim quando metade da humanidade tem condições de promover o alívio imediato das privações sofridas por seus companheiros? Quando cada indivíduo houver contribuído para o bem geral com seu dinheiro, trabalho e pensamento enobrecedor, então, e somente então, o equilíbrio do carma nacional será alcançado, mas até lá não temos nenhum direito, nem qualquer razão para dizer que há mais vida na Terra do que a natureza pode sustentar. Cabe às almas heroicas, os salvadores de nossa raça e nação, descobrir a causa da pressão desigual do carma retributivo e, com um esforço supremo, corrigir o equilíbrio de poder e salvar o povo de um cataclismo moral mil vezes mais desastroso e permanentemente nocivo do que a catástrofe física mencionada, na qual você parece ver a única saída possível para tanta miséria acumulada.

E: Bem, então, diga-me, de maneira geral, como vocês descrevem a lei do carma?

T: Nós descrevemos o carma como a lei de reajustamento que sempre tende a restaurar o equilíbrio perturbado na harmonia física, quebrada no mundo moral. Dizemos que o carma não age desta ou daquela maneira em particular; mas que *sempre age* de forma a restaurar a harmonia e preservar o equilíbrio, em virtude do qual o universo existe.

E: Pode me dar um exemplo disso?

T: Mais adiante, eu lhe darei um exemplo completo. Por ora, pense em um lago. Uma pedra cai na água e produz ondas que perturbam a superfície. Essas ondas oscilam para a frente e para trás até que, por fim, possuindo a operação que os físicos chamam de lei da dissipação de energia, são levadas ao repouso, e a água volta ao seu estado de serena tranquilidade. Da mesma forma, *todas* as ações, em todos os planos, produzem perturbações no equilíbrio da harmonia do universo, e as vibrações assim produzidas continuarão a circular para a frente e para trás, se sua área for limitada, até o equilíbrio ser restaurado. Mas como cada uma dessas perturbações começa em algum ponto em particular, é claro que o equilíbrio e a harmonia só podem ser restaurados pela reconversão *ao mesmo ponto* do qual partem todas as forças que foram colocadas em movimento. Eis a prova de que as consequências das ações, pensamentos, etc. de um homem recaem sobre *ele* com a mesma força com que colocadas em prática.

E: Mas não vejo nada de caráter moral nesta lei. Parece-me uma simples lei física, na qual ação e reação são iguais e opostas.

T: Não estou surpresa em ouvi-lo dizer isso. Os europeus têm o arraigado hábito de considerar o certo e o errado, e o bem e o mal como questões de um código de leis arbitrárias estabelecido por homens ou imposto a eles por um Deus pessoal. Contudo, nós, teosofistas, dizemos que "bem" e "harmonia" e "mal" e "desarmonia" são sinônimos. Também sustentamos que toda dor e sofrimento são resultados da falta de harmonia e que a única (e terrível) causa da perturbação dessa harmonia é o egoísmo, de uma forma ou de outra. Logo, o carma devolve a cada homem as *reais consequências* de suas próprias ações, sem qualquer consideração pelo seu caráter moral; porém, uma vez que recebe o que lhe é devido por *tudo* o que fez, é óbvio que ele expiará todos os sofrimentos que causou, assim como colherá alegremente os frutos de toda a felicidade e harmonia que ajudou a produzir. O melhor que posso fazer para esclarecê-lo é citar determinadas passagens de livros e artigos escritos por nossos teosofistas — que têm uma ideia exata do carma.

E: Gostaria que você o fizesse, já que sua literatura parece ser bastante econômica nesse quesito.

T: Isso ocorre porque esse é o *mais* difícil dos nossos princípios. Pouco tempo atrás, recebemos a seguinte objeção, vinda de uma pena cristã:

Admitindo que os ensinamentos da teosofia estejam corretos e que "o homem deve ser seu próprio salvador, dominar a si mesmo e vencer o mal que está em sua natureza dual para obter a emancipação de sua alma", o que o homem deve fazer após despertar e abandonar, em certa medida, o mal e a perversidade? Como pode obter a emancipação, o perdão ou apagar a maldade que já cometeu?

A essa carta, o senhor J. H. Connelly responde muito pertinentemente que ninguém pode esperar "fazer o motor teosófico funcionar de maneira teológica". Como pontuou:

> A possibilidade de esquivar-se da responsabilidade individual não está entre os conceitos da teosofia. Nesta fé não existe perdão ou "apagamento do mal ou da perversidade praticados" de outra forma a não ser através da punição adequada para o malfeitor e da consequente restauração da harmonia do universo, que havia sido perturbada por seu ato ilícito. O mal foi perpetrado por ele e, embora outros devam sofrer suas consequências, a expiação não pode ser feita por mais ninguém, apenas pelo transgressor.
>
> A condição contemplada [...] na qual um homem haverá de "despertar e abandonar, em certa medida, o mal e a perversidade", é quando o homem percebe que suas ações são más e merecem punição. Nessa percepção, o senso de responsabilidade pessoal é inevitável e a noção dessa terrível responsabilidade deve igualar-se ao grau de seu despertar ou sua "conversão". Quando o veem for-

temente abalado por essa percepção é que o encorajam a aceitar a doutrina da expiação vicária.

Dizem também que ele deve se arrepender, mas nada é mais fácil do que isso. É uma amável fraqueza da natureza humana o fato de estarmos sempre propensos a lamentar o mal que fizemos quando chamam nossa atenção, depois de sofrermos o dano causado por ele ou desfrutarmos de seus frutos. Possivelmente, uma análise mais detalhada do sentimento mostraria que o que lamentamos é mais a necessidade que parecia exigir o mal como um meio de alcançar nossos objetivos egoístas do que o próprio mal em si.

Por mais atraente que seja para a mente comum a perspectiva de lançar nosso fardo de pecados "aos pés da cruz", ela não toca o coração do estudante de teosofia. Ele não entende como o pecador, tendo conhecimento do mal que fez, merece qualquer perdão ou o apagamento da maldade cometida; ou por que o arrependimento e um estilo de vida correto futuro lhe dão o direito de suspender em seu favor uma lei universal da relação entre causa e efeito. Os resultados de suas más ações continuam existindo; o sofrimento que sua maldade causou a outros não será apagado. Para o estudante de teosofia, o resultado da maldade que recai sobre o inocente também é problema dele. Ele leva em consideração o culpado, mas também suas vítimas.

O mal é uma infração das leis de harmonia que regem o universo, logo, a penalidade deve recair sobre o violador dessa lei. Cristo proferiu a advertência: "Não peques mais, para que não te suceda coisa pior"; e São Paulo disse: "Desenvolvei vossa salvação" e "Pois o que o homem semear, isso também colherá". Essa, a propósito, é uma bela representação metafórica de uma frase extraída dos Puranas, muito anterior a ela, que diz que "todo homem colhe as consequências de seus próprios atos".

Esse é o princípio da lei do carma ensinado pela teosofia. Sinnett, em seu *Budismo esotérico*, apresenta o carma como "a lei da causalidade ética". Soa melhor a representação de Madame Blavatsky, que a chama de "lei da retribuição". É um poder que, "embora misterioso, nos conduz de modo infalível por caminhos não marcados pela culpa e pelo castigo".

Mas não é apenas isso. Ele recompensa o mérito tão infalível e amplamente quanto pune o demérito. É o resultado de cada ato, pensamento, palavra e ação, e por meio dele os homens moldam a si mesmos, sua vida e os acontecimentos. A filosofia oriental refuta a ideia de que uma nova alma é criada para cada bebê nascido. Ela acredita em um número limitado de mônadas, que evoluem e crescem de modo cada vez mais perfeito por meio da assimilação de muitas personalidades sucessivas. Essas personalidades são o produto do carma e é por meio do carma e da reencarnação que a mônada humana retorna, no devido tempo, à sua fonte: a divindade absoluta.

E. D. Walker, em sua obra *Reincarnation* [Reencarnação], oferece a seguinte explicação:

Em resumo, a doutrina do carma diz que nos tornamos o que somos por ações anteriores e estamos construindo nossa eternidade futura segundo as ações presentes. Não há destino, a não ser o que nós mesmos determinamos. Não há salvação ou condenação, exceto a que nós mesmos causamos. [...] Como não oferece abrigo a ações culpáveis e exige uma integridade impecável, é menos bem-visto pelas naturezas fracas do que os cômodos princípios religiosos da expiação vicária, intercessão, perdão e conversões no leito de morte. [...] No domínio da eterna justiça, a ofensa e a punição estão conectadas de maneira inseparável com o mesmo evento, porque não há distinção real entre a ação e seu resultado. [...] É o carma ou os nossos antigos atos que nos trazem de volta à vida terrena. A morada do espírito muda de acordo com o carma, e este proíbe uma longa permanência em uma única condição, pois *ela* está sempre mudando. Enquanto a ação for regida por motivos materiais e egoístas, os efeitos dessa ação se manifestarão em renascimentos físicos, em igual proporção temporal. Apenas o homem perfeitamente altruísta pode escapar da gravidade da vida material. Embora esse seja o objetivo da humanidade, poucos alcançaram essa proeza.

E então o autor cita a obra *A doutrina secreta*:

Aqueles que acreditam no carma têm que acreditar no destino, que, do nascimento à morte, cada homem tece, fio a fio, em torno de si mesmo, como uma aranha faz sua teia; que esse destino é guiado pela voz celestial do protótipo invisível fora de nós ou pelo homem interior astral mais íntimo, que muitas vezes é o gênio do mal da entidade corporificada chamada homem. Ambos conduzem ao homem exterior, mas um deles deve prevalecer; e desde o início da contenda invisível, a severa e implacável lei da compensação intervém e segue seu curso, seguindo fielmente as flutuações. Quando o último fio é tecido e o homem está aparentemente envolto na rede de suas próprias ações, vê-se completamente subjugado pelo destino que ele mesmo criou. [...] Um ocultista ou um filósofo não falará da bondade ou crueldade da Providência; mas, identificando-a como Carma-Nemêsis, ensinará que ela, no entanto, protege os bons e zela por eles tanto nesta como nas vidas futuras; e pune o malfeitor — sim, até seu sétimo renascimento — por muito tempo, basicamente enquanto o efeito da perturbação que ele causou até mesmo no menor átomo do mundo infinito de harmonia não for finalmente corrigido. Pois o único decreto do carma — um decreto eterno e imutável — é a absoluta harmonia tanto no mundo da matéria como no mundo espiritual. Não é, portanto, o carma que recompensa ou pune, mas nós mesmos que nos recompensamos ou punimos, de acordo com as obras que desempenhamos com ou pela natureza, seguindo ou quebrando as leis das quais essa harmonia depende. Os caminhos do carma também não seriam inescrutáveis se os homens trabalhassem em união e harmonia, e não com desunião e conflito. Pois nossa ignorância quanto a esses desígnios — que parte da humanidade chama de 'caminhos da Providência', obscuros e intrincados; outros veem como a ação de um fatalismo cego; e uma terceira parcela chama de simples acaso, sem deuses nem demônios para guiá-los — certamente desapareceria se os atribuíssemos à causa correta. [...] Ficamos perplexos diante do mistério de nossa própria criação e dos enigmas da vida que jamais solucionaremos, e então acusamos a grande Esfinge de nos devorar. Mas, na realidade, não existem acidentes em nossa vida, nem dias ruins ou infortúnios que não possam ser rastreados até nossas próprias ações nesta ou em outra vida... A lei do carma está inextricavelmente entrelaçada à da reencarnação. [...] Somente essa doutrina pode nos explicar o misterioso dilema do bem e do mal, e reconciliar o homem à terrível e aparente injustiça da vida. Nada além de tal certeza pode apaziguar a revolta do nosso senso de justiça. Pois quando alguém familiarizado com a nobre doutrina olha ao seu redor e observa a desigualdade de nascimento e fortuna, de intelecto e capacidades; quando vê os privilégios concedidos a tolos e devassos, a quem a sorte cumulou de favores por simples nascimento, e vê o seu vizinho, com todo o seu intelecto e suas nobres virtudes — muito mais merecedoras, em todos os sentidos —, perecendo e passando necessidade por falta de misericórdia —; quando alguém vê tudo isso e tem que se afastar, sem conseguir aliviar o sofrimento imerecido, com os ouvidos zumbindo e o coração dolorido ao ouvir os gritos de dor ao seu redor —, a abençoada certeza de que o carma existe basta para impedi-lo de amaldiçoar a vida e os homens, assim como seu suposto Criador. [...] Essa lei, seja consciente ou inconsciente, não predestina nada nem ninguém. Ela existe desde sempre e continuará existindo por toda a eternidade, pois é a própria eternidade; e como tal, uma vez que nenhum ato pode ser igual à eternidade, não se pode dizer que age, pois ela é a própria ação. Não é a onda que afoga o homem, mas a ação pessoal do vilão que se coloca deliberadamente sob a ação impessoal das leis que regem o movimento do oceano. O carma não cria nem projeta nada. É o homem quem fabrica e cria causas, e a lei cármica corrige os efeitos, cujo ajuste não é um ato, e sim a harmonia universal que tende sempre a retomar sua posição original, como um ramo que, dobrado com muita força, ricocheteia com correspondente vigor. Se ele deslocar o braço que tentou colocá-lo fora de sua posição natural, diremos que o galho quebrou nosso braço ou que nossa própria loucura nos causou dor? O carma nunca busca destruir as liberdades intelectuais e individuais, como o deus inventado pelos monoteístas. Não deixa seus desígnios no escuro de propósito, a fim de confundir o homem, nem pune aquele que se atreve a perscrutar seus mistérios. Pelo contrário, quem desvela através do estudo e da meditação seus caminhos intrincados e lança luz sobre os caminhos obscuros, em cujos meandros tantos homens perecem devido à sua ignorância quanto ao labirinto da vida, trabalha para o bem de seus semelhantes. O carma é uma lei absoluta e eterna no mundo da manifestação; e como só pode haver um Absoluto, assim como uma eterna e onipresente Causa, aqueles que creem no carma não podem ser considerados ateus ou materialistas, muito menos fatalistas, pois o carma é uno com o Incognoscível, do qual é um aspecto, em seus efeitos no mundo fenomenal.

Outra experiente autora teosofista diz (*The Purpose of Theosophy* [Objetivo da teosofia], da senhora P. Sinnett):

Todo indivíduo cria um carma bom ou mal em cada ação e pensamento de sua vida cotidiana e, ao mesmo tempo, trabalha nesta vida o carma provocado pelos atos e desejos da vida passada. Ao ver pessoas afetadas por doenças congênitas, pode-se presumir com segurança que essas enfermidades são o resultado inevitável de causas originadas por elas mesmas em uma vida anterior. Pode-se argumentar que, como essas aflições são hereditárias, talvez não estejam relacionadas a uma encarnação passada; mas deve-se lembrar que o ego, o homem real, a individualidade, não tem origem espiritual no parentesco pelo qual é reencarnado, mas é atraído pelas afinidades que seu modo de vida anterior agrupou à sua volta, na vida atual que leva, e, quando chega a hora do renascimento, tende a procurar a morada mais adequada para o desenvolvimento dessas tendências... A doutrina do carma, quando devidamente compreendida, é bem calculada para orientar e auxiliar aqueles que compreendem a sua veracidade a um modo de vida melhor e mais elevado, pois não podemos esquecer que não apenas nossas ações, mas também nossos pensamentos ocasionam, com toda a certeza, uma miríade de circunstâncias que influenciarão para o bem ou para o mal o nosso futuro e, o que é ainda mais importante, o futuro de muitas outras criaturas, nossos semelhantes. Se os pecados da omissão e do cometimento de atos pudessem, em qualquer caso, recair apenas sobre o perpetrador, o efeito sobre o carma do pecador seria uma questão de menor consequência. O fato de que cada pensamento e ato ao longo da vida traz consigo, para o bem ou o mal, uma influência correspondente a outros membros da família desse ser humano representa um estrito senso de justiça, moralidade e altruísmo, necessário para a felicidade ou progresso futuro. Um crime cometido ou um pensamento per-

verso não podem ser anulados — nenhum arrependimento, em menor ou maior grau, pode eliminar
seus resultados futuros. O arrependimento, se sincero, impedirá alguém de repetir o mesmo erro; mas
não pode salvá-lo ou a outros dos efeitos dos erros
já cometidos, que recairão infalivelmente sobre ele
nesta vida ou no próximo renascimento.

Voltemos, agora, ao senhor. J. H. Connelly:

> Os crentes de uma religião baseada em tal dou-
> trina desejam que ela seja comparada com uma
> em que o destino do homem para a eternidade
> seja determinado pelos acidentes de uma única e
> breve existência terrena, durante a qual ele se ale-
> gra com a promessa de que 'o fruto nunca cai longe
> da árvore'; logo, sua maior esperança, quando
> constata a maldade que cometeu, é a doutrina de
> expiação vicária, na qual ele mesmo está em des-
> vantagem, segundo a confissão de fé presbiteriana.
> Por decreto de Deus, para a manifestação de
> sua glória, alguns homens e anjos estão predesti-
> nados a desfrutar da vida eterna, enquanto outros
> estão fadados a uma morte eterna.
> Esses anjos e homens assim fadados e pre-
> destinados foram particularmente criados e são
> inalteráveis; e seu número é tão exato e definitivo
> que não pode ser aumentado nem diminuído. [...]
> Assim como Deus designou o eleito para a glória
> [...] Tampouco ninguém pode ser redimido, cha-

mado, justificado, adotado, santificado e salvo por Cristo, a não ser os eleitos.

Quanto ao resto da humanidade, Deus se satisfez, segundo a insondável recomendação de sua própria vontade, pela qual ele estende ou retém misericórdia a seu bel-prazer, para a glória de seu poder soberano sobre as criaturas, em ignorá-la, em derramar sobre ela a sua ira ou decretar a desonra por seus pecados, para louvor de sua gloriosa justiça.

Isso é o que diz o competente defensor de nossa teosofia. Ninguém é tão bom quanto ele em encerrar um assunto. E ele o fez citando um poema magnífico. Como ele diz:

Fico tentado a registrar integralmente a extraordinária beleza de *The Light of Asia [A luz da Ásia]*, a exposição que Edwin Arnold faz sobre o carma; contudo, o poema é longo demais para ser citado na íntegra. Eis aqui uma parte dele:

Carma — é o que resume uma alma,
as coisas que fez, os pensamentos que teve,
que o "ego" teceu com a trama oculta do tempo,
emaranhada na urdidura invisível dos atos.
[...]
Antes do princípio e por toda a eternidade,
como um espaço eterno e indubitavelmente seguro,
já existia um poder divino em prol do bem,
apenas suas leis perduram.
Por ninguém será ignorado;

quem o impede, perde, e quem o serve, ganha:
o bem oculto ele paga com paz e bem-aventurança,
o mal oculto com tristeza e dissabores.
Tudo ele vê e registra;
faça o que é certo — e terá sua recompensa! Faça
o mal — e a retribuição será igual,
embora o Dharma aja devagar.
Não conhece ira ou perdão; é a absoluta verdade,
suas medidas medem, sua impecável balança pesa;
o tempo não é nada, o amanhã julgará,
ou daqui a alguns dias, verá.
[...]
Tal é a lei que efetua a justiça,
que ninguém pode postergar ou deter;
seu cerne é amor e o fim que traz
é a doce consumação e a paz. Obedecei!

E agora eu o aconselho a comparar nossas visões teosóficas sobre o carma, a lei da retribuição, e dizer se elas
não são ambas mais filosóficas e justas do que esse dogma
cruel e idiota que faz de "Deus" um demônio insensível;
em particular, a doutrina de que "apenas os eleitos" serão
salvos e o resto condenado à perdição eterna!

E: Sim, entendo o que você quer dizer em geral; mas gostaria
que me desse algum exemplo concreto da ação do carma.
T: Isso não posso fazer. Só podemos ter certeza, como eu
disse antes, de que nossa vida e as circunstâncias atuais
são um resultado direto de nossos próprios atos e pensamentos em vidas passadas. Mas nós, que não somos

videntes nem iniciados, não podemos saber nada sobre os detalhes de funcionamento da lei do carma.

E: Qualquer pessoa, mesmo um adepto ou vidente, pode acompanhar em detalhes esse processo cármico de reajuste?

T: Certamente: "Aqueles que detêm o conhecimento" podem fazê-lo pelo exercício de poderes que estão latentes em todos os homens.

Quem são aqueles que detêm o conhecimento?

E: Isso vale tanto para nós quanto para os outros?

T: Igualmente. Como acabei de dizer, a mesma visão limitada existe para todos, exceto para aqueles que alcançaram, na atual encarnação, o ápice da visão espiritual e clarividência. Só podemos constatar que, se as coisas pudessem ser diferentes conosco, elas teriam sido; que somos o que causamos a nós mesmos e temos apenas o que nos é de direito.

E: Receio que tal concepção nos cause apenas amargura.

T: Creio que seja exatamente o contrário. É a descrença na justa lei de retribuição que tem mais probabilidade de despertar todos os sentimentos combativos no homem. A criança, tanto quanto o homem, se ressente mais de um castigo ou de uma reprimenda que não acredita merecer do que de uma punição mais severa, se sentir que é justa. A crença no carma é a maior razão para que alguém se reconcilie com sua sina na vida e o mais forte incentivo para melhorar, por meio do esforço, no renascimento seguinte. Tanto a reconciliação quanto o esforço, de fato, seriam destruídos se imaginássemos que nossa sorte era o resultado de qualquer coisa que não a *lei* estrita ou que o destino estava em outras mãos que não as nossas.

E: Você acabou de afirmar que esse sistema de reencarnação sob a lei cármica está ligado à razão, à justiça e ao senso moral. Mas, se for assim, não ocorre com algum sacrifício de qualidades delicadas como simpatia e piedade, e, consequentemente, do endurecimento dos melhores instintos da natureza humana?

T: Apenas aparentemente, não de fato. Nenhum homem pode receber mais ou menos do que merece sem a correspondente injustiça ou parcialidade para com os outros; e uma lei que pudesse ser evitada por meio da compaixão traria mais sofrimento do que o angariado, mais irritação e maldições do que agradecimentos. Lembre-se também de que não administramos a lei; se criarmos causas para os seus efeitos, ela trabalhará sozinha; e, novamente, a mais ampla providência para a manifestação de *justa* compaixão e misericórdia é mostrada no estado de *devakhan*.

E: Você fala dos Adeptos como se fossem uma exceção à regra de nossa ignorância em geral. Eles realmente sabem mais do que nós sobre a reencarnação e estados posteriores?

T: Sim, de fato. Ao treinar as faculdades que todos nós possuímos, mas que só eles desenvolveram à perfeição, eles penetraram em espírito nos vários planos e estados que temos discutido. Por muito tempo, uma geração de adeptos após outra estudou os mistérios do ser, da vida, da morte e do renascimento, e todos ensinaram, por sua vez, parte dos fatos aprendidos.

E: A produção de adeptos é o objetivo da teosofia?

T: A teosofia considera a humanidade uma emanação do divino, a caminho de retornar até ele. Em um ponto avançado do trajeto, a adesão é alcançada por aqueles que devotaram várias encarnações à sua realização. Pois, lembre-se bem, nenhum homem jamais alcançou a adesão nas ciências ocultas em uma única vida; muitas encarnações são necessárias para isso, após a formação de um propósito consciente e do início do treinamento necessário. Muitos são os homens e mulheres no seio de nossa sociedade que começaram esse árduo trabalho para conquistar a iluminação várias encarnações atrás, e que agora, devido às ilusões pessoais da vida presente, ignoram esse fato ou estão prestes a perder todas as chances de progredir ainda mais nesta existência. Eles sentem uma irresistível atração pelo ocultismo e pela *vida superior*, mas ainda assim estão muito centrados em si mesmos e em suas opiniões, muito apaixonados pelas seduções enganosas da vida mundana e pelos prazeres efêmeros do mundo para abandoná-los; e então perdem a chance em sua vida atual. Contudo, para os homens comuns e os deveres práticos da vida cotidiana,

245

um resultado tão distante é inapropriado como objetivo e bastante ineficaz como motivo.

E: Qual, então, pode ser o seu objetivo ou propósito em particular ao se juntar à Sociedade Teosófica?

T: Muitos estão interessados em nossa doutrina e sentem instintivamente que ela é mais verdadeira do que as de qualquer religião dogmática. Outros declararam o firme propósito de atingir o mais alto ideal do dever do homem.

A diferença entre fé e conhecimento; ou fé cega e fé racional

E: Você diz que eles aceitam e acreditam nas doutrinas da teosofia. Porém, como não pertencem aos adeptos que acabou de mencionar, eles devem aceitar seus ensinamentos com uma *fé cega*. No que isso difere das outras religiões convencionais?

T: Assim como eles diferem em quase todos os outros pontos, também diferem neste. O que você chama de "fé" e *fé cega*, com o devido respeito aos dogmas das religiões cristãs, tornam-se conosco *"conhecimento"*, a sequência lógica de coisas que *sabemos*, sobre *fatos* da natureza. Suas doutrinas baseiam-se na interpretação, portanto em um testemunho *de segunda mão* dos videntes; as nossas, no invariável e imutável testemunho dos videntes. A teologia cristã comum, por exemplo, sustenta que o homem é uma criatura de Deus, com três partes componentes — corpo, alma e espírito —, todas essenciais à sua integridade, e tudo, seja a forma bruta de existência física terrena ou a forma etérea da experiência pós-ressurreição, é necessário para constituí-lo desse mesmo modo para sempre, tendo cada homem, portanto, uma existência permanente, separada da de outros homens e do divino. A teosofia, por outro lado, afirma que esse homem é uma emanação da desconhecida, porém sempre presente e infinita, Essência Divina; seu corpo e tudo o mais são efêmeros, portanto, uma ilusão; seu espírito é a única substância duradoura, e mesmo ele perde sua individualidade separada no instante em que se reúne por completo com o *Espírito Universal*.

E: Se perdermos até mesmo nossa individualidade, isso será simplesmente uma aniquilação.

T: Pois eu digo que *não*, uma vez que falo de uma individualidade *separada*, não universal. Esta última torna-se parte integrada do todo; a *gota de orvalho* não evapora, transforma-se no mar. O homem físico é *aniquilado* quando um feto se torna um ancião? Que espécie de orgulho satânico teremos se colocarmos nossa insignificante e pequena consciência e individualidade acima da consciência universal e infinita!

E: Quer dizer então que, *de fato*, não existe o homem, e tudo é espírito?

T: Você está equivocado. Quero dizer, então, que a união do espírito com a matéria é apenas temporária; ou, para ser mais exata, uma vez que o espírito e a matéria são unos, dois polos opostos da substância manifestada *universal*, o espírito perde seu direito ao nome, enquanto a menor partícula e átomo de sua substância manifestada ainda se apegar a qualquer forma, o resultado da diferenciação. Acreditar no contrário é *fé cega*.

E: Portanto, é com base no *conhecimento*, não na *fé*, que vocês afirmam que o princípio permanente, o espírito, simplesmente transita pela matéria?
T: Eu colocaria de outra forma. Afirmaria que a aparência do princípio permanente e único, o espírito, *enquanto matéria* é transitória, portanto, não é melhor do que uma ilusão.

E: Muito bem; e isso com base no conhecimento e não na fé?
T: Exatamente. Mas como estou vendo aonde você quer chegar, também posso lhe dizer que, para nós, a *fé* (como você a defende) é uma doença mental e que consideramos a fé real, ou seja, a *pistis* dos gregos, como uma *"crença baseada no conhecimento"*, se fornecido pela evidência de sentidos físicos ou *espirituais*.

E: Como assim?
T: Quero dizer que, se é a diferença entre os dois que você deseja saber, então posso responder que há uma diferença muito grande entre *fé na autoridade* e *fé na intuição espiritual*.

E: E qual seria ela?
T: Uma é a credulidade e a *superstição* humanas, e a outra é a crença e a *intuição* humanas. Como diz o professor Alexander Wilder em seu *Introduction to the Eleusinian Mysteries* [*Introdução aos mistérios eleusi-*

nos], "é a ignorância que leva à profanação. Os homens ridicularizam o que não conseguem compreender adequadamente. [...] A tendência deste mundo é focar um único objetivo; e no íntimo da credulidade humana [...] há um poder quase infinito, uma fé sagrada capaz de compreender as verdades supremas de toda a existência". Aqueles que limitam essa "credulidade" somente a dogmas humanos autoritários jamais compreenderão esse poder, tampouco perceberão que está presente em sua natureza. Ela está muito presa ao plano externo e é incapaz de acionar a essência que a rege; a fim de fazê-lo, eles têm que reivindicar o seu direito a um julgamento privado, e isso nunca *ousam* fazer.

E: É essa "intuição" que os obriga a rejeitar Deus como um Pai pessoal, Soberano e o Governante do Universo?

T: Precisamente. Acreditamos em um princípio eterno e incompreensível, pois somente uma alienação cega pode fazer alguém defender que o universo, o homem pensante e todas as maravilhas contidas até mesmo no mundo da matéria tenham surgido sem que *poderes inteligentes* elaborassem o extraordinariamente sábio arranjo de todas as suas partes. Não que a natureza não possa errar, pois ela frequentemente o faz em seus detalhes e nas manifestações externas de suas substâncias, mas nunca em suas causas internas e seus resultados. Os antigos pagãos abordavam essa questão com mais pontos de vista filosóficos do que os modernos filósofos, sejam eles agnósticos, materialistas ou cristãos; e nenhum escritor pagão jamais propôs que a crueldade e a misericórdia não fossem sentimentos finitos, podendo, dessa forma, ser atributos de um deus *infinito*. Seus deuses, portanto, eram todos finitos. O autor siamês de *The Wheel of the Law* [A roda da lei] expressa a mesma ideia sobre seu deus pessoal, exatamente como nós fazemos. Ele diz (p. 25):

> Um budista acredita na existência de um deus; um deus sublime, acima de todas as qualidades e atributos humanos — um deus perfeito, acima do amor, ódio e ciúme, que repousa calmamente em uma quietude que nada poderia perturbar, e de tal deus ele não falaria de maneira depreciativa, não por desejo de agradá-lo ou medo de ofendê-lo, mas por uma natural veneração; mas o budista não consegue entender um deus com os atributos e as qualidades dos homens, um deus que ama e odeia, demonstra raiva; uma divindade que, quando descrita por missionários cristãos, maometanos, brâmanes[1] ou judeus, nem sequer alcança o padrão de um bom homem comum.

E: Fé por fé, a do cristão que acredita (em seu desamparo e humildade humana) em um pai misericordioso no céu, que irá protegê-lo da tentação, ajudá-lo na vida e perdoá-lo de suas transgressões, não é melhor do que a fria, orgulhosa e quase fatalista fé dos budistas, vedantinos e teósofos?

T: Pode continuar chamando nossa crença de "fé", se quiser. Mas uma vez que voltamos a essa pergunta sempre recorrente, pergunto por minha vez: fé por fé, a que se baseia unicamente na razão e na estrita lógica não é melhor do que a que se baseia simplesmente na autoridade humana ou na adoração aos heróis? *Nossa* "fé" tem toda a força lógica do truísmo aritmético de que 2 e 2 são 4. Sua fé é como a lógica de uma mulher por demais sentimental; é como o escritor Turguêniev disse: para elas, 2 e 2 são geralmente 5, mais alguns "quebrados". Além disso, a sua fé não apenas contraria todas as visões concebíveis de justiça e lógica como também, se analisada, conduz o homem à perdição moral, impede o progresso da humanidade e, positivamente, fazendo da força um direito, transforma um homem sim, outro não, em um Caim para seu irmão Abel.

Deus tem o direito de perdoar?

E: Mas a que você se refere?

T: À doutrina da expiação. Refiro-me ao perigoso dogma em que você acredita, que nos ensina que, independentemente do quão terríveis sejam os nossos crimes contra as leis de Deus e do homem, temos apenas que acreditar no sacrifício voluntário de Jesus pela salvação da humanidade, e seu sangue lavará cada pecado cometido. Há vinte anos prego contra isso, e agora posso chamar sua atenção para um parágrafo de *Ísis sem véu*, escrito em 1875. Eis o que ensinou o cristianismo e que nós combatemos:

A misericórdia de Deus é ilimitada e insondável. É impossível conceber um pecado humano tão condenável que o preço pago antecipadamente pela redenção do pecador não pudesse apagá-lo, nem se fosse mil vezes pior. Além disso, nunca é tarde demais para se arrepender. Mesmo que o pecador espere até o último momento do último dia de sua vida mortal, se seus lábios pálidos expressarem a confissão de fé, ele tem permissão para ingressar no paraíso; o ladrão moribundo fez isso, assim como muitos outros, tão vis quanto ele. Essas são as premissas da Igreja e do clero; premissas que foram "marteladas" na cabeça de seus compatriotas pelos pregadores favoritos da Inglaterra, "à luz do século XIX" a mais paradoxal de todas. Pois bem, aonde tudo isso leva?

E: Isso não torna o cristão mais feliz do que o budista ou o brâmane?

T: Não; não o homem educado, pelo menos, uma vez que a maioria dos homens instruídos há tempos perdeu toda a crença nesse dogma cruel. Mas conduz aqueles que ainda acreditam nisso mais *facilmente até o limiar de cada crime concebível* do que qualquer outro que conheço. Permita-me, mais uma vez, citar *Ísis* (ver vol. II, pp. 542 e 543):

Se sairmos do pequeno círculo de crenças e considerarmos o universo como um todo equilibrado pelo extraordinário ajuste das partes, como tudo soa lógico, como o mais tênue senso de justiça se revolta contra essa expiação vicária! Se o criminoso pecasse apenas contra si mesmo e não fizesse mal a ninguém, a não ser a si mesmo; se por sincero arrependimento ele pudesse causar a obliteração dos acontecimentos passados, não só da memória do homem, mas também do imperecível registro, que nenhuma divindade — nem sequer a Suprema das Supremas — pode fazer desaparecer, então esse dogma poderia não ser incompreensível. Mas sustentar que alguém pode prejudicar seu semelhante, matar, perturbar o equilíbrio da sociedade e a ordem natural das coisas, e então — por covardia, esperança ou compulsão, não importa — ser perdoado por acreditar que o derramamento de um sangue lava outro — isso é absurdo! Poderiam ser esquecidos os *resultados* de um crime ainda que o próprio crime fosse perdoado? Os efeitos de uma causa nunca se limitam aos seus limites, nem os resultados do crime podem ser confinados ao agressor e sua vítima. Toda ação, boa e má, tem seus efeitos, tão palpáveis quanto a pedra atirada em um lago de águas calmas. A comparação é banal, mas é a que melhor explica a situação, então vamos usá-la. Os círculos e redemoinhos são maiores e mais rápidos conforme o tamanho do objeto que perturba a superfície, contudo, o menor seixo, ou melhor, o mais ínfimo ponto, ainda produz ondulações. E essa perturbação não é apenas notada na superfície. Lá embaixo, invisível, em todas as direções — para lá e para cá —, as gotas se agitam até que as margens e o fundo do lago tenham sido tocados pela força. E mais, o ar sobre a superfície da água também se agita, e essa perturbação passa, como os físicos dizem, de estrato a estrato no espaço, para todo o sempre; um impulso foi dado à matéria, e isso jamais é esquecido ou anulado!...

O mesmo acontece com o crime e o seu oposto. A ação pode ser instantânea, mas os efeitos são eternos. Uma vez que a pedra é lançada ao lago, podemos recolher a mão, reverter as ondulações, obliterar a força despendida, restaurar as ondas etéricas ao seu estado anterior de não ser e eliminar todos os vestígios do ato de lançar o projétil, de maneira a não constar no registro do tempo que aquilo um dia aconteceu. Então e somente *então*, podemos escutar pacientemente os cristãos argumentarem a respeito da eficácia da expiação e deixar de acreditar na lei cármica. Por enquanto, pedimos que o mundo decida qual das duas doutrinas é mais razoável e compreende melhor a justiça divina, mesmo segundo o simples testemunho e lógica humanos.

E: Ainda assim, milhões acreditam no dogma cristão e são felizes.

T: Trata-se de puro sentimentalismo, que domina as faculdades racionais, algo que um filantropo ou altruísta de verdade jamais aceitaria. Não se trata de um sonho egoísta, mas de um pesadelo do intelecto humano. Veja aonde isso nos levou e diga-me o nome de um país pagão onde os crimes são mais facilmente cometidos ou mais numerosos do que em terras cristãs. Veja o longo e medonho registro anual de crimes cometidos em países europeus; e compare-o com o da América bíblica e protestante. Lá, as *conversões* efetuadas em prisões são mais numerosas do que as feitas em *reavivamentos* públicos e sermões. Veja como funciona o balanço contábil da justiça cristã! Assassinos com as mãos manchadas de sangue, incitados pelos demônios da luxúria, vingança, cupidez, fanatismo ou mera sede brutal de sangue, que matam suas vítimas, na maioria dos casos, sem lhes dar tempo para se arrependerem ou invocarem Jesus. Estes, talvez, morrem pecadores, e, é claro — de acordo com a lógica teológica —, recebem a recompensa por suas ofensas, sejam elas grandes ou pequenas. Mas o assassino, capturado pela justiça humana, é preso e lamentado por sentimentalistas, que rezam por e com ele. Então ele pronuncia as palavras mágicas de conversão e segue para o cadafalso como um filho remido de Jesus! Não fosse o assassinato, ele não teria sido lembrado nas orações de ninguém, nem redimido e perdoado. Claramente, esse homem fez bem em assassinar uma pessoa, pois assim ele conquistou a felicidade eterna! E quanto à vítima e sua família, seus parentes, seus dependentes, seus amigos? Não serão recompensados pela justiça? Devem sofrer neste mundo e no próximo, enquanto quem lhes fez mal senta-se ao lado do "bom ladrão" do Calvário e recebe bênçãos eternas? Sobre essa questão, o clero mantém um silêncio prudente. (*Ísis sem véu.*) E agora você sabe por que os teósofos — cuja crença e esperança fundamental é a justiça para todos, tanto no céu como na Terra e no carma — rejeitam esse dogma.

E: O destino final do homem, então, não é um céu presidido por Deus, mas a gradual transformação da matéria em seu elemento primordial, o espírito?

T: É o objetivo final de tudo na natureza.

E: Mas alguns de vocês não consideram essa associação ou "descida do espírito à matéria" como um mal e o renascimento uma agrura?

T: Alguns o fazem e, portanto, se esforçam para encurtar seu período de experiência na Terra. Não é um mal genuíno, porém, uma vez que garante a experiência através da qual ascendemos para o conhecimento e a sabedoria. Com isso, refiro-me à experiência que *ensina* que as necessidades de nossa natureza espiritual jamais podem ser alcançadas por outros meios a não ser pela felicidade espiritual. Enquanto estivermos no corpo, estaremos sujeitos à dor, ao sofrimento e a todos os incidentes decepcionantes que ocorrem durante a vida. Portanto, para amenizar isso, adquirimos conhecimentos que, por fim, podem nos proporcionar alívio e esperança de um futuro melhor.

– XII –
O QUE É TEOSOFIA PRÁTICA?

O dever

E: Por que, então, essa necessidade de renascimentos, uma vez que todos falham igualmente em garantir uma paz permanente?

T: Porque o objetivo final não pode ser alcançado de forma alguma, a não ser através das experiências da vida e porque a maior parte delas consiste em dor e sofrimento. É somente através deste último que podemos aprender. Alegrias e prazeres não nos ensinam nada; pois são evanescentes e só trazem saciedade a longo prazo. Além disso, nosso constante fracasso em encontrar uma satisfação permanente na vida, que atenda às necessidades de nossa natureza superior, mostra-nos claramente que esses desejos podem ser atendidos apenas em seu próprio plano, a saber, o espiritual.

E: O resultado natural disso é um desejo de abandonar a vida por um meio ou outro?

T: Se, a tal desejo, você se refere ao "suicídio", então respondo decididamente que não. Tal resultado jamais poderia ser "natural", pois deve-se sempre a uma mórbida doença do cérebro ou aos mais incontestáveis e fortes pontos de vista materialistas. É o pior de todos os crimes, e seus resultados são terríveis. Mas se, por desejo, você quer dizer a simples aspiração a alcançar a existência espiritual, não um desejo de deixar a Terra, então eu diria que esse desejo é muito natural, de fato. Caso contrário, a morte voluntária seria um abandono de nosso posto atual e das funções que devemos desempenhar, bem como uma tentativa de fugir das responsabilidades cármicas e, portanto, envolver a criação de um novo carma.

E: Mas se as ações no plano material são insatisfatórias, por que os deveres, que são essas ações, deveriam ser imperativos?

T: Primeiro porque nossa filosofia nos ensina que o objetivo de cumprir nossos deveres para com todos os homens e para conosco mesmos não é a obtenção de felicidade pessoal, mas da felicidade dos outros; o cumprimento do que é certo simplesmente porque é o certo a fazer, não por causa da felicidade que pode nos trazer. A felicidade, ou melhor, o contentamento, pode, de fato, decorrer do cumprimento de um dever, mas não é nem deve ser o motivo para fazê-lo.

E: O que vocês entendem exatamente por "dever" na teosofia? Não podem ser os deveres cristãos pregados por Jesus e seus apóstolos, já que vocês não os reconhecem.

T: Mais uma vez, você está enganado. O que chama de "deveres cristãos" foram preceitos inculcados por grandes reformadores morais e religiosos, séculos antes da era cristã. Nos dias de antigamente, os pensamentos elevados, generosos e heroicos não eram apenas mencionados e pregados nos púlpitos, como hoje em dia, mas *colocados em prática*, muitas vezes por nações inteiras. A história da reforma budista é cheia de atos nobres e heroicamente altruístas. "Sejam todos uma única mente, tenham compaixão uns dos outros; amem como irmãos, sejam piedosos, sejam gentis; não retribuam o mal com o mal, nem insulto com insulto; pelo contrário, abençoem a todos"; essa exortação foi realizada na prática pelos seguidores de Buda vários séculos antes de Pedro. A ética do cristianismo é grandiosa, sem dúvida; mas inegavelmente não é nova, pois originou-se dos deveres "pagãos".

E: E como vocês definiriam esse "dever" ou deveres no geral, conforme o seu entendimento?

T: Dever é o que é *devido* à humanidade, aos nossos semelhantes, ao próximo, à nossa família e, especialmente, o que devemos a todos aqueles que são mais pobres e mais desamparados do que nós. É uma dívida que, se não for paga durante a vida, nos deixa "falidos" moral e espiritualmente na próxima encarnação. A teosofia é a quintessência do *dever*.

E: O cristianismo também, quando corretamente entendido e executado.

T: Sem dúvida. Se fosse uma religião *superficial* na prática, a teosofia guardaria mais semelhanças com o cristianismo. Mas, infelizmente, a ética cristã é "da boca para fora". São poucos aqueles que cumprem seus deveres para com todos, em prol do próprio dever; e menos ainda os que cumprem esse dever contentando-se com a satisfação de sua própria consciência secreta. O que vem sempre em primeiro lugar na mente dos "filantropos renomados mundialmente" é "[...] a voz pública do elogio que honra a virtude e a recompensa". A ética moderna é maravilhosa de se ler e discutir; mas o que são palavras, a não ser que sejam convertidas em ações? Por fim, se você me perguntar como entendemos o dever teosófico de forma prática, tendo em vista o carma, posso responder que nosso dever é beber, sem reclamar, até a última gota do conteúdo (seja qual for) que a taça da vida reservou para nós, colher as rosas da vida pensando apenas na fragrância que podem espalhar sobre os *outros* e nos contentar apenas com os espinhos, se não pudermos apreciar a fragrância sem privar ninguém dele.

E: Tudo isso é muito vago. O que vocês fazem mais do que os cristãos?

T: Não se trata do que nós, membros da Sociedade Teosófica, fazemos — embora alguns tentem fazer o seu melhor — mas o quão mais longe do que o cristianismo moderno a teosofia nos leva em direção ao bem. Trata-se de *ação*, de atitudes concretas, e não de meras intenções e palavras. Um homem pode agir da maneira que deseja, ser o mais mundano, egoísta e insensível dos homens, até mesmo o pior dos patifes, e isso não o impedirá de chamar a si mesmo de cristão ou outros de o chamarem assim. Mas nenhum teosofista tem direito a esse nome, a menos que esteja completamente imbuído da retidão do truísmo de Carlyle: "O objetivo do homem é *agir* e não um *pensar*, mesmo em se tratando do pensamento mais nobre" — e a menos que ele defina e estabeleça sua vida diária com base nessa verdade. A declaração de uma verdade não implica necessariamente sua concretização; quanto mais bela e grandiosa soar ou mais ruidosamente falar sobre virtude ou dever, em vez de ser colocada em prática, mais lembrará forçosamente um dos frutos do Mar Morto. A *hipocrisia* é o mais abominável dos vícios; e a hipocrisia é a característica mais marcante da maior nação protestante deste século, a Inglaterra.

E: O que você considera devido à humanidade em geral?
T: O pleno reconhecimento da igualdade de direitos e privilégios para todos, sem distinção de raça, cor, posição social ou nascimento.

E: Em que situações vocês consideram que isso não é concedido?
T: Quando há a menor intrusão nos direitos de outrem, seja um homem ou uma nação; quando há qualquer falha em mostrar-lhe a mesma justiça, bondade, consideração ou misericórdia que desejamos para nós mesmos. O sistema político atual baseia-se no esquecimento de tais direitos e na mais veemente afirmação do egoísmo nacional. Os franceses dizem: "Tal mestre, tal aprendiz". Pois deveriam acrescentar: "Tal política nacional, tal cidadão".

E: Vocês participam da política?

T: Já que somos uma sociedade, evitamos cuidadosamente tomar parte da política, pelas razões que apresentarei a seguir. Tentar instituir reformas políticas antes de reformar a *natureza humana* é como colocar *vinho novo em garrafas velhas*. Faça os homens sentirem e reconhecerem no âmago qual é o seu real e verdadeiro dever para com todos os seres humanos e o velho abuso de poder, juntamente com todas as leis iníquas da política nacional, baseadas no egoísmo humano, social ou político, desaparecerão por conta própria. Tolo é o jardineiro que tenta remover as ervas daninhas do seu canteiro de flores cortando-as superficialmente, em vez de arrancá-las pela raiz. Nenhuma reforma política duradoura pode ser alcançada se os mesmos homens egoístas continuarem à frente dos negócios.

A relação da S. T. com as reformas políticas

E: Então a Sociedade Teosófica não é uma organização política?

T: Claro que não. É uma organização internacional no mais elevado sentido, uma vez que seus membros são homens e mulheres de todas as raças, credos e formas de pensamento, que trabalham juntos por um objetivo, o aprimoramento da humanidade; mas, como sociedade, não participa absolutamente de nenhuma política nacional ou partidária.

E: Por quê?

T: Pelos motivos que já mencionei. Além disso, a ação política deve necessariamente variar com as circunstâncias da época e com as idiossincrasias dos indivíduos. Embora, pela natureza de sua posição como teosofistas, os membros da S.T. estejam de acordo com os princípios da teosofia (caso contrário, não pertenceriam à sociedade), isso não significa necessariamente que concordem em todos os assuntos. Como sociedade, eles podem apenas agir juntos em questões comuns a todos, isto é, sobre a própria teosofia; como indivíduos, cada um tem total liberdade para seguir sua linha particular de pensamento e ação política, contanto que isso não entre em conflito com os princípios teosóficos ou prejudique a Sociedade Teosófica.

E: Mas certamente a S. T. não se mantém totalmente afastada das questões sociais que vêm surgindo tão rapidamente?

T: Os próprios princípios da S. T. são uma prova de que ela não — ou melhor, que a maioria de seus membros não — permanece indiferente a isso. Se a humanidade consegue apenas se desenvolver mental e espiritualmente com a execução, em primeiro lugar, das leis fisiológicas mais sensatas e científicas, é dever fundamental daqueles que lutam por esse desenvolvimento fazer o seu melhor para ver essas leis cumpridas, de modo geral. Os teosofistas têm a triste consciência de que, nos países ocidentais, em especial, a condição social de grandes massas humanas torna impossível que seu corpo ou espírito seja devidamente treinado, de modo que o desenvolvimento de ambos acaba sendo interrompido. Como esse treinamento e desenvolvimento é um dos objetivos expressos da teosofia, a S. T. está em total consonância e harmonia com todos os verdadeiros esforços nessa direção.

E: O que você quer dizer com "verdadeiros esforços"? Os reformadores sociais têm sua própria panaceia e cada um acredita que a sua é a verdadeira, a única coisa que pode melhorar e salvar a humanidade?

T: Tem absoluta razão, e esse é o verdadeiro motivo pelo qual pouquíssimas obras sociais são realizadas de maneira satisfatória. Na maior parte dessas panaceias, não há um princípio orientador e certamente não há um princípio que as una. Dessa forma, perde-se um tempo e uma energia valiosos; pois os homens, em vez de cooperarem, lutam uns com os outros, muitas vezes com o lamentável intuito de alcançar fama e recompensa, em vez da grande causa que alegam defender ardentemente, que deveria ser o principal objetivo da vida deles.

E: Como, então, os princípios teosóficos devem ser aplicados para que a cooperação social possa ser promovida e os verdadeiros esforços para a melhoria social sejam perpetuados?

T: Deixe-me lembrar-lhe brevemente quais são esses princípios: a Unidade e Causalidade Universais, a Solidariedade Humana, a Lei do Carma e a Reencarnação. Esses são os quatro elos da corrente de ouro que deve unir a humanidade em uma única família, uma Fraternidade universal.

E: E como isso ocorreria?

T: No atual estado da sociedade, especialmente nos chamados países civilizados, nos defrontamos continuamente com o fato de que um grande número de pessoas sofre com a miséria, a pobreza e diversas doenças. Elas têm uma péssima condição física e suas faculdades mentais e espirituais estão frequentemente adormecidas. Por outro lado, muitas pessoas no topo da escala social levam uma vida de negligente indiferença, luxo material e prazer egoísta. Nenhuma dessas formas de existência é mero acaso. Ambas são efeitos das condições que cercam aqueles que estão sujeitos a elas, e a omissão com o dever social, por um lado, está mais intimamente ligada a um desenvolvimento atrofiado e interrompido, por outro. Na sociologia, como em todos os ramos da verdadeira ciência, a lei da causalidade universal se sustenta. Mas essa causalidade implica necessariamente, como resultado lógico, a solidariedade humana em que a teosofia insiste tão fortemente. Se a ação de alguém influi na vida de todos (e essa é a verdadeira ideia científica), então somente se todas as pessoas se tornarem irmãos e irmãs e praticarem em sua vida cotidiana a verdadeira fraternidade é que a solidariedade humana, que está na raiz da elevação da raça, pode ser verdadeiramente alcançada. Essa ação e interação, essa verdadeira fraternidade e irmandade, na qual cada um vive por todos e todos por um, é um dos princípios teosóficos fundamentais que todo teosofista deve buscar não apenas ensinar, como também exercer em sua vida pessoal.

E: Tudo isso é muito interessante como um princípio geral, mas como aplicariam esses princípios de forma concreta?

T: Analise por um instante o que você chama de fatos concretos da sociedade humana. Compare a vida das massas populares e dos chamados membros das classes média e alta com o que eles poderiam vivenciar em condições mais saudáveis e nobres, nas quais a justiça, a bondade e o amor imperassem, em vez do egoísmo, da indiferença e da brutalidade que muitas vezes parecem reinar supremas. Todas as coisas boas e más da humanidade têm suas raízes no caráter humano, que, por sua vez, tem sido condicionado pela interminável cadeia de causa e efeito. Mas esse condicionamento se aplica tanto ao futuro quanto ao presente e ao passado. O egoísmo, a indiferença e a brutalidade não podem jamais ser o estado normal da raça — acreditar nisso seria perder a esperança na humanidade, e isso é uma coisa que nenhum teosofista pode fazer. O progresso pode ser alcançado unicamente pelo desenvolvimento das mais nobres qualidades. Pois bem, a verdadeira evolução nos ensina que, alterando as imediações do organismo, podemos alterá-lo e melhorá-lo; e no sentido mais estrito, isso também se aplica ao homem. Portanto, cada teosofista deve fazer o que estiver a seu alcance e utilizar todos os meios possíveis para ajudar todo esforço social sensato e bem pensado que tenha por objetivo melhorar as condições dos pobres. Tais esforços devem ser feitos visando à emancipação social definitiva ou desenvolver o senso de dever naqueles que tão frequentemente o negligenciam em quase todas as relações da vida.

E: De acordo. Mas quem é que decide se os esforços sociais são sensatos ou não?

T: Nenhuma pessoa ou sociedade pode estabelecer uma regra tão rígida nesse sentido. Em muitos casos, deve-se, necessariamente, deixar que o julgamento individual de cada um decida. Um teste geral pode ser feito, no entanto. A ação proposta tende a promover a verdadeira fraternidade, o principal objetivo da teosofia? Nenhum teosofista de verdade terá grande dificuldade em aplicar tal teste; e, uma vez obtido o resultado, seu dever será formar uma opinião pública nesse sentido. E isso pode ser alcançado apenas divulgando as mais elevadas e nobres concepções de deveres públicos e privados, que estão no cerne de toda melhoria material e espiritual. Em cada caso possível, é necessário que ele aja como o centro da ação espiritual, ou seja, sua pessoa e sua vida individual cotidiana devem irradiar as forças espirituais mais elevadas, as únicas que podem regenerar seus semelhantes.

E: Mas por que ele deveria fazer isso? Segundo seus ensinamentos, ele e todos não são condicionados pelo carma, que, por sua vez, opera necessariamente dentro de certas linhas?

T: É essa mesma lei do carma que fortalece tudo o que eu disse. O indivíduo não pode separar-se da raça, tampouco esta do indivíduo. A lei do carma aplica-se igualmente a todos, embora nem todos tenham se desenvolvido por igual. Ao ajudar outras pessoas a se desenvolverem, o teosofista acredita que não apenas as ajuda a cumprir seu carma como também o seu próprio. É o desenvolvimento da humanidade (da qual ele e as pessoas são partes integrantes) que o teosofista sempre teve em vista, e ele sabe que qualquer falha de sua parte em responder aos seus sentimentos mais elevados não apenas atrasa a si mesmo, mas a todos, em sua marcha progressiva. Por meio de suas ações, ele pode tornar mais fácil ou difícil para humanidade atingir o próximo plano superior de ser.

E: Como isso se relaciona com o quarto princípio que você mencionou, a Reencarnação?

T: A conexão é muito íntima. Como nossa vida atual depende do desenvolvimento de certos princípios que são o fruto de sementes deixadas por uma existência prévia, a lei vale para o futuro. Uma vez compreendida a ideia de que a causalidade universal não é o simples presente, mas passado, presente e futuro, e que cada ação encontra natural e facilmente seu verdadeiro lugar em nosso plano atual, é possível enxergar sua verdadeira relação conosco e com os outros. Toda ação mesquinha e egoísta nos faz regredir e não evoluir, enquanto cada pensamento nobre e cada ação altruísta equivalem a degraus galgados a planos de existência mais elevados e gloriosos. Se esta vida fosse a única, então, em muitos sentidos, ela seria realmente pobre e desprezível; mas, se a considerarmos como um preparo para a próxima esfera de existência, ela pode ser usada como o portão dourado que atravessaremos, não egoisticamente e sozinhos, mas em companhia de nossos companheiros, para chegar aos palácios do além.

Sobre a abnegação

E: Uma justiça igualitária para todos e o amor por todas as criaturas é o mais alto critério da teosofia?

T: Não. Existe um mais elevado ainda.

E: E qual seria?

T: Dar aos outros *mais* do que a si mesmo: a *abnegação*. Tal era a medida padrão que marcou tão proeminentemente os maiores professores e mestres da humanidade — por exemplo, Gautama Buda na história e Jesus de Nazaré nos Evangelhos. Somente essa característica bastou para lhes assegurar uma perpétua reverência e a gratidão de gerações e gerações de homens que vieram depois deles. Dizemos, no entanto, que a abnegação deve ser praticada com discernimento; pois o abandono de si mesmo, se feito injusta ou cegamente, independentemente dos resultados que vierem, muitas vezes pode revelar-se não apenas inútil, mas prejudicial. Uma das regras fundamentais da teosofia é a justiça para consigo mesmo, pois somos vistos como uma unidade da humanidade coletiva, não como um ente pessoal, alguém que não é mais nem menos do que os outros; a não ser que, de fato, o sacrifício de uma única pessoa beneficie muitos.

E: Pode esclarecer melhor essa ideia através de um exemplo?

T: Há muitos exemplos na história. A teosofia considera o autossacrifício para um bem prático, no intuito de salvar muitas vidas, muito superior à abnegação que sustenta uma ideia sectária, como a de "salvar os pagãos da condenação", por exemplo. Na nossa opinião, o padre Damien, o jovem de trinta anos que sacrificou toda a sua vida em benefício e alívio do sofrimento dos leprosos em Molokai e foi viver sozinho com eles por dezoito anos até finalmente pegar a repugnante doença e morrer, *não morreu em vão*. Ele forneceu alívio e uma relativa felicidade a milhares de pobres infelizes. Trouxe consolo físico e mental. Lançou um raio de luz na sombria e triste noite de uma existência, cuja desesperança não encontra paralelo nos registros do sofrimento humano. Era um *verdadeiro teosofista* e sua memória viverá para sempre em nossos anais. Na nossa opinião, o pobre padre belga é incomensuravelmente superior àqueles missionários — por exemplo — tolos e sinceros, mas vaidosos, que sacrificaram suas vidas nas ilhas dos Mares do Sul ou na China. Que bem fizeram? Em um caso, tentaram evangelizar aqueles que ainda não têm maturidade para encarar qualquer verdade; no outro, dirigiram-se a uma nação cujos sistemas de filosofia religiosa seriam tão grandiosos quanto qualquer outro, se os homens que ali vivem seguissem os preceitos de Confúcio e seus outros sábios. E, por fim, morreram vítimas de canibais e selvagens irresponsáveis, por causa do fanatismo e ódio dos populares; contudo, se tivessem ido aos cortiços de Whitechapel ou a outra localidade semelhante, estagnada sob o sol escaldante da nossa civilização, cheia de cristãos selvagens e lepra mental, poderiam ter feito um verdadeiro bem e preservado sua vida para uma causa melhor e mais digna.

E: Mas os cristãos não pensam assim?

T: Claro que não, pois agem com base numa crença errônea. Pensam que, batizando o corpo de um selvagem inconsciente, salvam sua alma da perdição. Uma igreja esquece seus mártires, a outra beatifica e ergue estátuas a homens como Labre, que sacrificou seu corpo por quarenta anos para beneficiar apenas os vermes que dele se alimentaram. Se tivéssemos os meios de fazê-lo, ergueríamos uma estátua ao padre Damien, um santo verdadeiro e pragmático, e perpetuaríamos sua memória para sempre como um exemplo vivo de heroísmo teosófico e da misericórdia e abnegação de Buda e Cristo.

E: Então vocês consideram a abnegação um dever?

T: Sim; e a explicamos mostrando que o altruísmo é parte integrante da evolução pessoal. Mas temos que fazer uma distinção. Um homem não tem direito de, voluntariamente, passar fome *até morrer* para que outro possa comer, a menos que a vida do outro homem seja obviamente mais útil para muitos do que sua própria vida. Mas é seu dever sacrificar seu próprio conforto e trabalhar para os outros se eles forem incapazes de trabalhar por conta própria. É seu dever entregar o que é inteiramente seu e beneficia apenas a si mesmo, se ele egoisticamente o esconde dos outros. A teosofia prega a abnegação, mas não ensina um imprudente e inútil autossacrifício, nem justifica o fanatismo.

E: Mas como podemos alcançar um *status* tão elevado?

T: Por meio de uma clara elucidação e colocando nossos preceitos em prática. Pelo uso de nossa razão superior, intuição espiritual e nosso senso moral, e seguindo os ditames do que chamamos de "voz suave e calma" de nossa consciência, a voz do nosso ego, que fala mais alto dentro de nós do que os terremotos e trovões de Jeová, nos quais "o Senhor não está".

E: Se esses são os nossos deveres para com a humanidade em geral, o que entendem por deveres para com o nosso círculo imediato?
T: São os mesmos deveres, com o acréscimo dos que surgem de obrigações especiais no que diz respeito aos laços familiares.

E: Então não é verdade, como se diz, que mal o homem entra na Sociedade Teosófica, ele começa a ser gradualmente separado de sua esposa, seus filhos e deveres familiares?
T: Essa é uma calúnia infundada, como tantas outras. O primeiro dos deveres teosóficos é cumprir seu dever com *todos* os homens, especialmente com quem temos responsabilidades *específicas*, assumidas voluntariamente, como laços de casamento, ou porque quis o destino que nossa vida estivesse unida a eles, como é o caso dos pais ou parentes próximos.

E: E qual é o dever de um teosofista para consigo mesmo?
T: Controlar e dominar, *por meio do eu superior*, o *eu inferior*. Purificar a si mesmo interior e moralmente; não temer ninguém e nada, exceto o tribunal de sua própria consciência. Jamais fazer algo pela metade; isto é, se achar que é a coisa certa, fazê-lo aberta e ousadamente,

se for errada, afastar-se dela por completo. É dever do teosofista aliviar seu fardo pensando no sábio aforismo de Epicteto, que diz: "Não se desvie do seu dever por uma *vã reflexão que o insensato mundo possa fazer sobre você*, pois não está em seu poder controlar suas censuras e, consequentemente, isso não deve preocupá-lo".

E: Mas suponha que um membro de sua Sociedade alegue incapacidade de praticar seu altruísmo com pessoas de fora de seu círculo imediato, argumentando que "a caridade começa em casa"; justificando que está ocupado ou pobre demais para beneficiar a humanidade ou mesmo qualquer um de seus elementos — quais são as regras nesse caso?

T: Nenhum homem tem o direito de dizer que não pode fazer nada pelos outros, sob qualquer pretexto. "Ao cumprir seu dever no devido momento, um homem pode fazer do mundo seu devedor", diz um escritor inglês. Um copo de água fresca concedido no momento certo a um viajante sedento cumpre um dever mais nobre e valioso do que uma dúzia de jantares oferecidos fora de época a homens que podem pagar por eles. Um homem que não concorde com isso jamais se tornará um *teosofista*; porém, de qualquer modo, ele ainda pode permanecer membro de nossa Sociedade. Segundo nossas regras, um homem não pode ser forçado a se tornar um teósofo prático, se assim não o desejar.

E: Então por que ele ingressa na Sociedade?

T: Apenas quem o faz poderia responder. Pois, novamente, não temos o direito de julgar de antemão uma pessoa, nem mesmo que a voz de toda uma comunidade se erga contra ela, e posso lhe dizer por quê. Nos dias de hoje, a *vox populi* (no que se refere à classe de pessoas instruídas, pelo menos) já não é a *vox dei*, mas continua repleta de preconceitos, motivos egoístas e, com frequência, de simples impopularidade. Nosso dever é plantar sementes para o futuro e garantir que sejam boas; não parar e perguntar *por que* fazemos isso, nem como, e para que perderemos nosso tempo, uma vez que não colheremos o que plantamos e sim outras pessoas.

Sobre a caridade

E: Como vocês, teosofistas, enxergam o dever cristão da caridade?
T: A que caridade você se refere? Caridade mental ou caridade prática no plano físico?

E: Caridade prática, já que a sua ideia de Fraternidade Universal inclui, é claro, a caridade mental.
T: Então você se refere à execução prática dos mandamentos dados por Jesus no Sermão da Montanha?

E: Precisamente.
T: Então por que chamá-lo de "dever cristão"? Afinal, embora o seu Salvador o tenha pregado e colocado em prática, a última coisa que os cristãos de hoje pensam é praticá-lo em suas vidas.

E: Mas, ainda assim, há muitos que passam a vida praticando a caridade.

T: Sim, com o excedente de suas grandes fortunas. Mas aponte para mim um único cristão, entre os maiores filantropos, que daria, ao ladrão trêmulo e faminto que roubou seu casaco, também a sua capa; ou que ofereceria a face direita àquele que o esbofeteou na esquerda, sem jamais guardar o menor ressentimento!

E: Ah, mas você deve se lembrar que esses preceitos não devem ser tomados ao pé da letra. Os tempos e as circunstâncias mudaram desde a época de Cristo. Além disso, Ele falou por meio de parábolas.

T: Então por que suas igrejas não ensinam que a doutrina da perdição e do fogo do inferno também deve ser entendida como uma *parábola*? Por que alguns dos seus mais populares pregadores permitem que essas "parábolas" sejam entendidas desse modo e, ao mesmo tempo, insistem no significado literal do fogo do inferno e das torturas *físicas* de uma "alma semelhante ao asbesto"? Se uma é "parábola", então a outra também é. Se o fogo do inferno é uma verdade literal, então os mandamentos de Cristo no Sermão da Montanha devem ser obedecidos ao pé da letra. E eu lhe digo que muitos que não acreditam na Divindade de Cristo — como o conde Liev Tolstói e vários teosofistas — cumprem literalmente esses nobres preceitos, justamente porque são universais; e muitos outros bons homens e boas mulheres também o fariam, se não estivessem certos de que tal comportamento em vida não os faria ser encerrados em um hospício — tão cristãs são as suas leis!

E: Mas certamente vocês sabem que milhões e milhões são gastos anualmente em instituições de caridade públicas e privadas.

T: Ah, sim. E metade desses milhões é desviado antes de chegar aos necessitados; enquanto boa parte ou o valor restante chega às mãos de mendigos profissionais, que têm muita preguiça de trabalhar, portanto, o dinheiro não faz o bem àqueles que estão realmente em situação de miséria e sofrimento. Não soube que o resultado imediato do grande fluxo de caridade ao extremo leste de Londres aumentou o preço dos aluguéis de Whitechapel em cerca de 20%?

E: O que você faria então?

T: Agiria individualmente e não coletivamente; seguindo os preceitos do Budismo do Norte: "Nunca ponha comida na boca do faminto pela mão de outro"; "Nunca deixe a sombra do seu vizinho (*uma terceira pessoa*) ficar entre você e o objeto de sua generosidade"; "Nunca permita que o sol seque uma lágrima antes que você tenha tido tempo de secá-la". E novamente: "Nunca dê dinheiro para o necessitado ou alimento para o sacerdote que mendiga à sua porta *através dos seus servo*s, para que o seu dinheiro não deprecie a gratidão e a sua comida não se transforme em fel".

E: Mas como isso pode ser aplicado de forma prática?

T: As ideias teosóficas de caridade significam esforço *pessoal* para outras pessoas; misericórdia e bondade *pes-*

soais; interesse *pessoal* no bem-estar daqueles que sofrem; solidariedade *pessoal*, auxílio e consideração por seus problemas ou suas necessidades. Nós, teosofistas, não acreditamos na doação financeira (se tivéssemos dinheiro a doar) pelas mãos de outras pessoas ou organizações. Acreditamos que o poder e a eficácia do gesto serão mil vezes maiores se o dinheiro for doado pessoalmente, demonstrando nossa empatia com quem precisa. Acreditamos que a fome da alma também deve ser aliviada tanto quanto senão mais que a do estômago; pois a gratidão faz mais bem ao homem que a sente do que à pessoa a quem é dirigida. Onde está a gratidão que seus "milhões de libras" deveriam ter evocado, ou os bons sentimentos provocados por eles? É possível vê-la no ódio dos pobres do East End pelos ricos? No crescimento do partido da anarquia e da desordem? Ou nos milhares de trabalhadoras infelizes, vítimas da exploração do trabalho, impulsionadas dia a dia a ganhar a vida arduamente nas ruas? Seus velhos desamparados lhe agradecem pelas casas de trabalho; ou seus miseráveis pelas moradias insalubres e doentias nas quais têm permissão de criar novas gerações de enfermos, crianças tuberculosas e raquíticas, apenas para colocar dinheiro nos bolsos dos insaciáveis Shylocks, os proprietários de casas? É assim que cada soberano dos "milhões" entregues por pessoas boas e caridosas cai como uma pesada maldição em vez de uma bênção sobre os pobres a quem deveria aliviar. A isso chamamos de *criar um carma nacional*, e terríveis serão seus resultados no dia do ajuste de contas.

Teosofia para as massas

E: E acham que a intervenção da teosofia ajudaria a remover esses males mesmo sob as condições práticas e adversas de nossa vida moderna?

T: Acredito piamente que sim, se tivéssemos mais dinheiro e a maioria dos nossos teosofistas não precisasse trabalhar para ganhar o pão de cada dia.

E: Mas como? Acham que suas doutrinas poderiam conquistar as massas incultas, quando estas são tão confusas e teimosas que até mesmo as pessoas mais instruídas têm dificuldade para compreendê-las?

T: Você se esquece de uma coisa: é justamente sua tão alardeada educação moderna que dificulta o entendimento da teosofia. Sua mente é tão cheia de sutilezas intelectuais e preconceitos que sua intuição natural e a percepção da verdade não podem agir. Para que um homem compreenda as amplas verdades do carma e da reencarnação, não é necessário que conheça a metafísica ou tenha instrução. Veja os milhões de pobres e incultos budistas e hindus, para quem o carma e a reencarnação são sólidas realidades, simplesmente porque suas mentes jamais foram atrofiadas e distorcidas forçosamente por esquemas contrários às leis da natureza. Não tiveram o inato senso de justiça humano corrompido ao serem levados a acreditar que seus pecados seriam perdoados porque outro homem havia morrido por causa deles. E os budistas, observe bem, vivem de acordo com suas crenças, sem emitir uma única queixa contra o carma ou o que consideram uma punição justa, enquanto a população cristã não apenas não vive de acordo com seu ideal moral, como também não aceita resignadamente seu destino. Daí as reclamações, o descontentamento e a intensidade da luta pela existência nas terras ocidentais.

E: Mas esse contentamento, que você tanto exalta, acabaria com todo o incentivo para o empenho e paralisaria o progresso.

T: E nós, teosofistas, dizemos que seus tão alardeados progresso e civilização não passam de uma série de fogos-fátuos, cintilando sobre um pântano que exala um miasma venenoso e mortal. Isso porque vemos egoísmo, crimes, imoralidade e todos os males imagináveis que assolam a infeliz humanidade saindo dessa caixa de Pandora que vocês chamam de era de progresso e aumentando, simultaneamente, com o crescimento de sua civilização material. A tal preço, melhor a inércia e a inatividade dos países budistas, que surgiram apenas como consequência de eras de escravidão política.

E: Então toda essa metafísica e o misticismo com os quais vocês se ocupam tanto não têm importância?

T: Para as massas, que precisam apenas de orientação prática e apoio, não são de grande importância; mas para os instruídos, os líderes naturais das massas, aqueles cujo modo de pensar e agir mais cedo ou mais tarde será adotado por essas massas, são da maior importância. Somente através da filosofia um homem inteligente e culto pode evitar o suicídio intelectual de acreditar em uma fé cega; e apenas assimilando a estrita continuidade e a coerência lógica do Oriente, se não as doutrinas esotéricas, ele pode constatar a sua verdade. A convicção gera entusiasmo, que, segundo Bulwer Lytton, "é o gênio da sinceridade, e a verdade não alcança vitórias sem ela"; ao passo que Emerson muito adequadamente observa que "todo movimento grande e dominante nos anais do mundo foi um triunfo do entusiasmo". E o que produz tal sentimento com mais probabilidade do que uma filosofia grandiosa, consistente, lógica e abrangente como as nossas doutrinas orientais?

E: Ainda assim, seus inimigos são muito numerosos, e a cada dia a teosofia adquire novos oponentes.

T: É precisamente isso que prova o valor e a excelência intrínsecos da teosofia. As pessoas odeiam apenas o que temem, e ninguém deixa de lado seus afazeres para derrubar aquilo que não representa uma ameaça, nem se destaca entre a mediocridade.

E: Vocês esperam transmitir, um dia, esse entusiasmo às massas?

T: E por que não? Afinal, a história nos diz que as massas adotaram o budismo com entusiasmo; e o efeito prático dessa filosofia da ética pode ser demonstrado pela pequena porcentagem de crimes entre as populações budistas, em comparação com a de outras religiões. O ponto principal é extirpar a fonte mais fértil de todos os crimes e imoralidades: a crença de que é possível escapar das consequências de seus próprios atos. Após ensinar as maiores de todas as leis, *carma* e *reencarnação*, e fazê-los sentir em si a verdadeira dignidade da natureza humana, eles se afastarão do mal e o evitarão como se fosse um perigo físico.

Como os membros podem ajudar a Sociedade

E: Como se espera que os membros ajudem a cumprir a obra da Sociedade?

T: Primeiro estudando e compreendendo as doutrinas teosóficas, para poder ensinar outras pessoas, especialmente os jovens. Em segundo lugar, aproveitando todas as oportunidades de falar com as pessoas e explicar o que é a teosofia e o que está em desacordo com nossos preceitos; dissipando conceitos errôneos e despertando interesse no assunto. Em terceiro lugar, ajudando na circulação de nossa literatura, ou seja, comprando os livros (caso tenham os meios para isso), emprestando-os, doando-os e induzindo seus amigos a fazê-lo. Em quarto lugar, defendendo a Sociedade de injustas calúnias lançadas sobre ela, utilizando todos os artifícios legais que estiverem à sua disposição. E o mais importante: dando um exemplo prático da doutrina através de sua própria vida.

E: Mas toda essa literatura, à qual vocês atribuem tanta importância, não me parece de grande utilidade prática para ajudar a humanidade. Não é um exemplo de caridade prática.

T: Nós pensamos de outra forma. Consideramos que um bom livro alimenta, fortalece e esclarece a mente das pessoas, permitindo a descoberta de verdades sentidas vagamente, mas que não se consegue formular, fazendo um bem real e substancial. Quanto ao que você chama de atos práticos de caridade, para beneficiar o corpo de nossos semelhantes, fazemos o que podemos; mas, como já disse, a maioria de nós é pobre, ao passo que a própria Sociedade nem sequer tem dinheiro para pagar uma equipe de funcionários. Nós trabalhamos pela Sociedade oferecendo nossos préstimos sem pedir nada em troca e, em muitos casos, até doamos dinheiro. Os poucos que têm condições de efetuar o que é geralmente chamado de "caridade" seguem os preceitos budistas e fazem pessoalmente suas ações de caridade, sem utilizar a ajuda de terceiros ou doar publicamente a fundos de caridade. O que o teosofista tem de fazer, acima de tudo, é esquecer sua personalidade.

O que um teosofista não deve fazer

E: Há alguma lei ou cláusula proibitiva para os teosofistas em sua Sociedade?

T: Muitas, mas nenhuma delas é executada. Elas expressam o ideal de nossa organização, mas somos obrigados a deixar a critério dos próprios membros a aplicação prática de tais regras. Infelizmente, o estado mental dos homens no atual século é tal que, a menos que permitamos que essas cláusulas permaneçam, por assim dizer, obsoletas, ninguém ousaria arriscar a ingressar na Sociedade Teosófica. É precisamente por causa disso que me sinto forçada a enfatizar tanto a diferença entre a verdadeira teosofia e seu esforçado e bem-intencionado veículo, ainda que desacreditado, a Sociedade Teosófica.

E: Pode me dizer quais são esses perigosos recifes que se encontram no alto-mar da teosofia?

T: Faz bem em chamá-los de recifes, pois mais de um sincero e bem-intencionado membro da Sociedade Teosófica teve sua canoa teosófica reduzida a pedaços ao chocar-se contra eles! E, no entanto, evitar certas coisas parece ser o mais fácil a fazer. Por exemplo, há uma série de deveres teosóficos negativos que ofuscam os positivos: nenhum teosofista deve ficar em silêncio quando ouve alguém (sejam seus colegas ou completos desconhecidos) espalhar maledicências ou calúnias sobre a Sociedade ou pessoas inocentes.

E: Mas suponha ser verdade o que se ouve ou um fato ainda não divulgado.

T: Então deve-se exigir provas concretas da afirmação e ouvir ambos os lados de maneira imparcial, antes de permitir que a acusação avance sem ser contestada. Mas você não tem o direito de acreditar na maledicência até obter uma prova inegável da exatidão da declaração.

E: E o que se deve fazer então?

T: A piedade, a tolerância, a caridade e a paciência devem estar sempre lá para nos incentivar a perdoar nossos irmãos pecadores e dar o nosso parecer de modo mais gentil possível àqueles que erram. Um teosofista nunca deve esquecer que isso ocorre devido às deficiências e enfermidades da natureza humana.

E: Nesses casos, ele deve perdoar inteiramente?

T: Em todos os casos, especialmente quando for a vítima.

E: Mas e se, ao fazer isso, correr o risco de ferir ou permitir que outras pessoas sejam feridas? O que ele deve fazer então?

T: Deve cumprir seu dever; fazer o que sugere sua consciência e natureza superior; mas somente após cuidadosa deliberação. A justiça consiste em não causar dano a nenhum ser vivo; mas também diz que jamais devemos permitir que se faça o mal às pessoas ou mesmo a apenas uma pessoa inocente, e deixar que o culpado siga impune.

E: Quais são as outras cláusulas negativas?

T: Nenhum teosofista deve se contentar com uma vida ociosa ou frívola, que não traz nenhum bem a si mesmo e muito menos aos outros. Deve trabalhar para o benefício dos poucos que precisam de sua ajuda, se for incapaz de fazê-lo pela humanidade, e assim, contribuir para o avanço da causa teosófica.

E: Isso exige uma natureza excepcional e seria bastante difícil para algumas pessoas.

T: Então é melhor que permaneçam fora da S. T., em vez de colocarem máscaras falsas. Ninguém é obrigado a dar mais do que pode ofertar, seja em devoção, tempo, trabalho ou dinheiro.

E: E o que vem depois?

T: Nenhum membro ativo deve conferir uma importância excessiva ao seu progresso pessoal ou proficiência em estudos teosóficos; e sim estar preparado para efetuar o maior número de obras altruístas possível. Não deve deixar o pesado fardo e a responsabilidade do movimento teosófico recair sobre os ombros de poucos membros dedicados. Cada membro deve sentir que é seu dever fazer o que puder no trabalho comum e ajudar a cumpri-lo por todos os meios ao seu alcance.

E: Nada mais justo. E o que mais?

T: Nenhum teosofista deve colocar sua vaidade ou sentimentos pessoais acima dos preceitos da Sociedade como um todo. Não permitimos que continue membro alguém que sacrifique a Sociedade ou a reputação de outras pessoas no altar de sua vaidade pessoal, seus benefícios mundanos ou seu orgulho. Um membro canceroso adoece o corpo inteiro.

E: É dever de todo membro ensinar aos outros e pregar a teosofia?

T: Sim. Nenhum membro tem o direito de permanecer ocioso com a desculpa de que sabe muito pouco para ensinar. Pois certamente sempre encontrará outros que sabem ainda menos. Somente quando alguém tenta ensinar aos outros é que descobre a própria ignorância e tenta solucioná-la. Mas essa é uma cláusula secundária.

E: O que considera, então, o principal dever teosófico negativo?

T: Estar sempre preparado para reconhecer e confessar as próprias faltas. Preferir elogiar exageradamente a demonstrar pouco apreço pelos esforços do vizinho, pecando, assim, mais por excesso do que por falta. Jamais caluniar ou difamar uma pessoa. Sempre dizer abertamente e face a face tudo o que tem a dizer contra ela. Nunca repetir a outras o que ouviu de negativo sobre alguma pessoa, nem nutrir sentimento de vingança contra aqueles que porventura o prejudicaram.

E: Mas às vezes é perigoso dizer a verdade face a face, não acha? Sei que um de seus membros ficou tão ofendido que deixou a Sociedade e tornou-se seu maior inimigo, apenas porque lhe disseram algumas verdades desagradáveis e apontaram a sua culpa.

T: Tivemos muitos desses casos na S. T. Nenhum membro, seja uma pessoa proeminente ou de pouca relevância social, nos deixou sem se tornar nosso pior inimigo.

E: E como explicam isso?

T: É muito simples. Tendo sido, na maioria dos casos, intensamente devotado à Sociedade no início e feito a ela os elogios mais exagerados, a única desculpa possível que tal apóstata pode dar para seu comportamento subsequente e sua miopia passada é posar de vítima inocente e enganada, transferindo a culpa de seus próprios ombros para os da Sociedade em geral e de seus líderes em especial. Essas pessoas me lembram a velha fábula do homem de rosto distorcido que quebrou o espelho, alegando que este refletia seu semblante de maneira torta.

E: Mas o que faz essas pessoas se voltarem contra a Sociedade?

T: O orgulho ferido, de um jeito ou de outro, em quase todos os casos. Geralmente porque suas opiniões e seus conselhos não foram acatados e considerados finais; ou então porque são daqueles que preferem reinar no inferno a servir no céu. Em suma, porque não suportam ficar em segundo lugar em nada. Por exemplo, um membro — que se considerava um genuíno "oráculo vivo" — criticou e praticamente difamou todos os membros da S. T. não apenas a estranhos como também a outros teosofistas com o pretexto de que *eles não cumpriam a doutrina teosófica,* ou seja, culpando-os pelo que ele mesmo não fazia. Por fim, deixou a Sociedade, dando como razão sua profunda convicção de que nós (especialmente os fundadores) éramos uma FRAUDE! Outro, depois de fazer todo tipo de intriga para ser colocado à frente de uma grande seção da Sociedade, ao descobrir que os membros não o aceitariam, voltou-se contra os fundadores da S. T. e tornou-se seu pior inimigo, denunciando um deles sempre que possível, simplesmente porque este não pôde, nem desejava, impor sua presença aos outros membros. Esse é apenas um exemplo de vaidade ultrajada e ferida. Outro ainda queria (e acabou realizando o seu desejo) praticar *magia negra,* isto é, exercer uma indevida influência psicológica pessoal sobre outros membros, enquanto fingia devoção e todas as virtudes teosóficas. Quando foi desmascarado, o membro rompeu com a teosofia e agora espalha, da maneira mais virulenta possível, calúnias e mentiras contra esses mesmos líderes desafortunados, no intuito de arruinar a Sociedade, difamando a reputação daqueles que o digno "membro" não foi capaz de enganar.

E: O que você faria com essas pessoas?

T: Eu as deixaria com o seu carma. O fato de uma pessoa fazer o mal não é razão para que outras o façam.

E: Mas, voltando à difamação, qual é a linha que separa a calúnia da crítica construtiva? Não é nosso dever alertar amigos e conhecidos contra aqueles que julgamos membros perigosos?

T: Se, ao permitir que sigam impunes, colocamos em risco a vida de outras pessoas, certamente é nosso dever evitar o perigo, alertando-as em particular. Contudo, não se deve espalhar jamais acusações contra outras pessoas, independentemente da veracidade da acusação. Se for verdadeira e a falta não machuca ninguém, a não ser o pecador, deixe-o com seu carma. Se for falsa, você terá evitado acrescentar mais injustiça ao mundo. Portanto, mantenha silêncio sobre a questão com qualquer outra pessoa que não seja diretamente o interessado. Mas se sua discrição e seu silêncio tendem a prejudicar ou colocar outras pessoas em perigo, recomendo: *fale a verdade a qualquer custo*. É como disse Annesly: "Considere o dever, não os acontecimentos". Há casos em que nos vemos forçados a exclamar: "É preferível abandonar a discrição a permitir que interfira em nosso dever".

E: Creio que, ao seguir à risca essas máximas, seja provável arranjar um bocado de problemas!

T: E é o que ocorre. Devemos admitir que estamos abertos ao mesmo tipo de escárnio que os primeiros cristãos vivenciaram. "Vejam como esses teosofistas amam uns aos outros!", pode ser dito agora sobre nós, sem a menor injustiça.

E: Admitindo-se a existência de calúnia, difamação e querelas na S. T. tanto quanto, se não mais, nas igrejas cristãs, sem contar as sociedades científicas, diga-me: que espécie de irmandade é essa?

T: Atualmente uma irmandade bem pobre de fato e, até que seja cuidadosamente examinada e reorganizada, que não é melhor do que as outras. Lembre-se, no entanto, que a natureza humana é a mesma, tanto na Sociedade Teosófica quanto fora dela. Seus membros não são santos: na melhor das hipóteses, são pecadores tentando fazer o seu melhor, sujeitos a recaídas devido à fraqueza pessoal. Acrescente a isso que a nossa "irmandade" não é um órgão "reconhecido" ou estabelecido, permanecendo, portanto, fora do âmbito da jurisdição. Além disso, encontra-se em uma condição caótica, sendo injustamente *impopular* como nenhum outro órgão. Não é de se espantar, então, que os membros que falharam em cumprir seu ideal busquem, após deixar a Sociedade, a complacente proteção de nossos inimigos e derramem fel e amargura em seus ansiosos ouvidos! Sabendo que encontrarão apoio, simpatia e pronta disposição de acreditar em cada acusação feita contra a Sociedade Teosófica, por mais absurda que seja, eles se apressam em fazê-lo, descarregando sua ira no inocente espelho, que reflete fielmente seus próprios rostos. *As pessoas nunca perdoam a quem prejudicaram.* A bondade recebida e retribuída por eles com ingratidão faz com que sejam levados à loucura da autojustificação perante o mundo e sua própria consciência. O primeiro está sobretudo disposto a acreditar em qualquer coisa dita contra uma sociedade que odeia. A consciência... bem, não direi mais, pois creio já ter falado demais.

E: Sua posição não me parece muito invejável.
T: E não é. Mas você não supõe haver algo muito nobre, sublime e verdadeiro por trás da Sociedade e de sua filosofia, uma vez que os líderes e fundadores do movimento continuam trabalhando por ela com todas as suas forças? Eles sacrificam o conforto, a prosperidade mundana, o sucesso e até mesmo o bom nome e a reputação — sim, até mesmo a honra — para receber em troca uma incessante censura, uma implacável perseguição, uma incansável calúnia, uma constante ingratidão e incompreensão por seus melhores esforços, insurreições e críticas por todos os lados; considerando que, se simplesmente abandonassem o seu trabalho, se veriam imediatamente livres de toda a responsabilidade e protegidos de novos ataques.

E: Confesso que tal perseverança me parece muito surpreendente. Pergunto-me por que vocês fazem isso.
T: Posso garantir que não o fazemos por autogratificação; apenas na esperança de treinar alguns indivíduos para seguir o programa original e continuar nosso trabalho pela humanidade quando os fundadores morrerem. Eles

já encontraram algumas almas nobres e devotadas para substituí-los. As próximas gerações, graças a esses poucos, verão que o trajeto em direção à paz será um pouco menos espinhoso e o caminho, um pouco mais amplo; de maneira que todo esse sofrimento terá produzido bons resultados, e a abnegação não terá sido em vão. No momento, o principal objetivo da Sociedade é plantar a semente no coração dos homens, que, com o tempo pode brotar e, em circunstâncias mais propícias, levar a uma reforma saudável, capaz de fornecer às massas mais felicidade do que até então têm desfrutado.

– XIII–
SOBRE CONCEPÇÕES ERRÔNEAS QUANTO À SOCIEDADE TEOSÓFICA

Teosofia e ascetismo

E: Já ouvi pessoas dizerem que suas regras exigem que todos os membros sejam vegetarianos, celibatários e ascetas rígidos; mas você ainda não me disse nada a respeito. Pode esclarecer esse ponto de uma vez por todas?

T: A verdade é que nossas regras não exigem nada disso. A Sociedade Teosófica não espera nem sequer exige que seus membros sejam ascetas de qualquer espécie, a menos que você chame de ascetismo tentar beneficiar outras pessoas e ter uma vida altruísta.

E: Mesmo assim, muitos de seus membros são vegetarianos estritos e declaram abertamente a intenção de permanecer solteiros. Isso também ocorre mais frequentemente com aqueles que desempenham um papel importante relacionado ao trabalho de sua Sociedade.

T: Naturalmente, pois boa parte dos teosofistas mais sérios são membros da Seção Interna da Sociedade que mencionei anteriormente.

E: Ah! Então se exigem práticas ascéticas nessa Seção Interna?

T: Não. Não *exigimos* nem *impomos* essas práticas ali; mas vejo que seria melhor explicar nosso ponto de vista sobre o tema do ascetismo em geral, assim você entenderá a questão do vegetarianismo e tudo o mais.

E: Por favor, prossiga.

T: Como já disse, muitas das pessoas que se tornam estudantes de teosofia verdadeiramente sérios e trabalhadores ativos em nossa Sociedade desejam fazer mais do que apenas estudar teoricamente as verdades que ensinamos. Desejam *conhecer* a verdade por meio de sua experiência pessoal direta e estudar ocultismo com o objetivo de adquirir a sabedoria e o poder que julgam necessários para ajudar os outros de forma eficaz e criteriosa, em vez de cegamente e ao acaso. Portanto, cedo ou tarde, acabam ingressando na Seção Interna.

E: Mas você acabou de dizer que as "práticas ascéticas" não são obrigatórias nessa Seção Interna.

T: E não são; mas a primeira coisa que os membros aprendem é vislumbrar a verdadeira concepção da relação do corpo (ou invólucro físico) com o interior, o homem verdadeiro. A relação e a mútua interação entre esses dois aspectos da natureza humana lhes são explicadas e demonstradas, de modo que logo eles ficam imbuídos da suprema importância do homem interior sobre o invólucro externo, ou corpo. Aprendem que um ascetismo cego é mera loucura; que uma conduta como a de São Labre, que mencionei anteriormente, ou dos faquires indianos e ascetas da selva, que cortam, queimam e maceram seus corpos da maneira mais cruel e horrenda possível, é simplesmente uma tortura autoinfligida com fins egoístas, isto é, para desenvolver força de vontade, mas perfeitamente inútil para o propósito de auxiliar o verdadeiro desenvolvimento espiritual ou teosófico.

E: Entendo. Você considera necessário apenas o ascetismo *moral*. É como um meio para um fim, sendo esse fim o perfeito equilíbrio da natureza *interna* do homem e a obtenção do completo domínio sobre o corpo, as paixões e os desejos.
T: Exatamente. Mas esses meios devem ser usados de forma inteligente e sensata, como um atleta que treina e se prepara para uma grande competição; não às cegas, estupidamente, como o avarento que adoece e morre de fome para satisfazer sua paixão por ouro.

E: Captei agora a ideia geral; mas vejamos como vocês a aplicam na prática. Pode me falar sobre o vegetarianismo, por exemplo?
T: Um dos maiores cientistas alemães mostrou que todo tipo de tecido animal, por mais que você o cozinhe, retém características distintas do animal a que pertencia, e estas podem ser reconhecidas. Fora isso, cada um sabe, pelo gosto, o tipo de carne que está ingerindo. Vamos

além e provamos que, quando a carne de um animal é assimilada pelo homem como alimento, ela transmite a ele, fisiologicamente, algumas das características do animal a quem pertencia. Além disso, a ciência oculta ensina e prova a seus alunos, com demonstrações oculares, que esse efeito de "endurecimento" ou "animalização" do homem é maior quando ele ingere carne de animais de grande porte, menor em se tratando de pássaros, peixes e outros animais de sangue frio, e muito menor ainda quando ele come apenas vegetais.

E: Então seria melhor não comer nada.

T: Se o homem pudesse viver sem comer, é claro que seria melhor. Mas, enquanto houver matéria, ele deve comer para viver; por isso, aconselhamos os alunos verdadeiramente sérios a comer alimentos que não sejam tão pesados e obstruam menos seu cérebro e corpo, de modo que o seu efeito em dificultar e retardar o desenvolvimento de sua intuição, suas faculdades e seus poderes internos seja o menor possível.

E: Então vocês não adotam os argumentos que, em geral, os vegetarianos defendem?

T: Certamente não. Alguns dos argumentos deles são muito fracos e frequentemente estão baseados em suposições equivocadas. Mas, por outro lado, os vegetarianos também dizem grandes verdades. Por exemplo, acreditamos que muitas doenças e, mais, a predisposição a elas, que se tornou uma característica tão marcante da nossa época, ocorre em grande parte devido ao hábito de comer carne, especialmente em conserva. Mas demoraria muito discutir a fundo a questão do vegetarianismo e seus méritos; então, por favor, pergunte-me outra coisa.

E: Mais uma pergunta. O que os membros da Seção Interna devem fazer com relação à alimentação quando estão doentes?

T: Seguir os melhores conselhos práticos que puderem obter, é claro. Ainda não compreendeu que jamais impomos obrigações rígidas a esse respeito? Lembre-se de uma vez por todas que temos uma visão racional a respeito de todas essas situações, nunca nos deixamos levar pelo fanatismo. Se, por doença ou longo hábito, um homem não pode ficar sem carne, ora, que a coma. Não é crime; apenas retardaria um pouco o seu progresso; pois, no fim das contas, as ações e funções puramente corporais são muito menos importantes do que o que o homem *pensa* e *sente*, do que os desejos que nutre em sua mente e permite que ali se enraízem e cresçam.

E: Então, no que diz respeito ao consumo de vinho e outras bebidas alcoólicas, suponho que não aconselhe as pessoas a bebê-los.

T: São piores para o crescimento moral e espiritual do que a carne, pois o álcool, em todas as suas formas, tem uma influência direta, marcante e muito deletéria na condição psíquica do homem. Consumir vinho e outras bebidas alcoólicas só é menos destrutivo para o desenvolvimento dos poderes internos do que o uso habitual de haxixe, ópio e drogas semelhantes.

Teosofia e casamento

E: Gostaria de fazer outra pergunta. Uma pessoa deve se casar ou permanecer celibatária?

T: Depende do tipo de pessoa a que se refere. Se for alguém que pretende viver *no* mundo; alguém que, embora seja um teosofista sério e correto, e trabalhe incansavelmente pela nossa causa, ainda tem laços e desejos que o ligam ao mundo; alguém que, em resumo, sente que ainda falta muito a fazer naquilo que os homens chamam de "vida" e deseja apenas uma coisa — conhecer a verdade e ser capaz de ajudar os outros —, então, para tal pessoa, digo que não há razão para não se casar, se ela gosta de correr riscos na loteria em que tão poucos são premiados. Ora, crê que sejamos tão incoerentes e fanáticos a ponto de pregar contra o casamento? Pelo contrário, salvo em alguns casos excepcionais de ocultismo prático, o casamento é o único remédio contra a imoralidade.

E: Mas por que não se pode adquirir esse conhecimento e poder levando uma vida de casado?

T: Meu caro senhor, não posso entrar em questões fisiológicas; mas posso lhe dar uma resposta óbvia e razoável, explicando as razões morais que oferecemos para isso. Um homem pode servir a dois senhores? Não! Então, é igualmente impossível para ele dividir sua atenção entre a busca pelo ocultismo e uma esposa. Se tentar, certamente falhará em servir a ambos de maneira adequada; e permita-me lembrá-lo: o ocultismo prático é um estudo muito sério e perigoso. Um homem não deve assumi-lo, a menos que esteja inteiramente envolvido e disposto a sacrificar *tudo, em primeiro lugar a si mesmo*, para obter esse fim. Mas isso não se aplica aos membros de nossa Seção Interna. Refiro-me apenas àqueles que estão determinados a trilhar o caminho do discipulado, que leva ao mais elevado objetivo. Muitos, se não todos, dos que se juntam à nossa Seção Interna são apenas iniciantes, preparando-se nesta vida para ingressar de fato nesse caminho nas existências vindouras.

Teosofia e educação

E: Um dos melhores argumentos que você ofereceu para a inadequação das formas existentes de religião no Ocidente, como também, em certa medida, da filosofia materialista tão popular atualmente, que, no entanto, você parece considerar uma terrível abominação, é a enorme miséria e sofrimento que inegavelmente existe, especialmente nas grandes cidades. Mas certamente há de reconhecer o quanto foi e está sendo feito para remediar esse estado de coisas com o fomento à educação e a difusão de conhecimento.

T: Dificilmente as gerações futuras irão lhe agradecer por tal "difusão de conhecimento", nem a atual educação fará muita diferença para as pobres massas famintas.

E: Ah! Mas deve nos dar algum tempo. Faz apenas alguns anos desde que começamos a instruir as pessoas.

T: Então me diga, por favor, o que sua religião cristã tem feito desde o século XV, uma vez que você reconhece

que a educação das massas não foi prioridade até agora:
que trabalho, se é que algum dia houve, um cristão, ou
seja, uma igreja cristã e as pessoas que seguem Cristo,
deve executar?

E: Bem, talvez você tenha razão; mas agora...
T: Apenas consideremos a questão da educação de um
ponto de vista mais amplo, e provarei que muitas das
melhorias de que se vangloriou fazem mais mal do que
bem. As escolas para as crianças pobres, embora menos
úteis do que deveriam ser, são um bom exemplo para con-
trastar com os ignóbeis arredores aos quais elas foram
condenadas a viver pela sociedade moderna. A *infusão*
de um pouco de teosofia prática ajudaria cem vezes mais
a melhorar a vida das pobres massas sofredoras do que
toda essa infusão de (inútil) conhecimento.

E: Na verdade...
T: Deixe-me terminar, por favor. Você tocou em um
ponto muito sensível aos teosofistas e preciso dizer o
que penso sobre isso. Concordo que é um grande avanço
para uma criança criada nos cortiços, acostumada a
brincar na sarjeta e viver em meio à brutalidade contínua de gestos e palavras, frequentar diariamente uma
sala de aula limpa e bem iluminada, cheia de quadros
e frequentemente enfeitada com flores. Ali a ensinam a
ser asseada, gentil, ordeira; ali aprende a cantar e a tocar
instrumentos; tem brinquedos que despertam sua inteligência; aprende a usar seus dedos habilmente; recebe
sorrisos, em vez de caretas; é gentilmente repreendida

ou persuadida, em vez de amaldiçoada. Tudo isso humaniza as crianças, estimula-lhes o cérebro e o torna suscetível a problemas intelectuais e influências morais. As escolas não são o que poderiam e deveriam ser; mas, comparadas às casas dessas crianças, são o próprio paraíso; e fazem sentir lentamente seu efeito nessas moradas. Contudo, embora muitos internatos tenham esse efeito benéfico, seu sistema educacional reflete tudo que há de pior.

E: Pois bem; prossiga.

T: Qual é o *verdadeiro* objetivo da educação moderna? É cultivar e desenvolver a mente na direção certa; ensinar os desvalidos e infelizes a carregar corajosamente o fardo da vida atribuído a eles pelo carma; fortalecer sua vontade; inculcar neles o amor ao próximo e o sentimento de fraternidade e interdependência mútua; e assim treinar e formar o caráter para a vida prática? Nenhuma dessas alternativas. E, ainda assim, são inegavelmente o objetivo de toda educação legítima. Ninguém o nega; seus educadores admitem isso e falam bastante sobre o assunto. Mas qual é o resultado prático de sua ação? Cada jovem, ou melhor, cada membro da mais nova geração de professores responderá: "O objetivo da educação moderna é passar nos exames". Mas esse sistema não desenvolve propriamente a emulação, pelo contrário, faz com que os jovens sintam um pelo outro ciúme, inveja, quase ódio, treinando-os assim para uma vida de feroz egoísmo e luta por honras e recompensas, em vez de uma vida devotada a bons sentimentos.

E: Devo admitir que tem razão nesse ponto.

T: E o que são esses exames — o terror da infância e juventude modernas? Simplesmente um método de classificação por meio do qual registram os resultados do ensino escolar. Em outras palavras, são a aplicação prática de métodos científicos modernos no gênero humano através do intelecto. Bem, a "ciência" ensina que o intelecto é resultado da interação mecânica do cérebro; portanto, segundo a lógica, a educação moderna deve ser quase inteiramente mecânica — uma espécie de máquina automática que fabrica intelectos aos montes. Basta um ligeiro exame para constatar que a educação produzida assim é simplesmente um treinamento da memória física e, cedo ou tarde, todas as escolas chegarão a esse nível. Quanto ao cultivo real e sólido do pensamento e do poder de raciocínio, é simplesmente impossível enquanto tudo for julgado de acordo com os resultados de testes competitivos. Repito: o treinamento escolar é da maior importância na formação do caráter, especialmente no quesito moral. E, do primeiro ao último, seu sistema moderno é baseado nas chamadas revelações científicas: "A luta pela existência" e a "sobrevivência do mais apto". Durante toda a sua infância, o homem viu esses princípios demonstrados por meio do exemplo prático e da experiência, bem como pelo ensino direto, até se tornar impossível erradicar de sua mente a ideia de que o "eu" (o eu inferior, pessoal e animal) é o único centro e objetivo da vida. Eis então de onde provém toda a miséria, os crimes e o cruel egoísmo que você admite existir, tanto quanto eu. O egoísmo, como afirmei repetidas vezes, é a maldição da humanidade, o pai prolífico de todos os males e crimes nesta vida; e suas escolas são os viveiros de tal egoísmo.

E: Tudo isso é muito interessante, falando em termos gerais, mas gostaria de ouvir alguns fatos e saber também como isso poderia ser remediado.

T: Muito bem, tentarei satisfazê-lo. Existem três grandes divisões de estabelecimentos escolares – internatos, escolas particulares e públicas – funcionando numa escala que varia do interesse mais comercial e grosseiro ao idealismo tradicional, com muitas permutações e combinações. O prático e comercial gera o lado moderno; e o clássico antigo e ortodoxo reflete sua pesada respeitabilidade até nos professores que lecionam nos internatos. Vemos claramente o interesse material científico e comercial suplantando o impotente interesse ortodoxo e tradicional. Não é necessário ir muito longe para encontrar a causa disso. O objetivo desse ramo da educação são libras, xelins e *pence*, o "bem maior" do século XIX. Logo, a energia gerada pelas moléculas cerebrais de seus partidários concentra-se apenas em um ponto; podemos dizer então que formam, em certa medida, um exército organizado de intelectos *instruídos* e especulativos, composto por uma minoria de homens que foi treinada para combater as hostes de massas ignorantes e simplórias, por sua vez condenadas a ser vampirizadas, exploradas e dominadas por seus irmãos intelectualmente mais fortes. Tal treinamento não é apenas *antiteosófico*, é simplesmente anticristão. Logo, o resultado direto desse ramo da educação é inundar o mercado com máquinas de fazer dinheiro, homens egoístas e sem coração — verdadeiros animais — que foram cuidadosamente treinados para atacar seus semelhantes e levar vantagem sobre a ignorância de seus irmãos mais fracos!

E: Bem, mas você não pode afirmar isso de nossas excelentes escolas públicas, de qualquer modo.

T: É verdade, não de todas. Mas, embora a *forma* seja diferente, o espírito que as anima é o mesmo: são *antiteosóficas* e *anticristãs*, mesmo que Eton e Harrow continuem formando cientistas ou teólogos.

E: Certamente você não pretende chamar Eton e Harrow de escolas "comerciais", não é?

T: Não. É claro que o sistema tradicional é, acima de tudo, *respeitável*, e nos dias de hoje isso produz algum bem. Continua sendo o favorito de nossas excelentes escolas públicas, onde se pode obter não apenas uma educação intelectual, como também social. É, portanto, de extrema importância que filhos estúpidos de pais aristocráticos e ricos frequentem tais escolas para encontrar outros jovens endinheirados de "sangue azul". Mas, infelizmente, há uma grande concorrência até mesmo para ingressar em tais escolas; pois as classes abastadas estão aumentando e as crianças pobres, porém inteligentes, buscam entrar nas escolas públicas através de bolsas de estudo, e, depois delas, ingressar nas universidades.

E: De acordo com essa visão, os "estultos" mais ricos têm que estudar muito mais do que seus companheiros pobres?

T: Isso mesmo. Mas, estranhamente, os fiéis do culto da "sobrevivência do mais apto" não praticam seu credo; pois seu único esforço é fazer os naturalmente inadequados suplantarem os aptos. Assim, por meio de subornos e grandes somas de dinheiro, seduzem e afastam os melhores professores de seus alunos naturais, para que transformem em máquinas uma progênie inadequada, que depois ingressa em profissões inúteis e abarrotadas de gente.

E: E a que você atribui tudo isso?

T: Tudo isso se deve à perniciosidade de um sistema que produz bens por encomenda, independentemente do talento e da inclinação natural do jovem. Mal o pobre candidato a esse paraíso progressista de aprendizado deixa o berçário, ingressa imediatamente na monotonia de uma escola preparatória para filhos de cavalheiros. Logo é dominado pelos operários da fábrica de materiais intelectuais e entulhado de noções de latim, francês, grego, datas e tabuadas, de modo que, se possui algum talento natural, este é rapidamente extirpado de seu cérebro pelo rolo compressor que Carlyle chamou tão adequadamente de "vocábulos mortos".

E: Mas certamente ele aprende algo além de "vocábulos mortos", e muito disso pode levá-lo diretamente à *teosofia*, se não à Sociedade Teosófica.

T: Não é bem assim. Da história, por exemplo, obterá conhecimento suficiente de sua própria nação em particular apenas para vestir uma armadura de preconceitos contra todos os outros povos e mergulhar nas fétidas latrinas de ódio nacional histórico e sede de sangue. Por acaso você chamaria isso de *teosofia*?

E: Quais são as outras objeções?

T: Acrescente a isso um conjunto de textos selecionados, os chamados "fatos bíblicos", cujo estudo exclui a necessidade de qualquer intelecto. Trata-se simplesmente de uma lição de memória, sendo o "porquê" do professor ditado pelas circunstâncias e não pela razão.

E: Sim, mas ouvi você se regozijar com o número cada vez maior de agnósticos e ateus nos dias de hoje, ou seja, parece que até mesmo pessoas treinadas nesse sistema que você critica tão veementemente *aprendem* a pensar e raciocinar por si mesmas.

T: Sim, mas isso se deve mais a uma reação saudável a esse sistema do que ao sistema em si. Preferimos mil vezes agnósticos, e até mesmo ateus, em nossa sociedade a fanáticos de qualquer religião. A mente de um agnóstico está sempre aberta à verdade; enquanto esta última cega o beato como o sol faz com a coruja. Os melhores — isto é, os verdadeiros amantes da verdade, os mais filantrópicos e honestos — entre nossos membros eram e são agnósticos e ateus (não acreditavam em um Deus *pessoal*). Mas não existem jovens de pensamento livre, e, geralmente, esse treinamento inicial deixa marcas, ao criar mentes limitadas e distorcidas. Um sistema educacional correto e são deve produzir a mente mais vigorosa e liberal, treinada estritamente no pensamento lógico e acurado, e não em uma fé cega. Como esperar bons resultados, se você perverte a capacidade de raciocinar de seus filhos, fazendo-os acreditar em milagres da Bíblia no domingo, enquanto nos outros seis dias da semana os ensina que tais coisas são cientificamente impossíveis?

E: O que vocês fariam, então?

T: Se tivéssemos dinheiro, fundaríamos escolas que não produzissem candidatos a mortos de fome que sabem ler e escrever. As crianças, acima de tudo, devem aprender a ter autoconfiança, amor por todos os homens, altruísmo, mútua caridade e, mais do que qualquer outra coisa, a pensar e raciocinar por si mesmas. Reduziríamos ao mínimo o trabalho puramente mecânico da memória e dedicaríamos esse tempo ao desenvolvimento e treinamento de sentidos interiores e faculdades e capacidades latentes. Tentaríamos lidar com cada criança como indivíduo e educá-la de forma a produzir o mais harmonioso e igualitário desdobramento de seus poderes, a fim de que suas aptidões especiais alcancem um desenvolvimento natural completo. Buscaríamos criar homens e mulheres *livres*, intelectual e moralmente livres, sem nenhum tipo de preconceito e, acima de tudo, *altruístas*. E acreditamos que muitas dessas aspirações, se não todas, podem ser obtidas com uma educação *adequada, genuinamente teosófica*.

Por que, então, há tanto preconceito contra a S. T.?

E: Se a teosofia é metade do que vocês dizem, por que ainda existe esse terrível mal-estar contra a sociedade? Esse problema é maior do que qualquer outro.

T: Sem dúvida, mas é preciso ter em mente quantos adversários poderosos angariamos desde a formação de nossa Sociedade. Como eu disse, se o movimento teosófico fosse uma das inúmeras manias modernas, tão inofensivas quanto evanescentes, seria simplesmente ridicularizado — como é atualmente por aqueles que ainda não compreenderam seu real significado — e solenemente ignorado. Mas ele não é nada disso. Intrinsecamente, a teosofia é o movimento mais sério desta época; um movimento que, além disso, ameaça a existência da maior parte dos consagrados embustes, preconceitos e males sociais do momento — os males que engordam e enchem de contentamento os poucos que estão no topo e seus imitadores e bajuladores (algumas dúzias de ricos pertencentes à classe média), enquanto positivamente esmagam e matam de fome milhões de pobres. Pense nisso e entenderá facilmente o motivo da implacável perseguição por parte daqueles que, mais observadores e perspicazes, enxergam a verdadeira natureza da Teosofia e, portanto, a temem.

E: Quer dizer que aqueles que compreenderam o que a teosofia incita tentam destruir o movimento? Mas se teosofia leva apenas ao bem, certamente não se pode declarar prontamente algo tão terrível, acusando esses poucos de pérfida crueldade e traição?

T: Muito pelo contrário, estou pronta a fazê-lo. Não chamo os inimigos com os quais travamos embates nos primeiros nove ou dez anos da Sociedade de "poderosos" ou "perigosos"; apenas aqueles que se ergueram contra nós nos últimos três ou quatro anos. E esses não falam, escrevem nem pregam contra a teosofia, mas trabalham em silêncio, pelas costas dos tolos que atuam como seus *fantoches* visíveis. Contudo, ainda que invisível à maioria dos membros de nossa Sociedade, são bem conhecidos pelos verdadeiros "fundadores" e protetores de nossa Sociedade. Mas, por diversos motivos, eles devem permanecer anônimos por enquanto.

E: São conhecidos por muitos teosofistas ou apenas por você?

T: Nunca disse que os conhecia. Posso conhecê-los ou não — mas sei quem são, e isso já basta; *e os desafio a fazer o máximo de mal que conseguirem.* Podem causar grandes danos e provocar confusão em nossas fileiras, especialmente entre os medrosos e aqueles que julgam apenas pelas aparências. Não destruirão a Sociedade, por mais que tentem. Além desses inimigos verdadeiramente "perigosos" — somente para os teosofistas que não honram esse nome e merecem estar *fora* e não *dentro* da S. T. —, o número de nossos oponentes é mais do que considerável.

E: Poderia nomeá-los, pelo menos, já que não pode mencionar os outros?

T: Claro que posso. Temos de lutar contra (1) o ódio do espíritas norte-americanos, ingleses e franceses; (2) a constante oposição do clero de todas as denominações; (3) especialmente contra o ódio implacável e a perseguição dos missionários na Índia; (4) que levou ao famoso e infame ataque perpetrado pela Sociedade de Pesquisas Psíquicas à nossa Sociedade Teosófica, desencadeado, por sua vez, pela habitual conspiração organizada pelos missionários na Índia. Por último, devemos incluir a deserção, por razões já explicadas, de vários membros eminentes, os quais têm contribuído ao máximo para aumentar o preconceito contra nós.

E: Pode me dar mais detalhes sobre isso, para que eu saiba o que responder quando solicitado; em suma, uma breve história da Sociedade e por que o mundo deve acreditar nisso tudo?

T: A razão é simples. A maior parte das pessoas de fora não sabe absolutamente nada sobre a Sociedade, seus motivos, objetivos ou crenças. Desde o princípio, o mundo não viu na teosofia mais do que certos fenômenos maravilhosos, nos quais dois terços dos não espiritualistas não acreditam. Em pouco tempo, a sociedade passou a ser considerada como um órgão que reivindicava a posse de poderes "milagrosos". O mundo jamais percebeu que a Sociedade pregava a absoluta descrença em *milagres* ou mesmo a possibilidade de tais; que havia apenas algumas pessoas na Sociedade que possuíam tais poderes psíquicos e poucos que se importavam com eles. Nem sequer entendeu que os fenômenos nunca eram apresentados publicamente, apenas em particular, a amigos, e apenas como um acessório, para provar por demonstração direta que tais coisas podiam ser produzidas sem salas escuras, espíritos, médiuns ou qualquer uma das parafernálias habituais. Infelizmente, essa concepção equivocada foi muito fortalecida e exagerada pelo primeiro livro lançado sobre o assunto, que despertou bastante atenção na Europa — *Occult World* [*O mundo oculto*], de Sinnet. Essa obra muito fez para destacar a Sociedade, mas também atraiu ainda mais condenação, escárnio e informações falsas sobre os desafortunados heróis e heroínas dessa história. Sinnet foi muitas vezes alertado de que isso poderia acontecer, mas não prestou atenção à *profecia* — que estava ali, embora de maneira velada.

E: Por que e desde quando os espíritas os odeiam?

T: Desde o primeiro dia de existência da Sociedade. Tão logo se tornou notório que, como órgão, a S. T. não acreditava em comunicações com os espíritos dos mortos e considerava os chamados "espíritos", em sua maioria, reflexos astrais de personalidades desencarnadas, cascas etc., os espíritas passaram a nutrir um violento ódio por nós e especialmente pelos fundadores. Esse ódio encontrou expressão em vários tipos de calúnia, observações pessoais pouco caridosas e deturpações absurdas dos ensinamentos teosóficos em todos os órgãos espíritas norte-americanos. Por anos, fomos perseguidos, denunciados e prejudicados. Isso começou em 1875 e continua até hoje. Em 1879, a sede da S. T. foi transferida de Nova York para Bombaim [atual Mumbai], na Índia, e então estabeleceu-se permanentemente em Madras [atual Chennai]. Quando o primeiro ramo de nossa Sociedade, a S. T. Britânica, foi fundada, em Londres, os espíritas ingleses iniciaram uma verdadeira batalha contra nós, seguidos pelos norte-americanos e os franceses.

E: Mas por que o clero seria hostil com vocês, quando, afinal, a principal doutrina teosófica opõe-se ao materialismo, o grande inimigo de todas as formas de religião atuais?

T: O clero opôs-se a nós com base no princípio geral de que "Quem não está comigo, está contra mim". Como a teosofia não concorda com nenhuma seita ou credo, é considerada inimiga de todas as religiões, pois ensina que todas estão equivocadas, em menor ou maior grau. Os missionários na Índia nos odiavam e tentavam nos destruir porque viram a nata da juventude indiana letrada e dos brâmanes, praticamente inacessível a eles, juntarem-se à Sociedade em grande número. E ainda assim, apesar desse ódio de classe geral, a S. T. abriga em suas fileiras muitos clérigos e até mesmo um ou dois bispos.

E: E o que levou a Sociedade de Pesquisas Psíquicas (S. P. P.) a combatê-los? Ambas as sociedades seguiam a mesma linha de estudo, em alguns aspectos, e vários pesquisadores psíquicos pertenciam à sua Sociedade.

T: Em primeiro lugar, éramos muito amigos dos dirigentes da S. P. P.; mas quando o ataque aos fenômenos apareceu na *Christian College Magazine*, sustentado pelas pretensas revelações de um serviçal, a S. P. P. percebeu que tinha se comprometido ao publicar em suas "atas" muitos dos fenômenos que ocorreram em conexão com a S. T. Eles ambicionavam posar como um órgão dominante e estritamente científico; de modo que tiveram de escolher entre manter essa posição atirando ao mar a S. T. e até mesmo tentando destruí-la; vendo-se fundidos, na opinião dos saduceus do *grand monde*[1], aos teosofistas "crédulos" e espiritualistas. Não havia um modo de escapar disso, não havia duas opções, e eles escolheram nos jogar ao mar. Era uma questão de extrema necessidade para eles. Mas tão ansiosos estavam para encontrar qualquer motivo aparentemente razoável que justificasse atacar a vida de devoção e trabalho incessante dos dois fundadores e a ausência completa de lucros pecuniários ou outras vantagens indevidas, que nossos inimigos foram obrigados a recorrer à tremendamente absurda, eminentemente ridícula e agora famosa "teoria da espiã russa" para explicar essa devoção. Mas o velho ditado "O sangue do mártir é a semente da Igreja" provou-se mais uma vez correto. Após o choque desse primeiro ataque, a S. T. dobrou e triplicou seu número de adeptos, mas a má impressão produzida naquela época ainda permanece. Um autor francês estava certo ao dizer: *"Calomniez, calomniez toujours et encore, il en restera toujours quelque chose"*[2]. Por isso os injustos preconceitos são tão recorrentes e tudo relacionado com a S. T., e especialmente com seus fundadores, são tão falsamente distorcidos, porque são baseados em boatos maliciosos.

E: No entanto, nos catorze anos em que a Sociedade existe, vocês devem ter tido bastante tempo e oportunidade para revelar o verdadeiro aspecto do seu trabalho.

T: Como e quando recebemos essa oportunidade? Nossos membros mais proeminentes tinham aversão a qualquer coisa que parecesse uma justificação pública. Sua política sempre foi: "Devemos viver de acordo com nossa doutrina"; e "Que importa o que os jornais dizem ou as pessoas pensam?". A sociedade era muito pobre para patrocinar palestrantes públicos, e, portanto, a exposição de nosso ponto de vista e nossa doutrina foi confinada a poucas obras teosóficas que obtiveram sucesso, mas que as pessoas frequentemente não compreendiam ou só conheciam por ouvirem falar. Nossos periódicos foram e ainda são boicotados; nossas obras literárias foram ignoradas; e até hoje ninguém parece ter muita certeza se os teosofistas são uma espécie de adoradores da serpente e do demônio ou simplesmente "budistas esotéricos" — seja lá o que isso signifique. Para nós foi inútil continuar negando, dia após dia e ano após ano, inúmeras lorotas inconcebíveis sobre nós; pois, assim que uma era passada a limpo, outra, ainda mais absurda e maliciosa, nascia das cinzas da primeira. Infelizmente, a natureza humana é constituída de tal modo que qualquer coisa boa dita sobre alguém é imediatamente esquecida e jamais repetida. Mas basta proferir uma calúnia ou inventar uma história — não importa o quão absurda, falsa ou inacreditável, se ela estiver associada a alguma pessoa impopular — para que seja bem-sucedida e imediatamente aceita como um fato histórico. Como a "Calumnia" de Don Basilio[3], o boato surge, a princípio, como uma brisa leve e suave que mal agita a grama sob seus pés e brota sem que ninguém saiba de onde; então, num curto espaço de tempo, ela se transforma em um vento forte, começa a soprar com violência e imediatamente se torna uma estrondosa tempestade! Nas notícias, uma calúnia é como um polvo entre peixes; gruda em nossa mente, fixa-se em nossa memória, que se alimenta dela, deixando marcas indeléveis mesmo depois que a calúnia foi destruída materialmente. Uma mentira caluniosa é a única chave mestra que abre todo e qualquer cérebro. Ela recebe boas-vindas e hospitalidade de cada mente humana, tanto a mais elevada quanto a mais baixa, mesmo que pouco preconceituosa, e não importa o quão ultrajante sejam a origem e o motivo.

E: Não acha que essa afirmação é abrangente demais? Os ingleses nunca estão dispostos a acreditar em qualquer coisa, e nossa nação é conhecida por seu proverbial amor à honestidade. Uma mentira tem perna curta e...

T: Os ingleses estão tão dispostos a acreditar no mal quanto um estrangeiro qualquer; pois isso é da natureza humana e não uma característica nacional. Quanto à mentira, pode ter perna curta, como diz o provérbio, mas suas asas são bem ligeiras; e pode voar mais rápido e longe do que qualquer outro tipo de notícia, tanto na Inglaterra como em outros lugares. Lembre-se sempre de que mentiras e calúnias são o único tipo de literatura que podemos obter de graça, sem desembolsar um único centavo. Podemos fazer uma experiência, se quiser. Por acaso você, que é tão interessado em assuntos teosóficos e sabe tanto sobre nós, poderia me fazer perguntas sobre esses rumores e "boatos" de que ouviu falar? Responderei a verdade, nada além da verdade, sujeitando-me à mais estrita verificação.

E: Antes de mudarmos de assunto, vamos esclarecer por completo esse ponto. Bem, alguns escritores chamaram seus ensinamentos de "imorais e perniciosos"; outros, com base no fato de que muitos orientalistas e as chamadas "autoridades" no tema encontraram nas religiões indianas apenas o culto ao sexo em suas muitas formas, os acusam de ensinar nada mais que o culto ao falo. Eles alegam que, como a teosofia moderna está tão intimamente ligada ao pensamento oriental, em particular o indiano, não pode se ver livre dessa mácula. Ocasionalmente, vão ainda mais longe e acusam os teosofistas europeus de reviverem as práticas relacionadas a esse culto. O que me diz disso?

T: Já ouvi falar disso antes e li a esse respeito; e respondo que não existe calúnia mais infundada e mentirosa. "Os tolos só conseguem sonhar com tolices", diz um provérbio russo. Meu sangue ferve ao escutar acusações tão vis e infundadas, criadas por meras deduções. Pergunte às centenas de honrados homens e mulheres ingleses que foram membros da Sociedade Teosófica por anos, se um preceito *imoral* ou uma doutrina *perniciosa* algum dia lhes foi ensinada. Abra o livro *A doutrina secreta* e encontrará páginas e páginas denunciando os judeus e outras nações justamente por causa dessa devoção aos ritos fálicos, devido à interpretação literal do simbolismo da natureza e às concepções grosseiramente materialistas de seu dualismo em todos os credos *exotéricos*. Ver uma deturpação tão incessante e maliciosa de nossos ensinamentos e crenças é mesmo algo vergonhoso.

E: Mas vocês não podem negar que o elemento fálico existe nas religiões do Oriente.

T: Não negamos; apenas afirmamos que isso não prova nada, assim como sua presença no Cristianismo, a religião do Ocidente, não prova nada. Leia *Rosicrucians* [Os rosa-cruzes], de Hargrave Jennings, se quiser certificar--se disso. Talvez o simbolismo fálico seja mais rude no Oriente por ser mais fiel à natureza, ou, melhor dizendo, mais *ingênuo* e sincero do que no Ocidente. Mas não é mais licencioso nem sugere à mente oriental as mesmas ideias grosseiras e vulgares que sugere à ocidental, talvez com uma ou duas exceções, como a vergonhosa seita conhecida como *maharajah* ou seita *vallabhachârya*.

E: Um escritor do jornal *Agnostic* [Agnóstico] — um de seus acusadores — sugeriu que os seguidores dessa seita vergonhosa são teosofistas e "alegam ter a verdadeira visão teosófica".

T: Ele escreveu uma mentira, e isso é tudo. Nunca houve, nem há no momento, um único *vallabhachârya* em nossa Sociedade. Quanto a terem alcançado ou alegado a visão teosófica, essa é outra mentira, baseada na ignorância crassa sobre as seitas indianas. Sua *maharajah* apenas reivindica o direito ao dinheiro, às esposas e filhas de seus tolos seguidores e nada mais. Essa seita é desprezada por todos os outros hindus. Mas você encontrará o assunto tratado minuciosamente em *A doutrina secreta*, ao qual devo novamente recorrer para lhe fornecer explicações detalhadas. Para concluir, a alma da teosofia é absolutamente contrária à adoração fálica; e a suas seções ocultas ou esotéricas mais ainda do que aos ensinamentos exotéricos. Nunca houve uma declaração mais mentirosa do que a que você mencionou. E agora me pergunte outras coisas.

A sociedade teosófica é um negócio para ganhar dinheiro?

E: De acordo. Bem, algum fundador, o coronel H. S. Olcott ou H. P. Blavatsky, já recebeu dinheiro ou obteve algum lucro e proveito mundano da S. T., como dizem alguns jornais?

T: Nem um centavo. Os jornais mentem. Pelo contrário, ambos deram tudo que tinham e, literalmente, mendigaram. Quanto aos "benefícios mundanos", pense nas calúnias e difamações a que foram submetidos e então refaça a pergunta!

E: Contudo, li em muitos órgãos missionários que as taxas de entrada e assinaturas cobriam com sobras todas as despesas; e um deles disse que os fundadores estavam lucrando 20 mil libras por ano!

T: Isso é uma mentira, como muitas outras. Na prestação de contas de janeiro de 1889, você encontrará uma declaração exata de *todo* o dinheiro já recebido de qualquer fonte desde 1879. O total recebido de todas as fontes (taxas de entrada, doações etc.) durante esses dez anos é inferior a 6.000 libras, e destas, uma grande parte foi contribuição dos próprios fundadores, como produto de seus recursos privados e obras literárias. Tudo isso foi admitido oficial e abertamente até mesmo por nossos inimigos, da Sociedade de Pesquisa Psíquica. E agora os dois fundadores não têm um tostão; uma está muito velha e doente para trabalhar como antes, sendo incapaz de obter tempo para trabalhos literários externos que angariem dinheiro à Sociedade e podendo apenas escrever para a causa teosófica; e o outro continua trabalhando como antes, sem receber sequer um agradecimento por isso.

E: Mas certamente precisam de dinheiro para viver.
T: De jeito nenhum. Desde que tenham comida e abrigo, mesmo que à custa da devoção de poucos amigos, não precisam de muito mais.

E: Mas Madame Blavatsky, em especial, não poderia obter mais do que o suficiente para viver por meio de seus escritos?
T: Na Índia, ela recebeu, em média, cerca de 1.000 rupias anualmente por artigos escritos a jornais russos e de outros países, mas deu todo o dinheiro para a Sociedade.

E: Artigos políticos?
T: De forma alguma. Tudo o que ela escreveu ao longo dos sete anos que passou na Índia está impresso. Os artigos tratam apenas das religiões, de etnologia, costumes da Índia e da própria teosofia — nunca de política, da qual ela nada sabe e com a qual se importa menos ainda. Além disso, há dois anos, ela recusou vários contratos que totalizavam cerca de 1.200 rublos em ouro por mês; pois não podia aceitá-los sem abandonar seu trabalho

na Sociedade, que necessitava de todo o seu tempo e vigor. Ela tem documentos para provar isso.

E: Mas por que ela e o coronel Olcott não fazem como tantos outros teosofistas e seguem suas respectivas profissões, dedicando o resto do tempo ao trabalho da Sociedade?

T: Porque ao servir a dois senhores, um sairia prejudicado, seja o trabalho profissional ou o filantrópico. Todo verdadeiro teosofista é moralmente obrigado a sacrificar o pessoal ao impessoal, seu próprio bem presente para o benefício *futuro* de outras pessoas. Se os fundadores não derem o exemplo, quem o fará?

E: E há muitos que seguem esse preceito?

T: Devo dizer a verdade. Na Europa inteira, há cerca de meia dúzia, considerando todas as filiais.

E: Então, não é verdade que a Sociedade Teosófica tem um grande capital ou recebe muitas doações?

T: É falso, pois não conta em absoluto com nenhum dos dois. Agora que a taxa de entrada de uma libra e os pequenos vencimentos anuais foram abolidos, paira até a dúvida se a equipe na sede da Índia não morrerá de fome em breve.

E: Então, por que não aumentar o valor das assinaturas?

T: Não somos o Exército de Salvação; não *podemos* implorar e *jamais* o faremos; tampouco seguimos o exemplo das Igrejas e seitas e "coletamos doações". O que ocasionalmente é enviado para o sustento da Sociedade, as pequenas somas doadas por alguns membros dedicados, representa todas as doações voluntárias.

E: Mas ouvi falar de grandes somas de dinheiro concedidas a Madame Blavatsky. Foi dito há quatro anos que ela recebeu 5.000 libras de um membro jovem e rico, que se juntou aos teosofistas na Índia, e 10.000 libras de outro cavalheiro americano rico e conhecido, um de seus membros que morreu na Europa quatro anos atrás.

T: Pois diga àqueles que lhe contaram isso que não devem pronunciar ou repetir mentiras grosseiras. Nunca a "Madame Blavatsky" *pediu* ou *recebeu* UM ÚNICO CENTAVO dos dois senhores mencionados, nem nada de qualquer outra pessoa, desde que a Sociedade Teosófica foi fundada. Se algum homem tentar provar essa calúnia, verá que seria mais fácil provar que o Banco da Inglaterra está falido do que a dita "fundadora" ganhou dinheiro com a teosofia. Essas duas calúnias foram espalhadas por duas senhoras bem-nascidas, pertencentes à aristocracia de Londres, e foram imediatamente rastreadas e refutadas. São os cadáveres, as carcaças de duas invenções, que, após terem sido enterradas no mar do esquecimento, são mais uma vez trazidas à superfície das águas paradas da calúnia.

E: Fui informado de *legados* vultosos deixados para a S. T. Um, que totalizava cerca de 8.000 libras, foi deixado por um inglês excêntrico, que nem sequer pertencia à Sociedade. O outro — no valor de 3.000 ou 4.000 libras — foi deixado em testamento por um australiano membro da S. T. Isso é verdade?

T: Ouvi falar do primeiro; e sei também que, seja legalmente deixado ou não, a S. T. nunca lucrou com isso, nem os fundadores nunca foram oficialmente notificados disso. Pois, como nossa Sociedade não era à época um órgão licenciado, e assim não tinha existência legal, o juiz do Tribunal de Legitimação, como nos foi dito, não deu atenção a tal legado e entregou a soma aos herdeiros. Isso explica a primeira menção. Quanto à segunda, é verdade. O doador era um dos nossos mais devotados membros e quis deixar tudo o que tinha para a S. T. Mas quando o presidente, o coronel Olcott, examinou a questão, descobriu que o doador tinha filhos que deserdou por motivos familiares. Portanto, convocou um conselho e foi decidido que o legado seria recusado e o dinheiro passaria para os herdeiros legais. A Sociedade Teosófica não honraria o seu nome se lucrasse com o dinheiro que pertence a outras pessoas, se não legalmente, pelo menos virtualmente, segundo os princípios teosóficos.

E: Eu soube também, e digo com base na autoridade de seu próprio jornal, o *Theosophist*, que há um rajá da Índia que doou à Sociedade 25.000 rupias. Você não agradeceu a ele por sua grande generosidade no *Theosophist* de janeiro de 1888?

T: Sim, com as seguintes palavras: "Que os agradecimentos da Convenção sejam transmitidos a S. A., o marajá... pela generosa promessa de 25.000 rupias para o Fundo da Sociedade". Os agradecimentos foram devidamente transmitidos, mas o dinheiro ainda é uma "promessa" e nunca chegou à sede.

E: Mas certamente o marajá cumprirá sua promessa, pois prometeu a doação e recebeu agradecimentos públicos, que foram publicados na mídia impressa?

T: Pode ser que sim, embora a promessa tenha completado 18 meses. Falo do presente e não do futuro.

E: Então, como vocês pretendem continuar?

T: Contanto que a S. T. tenha alguns poucos membros dedicados e dispostos a trabalhar por ela sem recompensas e agradecimentos; e bons teosofistas a apoiem com doações ocasionais, ela existirá por muito tempo e nada poderá destruí-la.

E: Ouvi muitos teosofistas falarem de um "poder por trás da Sociedade" e de certos "*mahatmas*", também mencionados nas obras de Sinnett, que dizem ter fundado a Sociedade e jurado vigiá-la e protegê-la.

T: Você pode rir, mas é isso mesmo.

Os funcionários da S. T.

E: Ouvi dizer que esses homens são grandes adeptos, alquimistas e muito mais. Se podem, então, transformar chumbo em ouro e obter o dinheiro que desejarem, além de fazer todo tipo de milagre a seu bel-prazer, conforme relatado na obra *O mundo oculto*, de Sinnett, por que não lhes dão o dinheiro e apoiam os fundadores e a Sociedade com conforto?

T: Porque eles não fundaram um "clube de milagres". Porque a Sociedade pretende ajudar os homens a desenvolver seus poderes latentes por meio de seu próprio esforço e mérito. Porque, independentemente do que podem ou não produzir em matéria de fenômenos, eles não são *falsos moedeiros*; nem colocariam uma tentação adicional tão sedutora no caminho de membros e candidatos: *a teosofia não pode ser comprada.* Até agora, nos últimos catorze anos, nenhum membro ativo jamais recebeu pagamento dos mestres ou da Sociedade.

E: Então nenhum de seus funcionários é pago?

T: Até agora, ninguém foi pago. Mas como precisam comer, beber e se vestir, aqueles que não têm meios próprios e devotam integralmente seu tempo ao trabalho da sociedade, recebem os gêneros necessários para sua subsistência da sede de Madras, na Índia, embora esses "gêneros" sejam bastante modestos! Mas agora, que o trabalho da Sociedade aumentou vertiginosamente e continua crescendo (*devido às calúnias*) na Europa, precisamos de mais funcionários. Esperamos em breve ter alguns membros remunerados — se é que essa palavra *pode* ser usada nos casos em questão. Pois esses membros que estão se preparando para doar *todo* o seu tempo para a Sociedade deixarão bons empregos com excelentes perspectivas para trabalhar para nós por *menos da metade de seu salário*.

E: E quem fornecerá os fundos para isso?

T: Alguns de nossos membros são ligeiramente mais ricos do que os outros. O homem que especulasse ou ganhasse dinheiro com a teosofia seria indigno de permanecer em nossas fileiras.

E: Mas certamente vocês devem ganhar dinheiro com seus livros, revistas e outras publicações.

T: Das revistas, somente a *Theosophist* de Madras dá algum lucro, que tem sido regularmente entregue à Sociedade, ano a ano, como demonstramos em nossas prestações de contas. *Lucifer* começou a render dinheiro lenta e constantemente, mas ainda não paga as despesas de publicação — graças ao boicote dos piedosos livreiros e vendedores de bancas de ferrovias. A revista *Lotus*, na França — foi publicada graças aos meios particulares e não muito extensos de um teosofista, que dedicou a ela todo o seu tempo e trabalho —, deixou de existir, devido às mesmas causas, infelizmente! Nem a *The Path* de Nova York paga seus custos, enquanto a *Revue Théosophique* de Paris acabou de ser iniciada, também graças aos meios privados de uma membra. De qualquer modo, sempre que qualquer uma das obras publicadas pela Theosophical Publishing Company de Londres gerar algum lucro, a receita será destinada ao serviço da Sociedade.

E: E agora, por favor, conte-me o que puder sobre os *mahatmas*. Tantas coisas absurdas e contraditórias são ditas sobre eles que ninguém sabe no que acreditar, uma vez que circulam todos os tipos de histórias ridículas.

T: Você faz bem em chamá-las de "ridículas"!

– XIV –
OS "MAHATMAS TEOSÓFICOS"

"Espíritos de luz" ou "duendes infernais"?

E: Quem são, afinal, aqueles que vocês chamam de "mestres"? Alguns dizem que são "espíritos" ou outro tipo de seres sobrenaturais, enquanto outros os chamam de "mitos".
T: Não são nem uma coisa nem outra. Certa vez, ouvi uma pessoa de fora dizer que eram uma espécie de *sereias masculinas*, seja lá o que forem essas criaturas. Mas, se você prestar atenção ao que as pessoas dizem, jamais terá uma noção verdadeira deles. Em primeiro lugar, são homens *vivos*, nascidos da mesma forma que nós e condenados a morrer como qualquer outro mortal.

E: Sim, mas há rumores de que alguns deles têm mil anos de idade. Isso é verdade?
T: Tão verdade quanto o cabelo milagroso que cresceu na cabeça de Shagpat, personagem do livro de George Meredith. De fato, assim como o "idêntico", nenhum instrumento teosófico foi, até agora, capaz de cortá-lo. Quanto

mais negamos esses rumores e tentamos esclarecer as pessoas, mais absurdas se tornam as histórias inventadas. Já ouvi que Matusalém tinha 969 anos; mas, não sendo forçada a acreditar naquilo, ri da declaração e fui imediatamente considerada por muitos como uma herege blasfema.

E: Mas, falando sério, a vida deles é mais longa que o normal?
T: O que você chama de "normal"? Lembro-me de ter lido no *Lancet* que havia um mexicano com quase 190 anos; mas nunca ouvi falar de homem mortal, leigo ou adepto, que alcançasse a metade dos anos atribuídos a Matusalém. Alguns adeptos excedem, em muito, o que você chama de idade "normal"; contudo, não há nada de milagroso nisso e poucos deles desejam viver tanto tempo assim.

E: Mas o que a palavra *mahatma* realmente significa?
T: Simplesmente "grande alma". Grande por meio da elevação moral e conquista intelectual. Se o título de "grande" é concedido a um soldado bêbado como Alexandre, por que não deveríamos chamar de "grandes" àqueles que, nos segredos da natureza, realizaram conquistas muito maiores que as de Alexandre no campo de batalha? Além disso, é um termo hindu e muito antigo.

E: E por que vocês os chamam de "mestres"?
T: Nós os chamamos de "mestres" porque são nossos professores; e deles obtemos todas as verdades teosóficas, por mais inadequadamente que alguns de nós as tenham expressado e compreendido. São homens de grande erudição, a quem chamamos de iniciados, e têm uma vida

ainda mais santa. Não são ascetas no sentido comum, embora certamente permaneçam afastados do tumulto e da discórdia de seu mundo ocidental.

E: Mas não é egoísmo isolar-se assim?

T: Onde está esse egoísmo? O destino da Sociedade Teosófica não provou suficientemente que o mundo não está pronto para reconhecê-los nem desfrutar de seu ensinamento? De que adiantaria o professor Clerk Maxwell tentar ensinar a tabuada a uma classe de crianças pequenas? Além disso, eles se isolam apenas do Ocidente. Em seu próprio país circulam tão à vontade quanto as outras pessoas.

E: Vocês não lhes atribuem poderes sobrenaturais?

T: Não acreditamos em nada sobrenatural, como eu já disse. Se Edison tivesse vivido e inventado o seu fonógrafo há duzentos anos, muito provavelmente teria sido acusado de compactuar com o diabo e seria queimado junto com o aparelho. Os poderes que exercem são simplesmente o desenvolvimento de potenciais latentes em cada homem e mulher, cuja existência até mesmo a ciência oficial começa a reconhecer.

E: É verdade que esses homens *inspiram* alguns de seus escritores e que muitas das obras teosóficas, se não todas, foram escritas sob sua orientação?

T: Algumas realmente foram. Há passagens inteiramente ditadas por eles, *palavra por palavra*, mas, na maioria dos casos, eles apenas inspiram as ideias e deixam a forma literária para os escritores.

E: Mas isso, por si só, é milagroso; é, na verdade, um *milagre*. Como eles conseguem fazer isso?

T: Meu caro senhor, você está completamente equivocado e em breve a própria ciência se encarregará de refutar seus argumentos. Por que deveria ser um "milagre", como você o chama? Um milagre pressupõe uma operação sobrenatural, embora não haja nada de divino e antinatural nesse caso. Uma das muitas formas de "milagres" reconhecidas pela ciência moderna é o hipnotismo. Existe uma fase de seu poder conhecida como "sugestão", uma forma de transferência de pensamento que tem sido usada com sucesso para combater enfermidades físicas etc. Haverá de chegar o dia em que o mundo da ciência será forçado a reconhecer que existe tanta interação entre uma mente e outra, independentemente da distância em que se encontram, como entre dois corpos muito próximos um do outro. Quando duas mentes se relacionam favoravelmente e os instrumentos que as fazem funcionar estão sintonizados para responder magnética e eletricamente uns aos outros, não há nada que impeça a transmissão de pensamentos de uma para a outra, sempre que assim o desejarem; pois, uma vez que a mente não tem uma natureza tangível e essa distância pode separá-la do objeto de sua contemplação, a única diferença que pode existir entre essas duas mentes é uma diferença de ESTADO. Logo, se este último obstáculo é superado, onde está o "milagre" da *transferência de pensamento* a distância?

E: Mas você admite que o hipnotismo não realiza nada tão milagroso ou maravilhoso como isso?

T: Pelo contrário, é um fato notório que o hipnotizador pode afetar o cérebro do sujeito da experiência, a ponto de produzir uma expressão de seus pensamentos e até mesmo de suas palavras por meio do organismo do hipnotizado; e, embora os fenômenos relacionados a esse método concreto de transferência de pensamento sejam poucos até agora, presumo que ninguém se comprometerá a dizer até onde pode chegar sua ação no futuro, quando as leis que regem sua produção estiverem cientificamente estabelecidas. E assim, se tais resultados podem ser produzidos pelo conhecimento de meros rudimentos de hipnotismo, o que impede o adepto com poderes psíquicos e espirituais de gerar os resultados que você chama de "milagrosos", devido ao seu conhecimento limitado das leis que ele segue?

E: Então por que os nossos médicos não experimentam e tentam fazer o mesmo?[1]

T: Porque, em primeiro lugar, não são adeptos que possuam uma minuciosa compreensão dos segredos e das leis dos reinos psíquico e espiritual, e sim materialistas que temem deixar o limitado caminho da matéria; em segundo lugar, porque *devem falhar* até reconhecer que tais poderes são alcançáveis.

E: Mas eles podem ser ensinados?

T: Não, a menos que sejam preparados para isso. Devem, em primeiro lugar, extirpar a impureza materialista que acumularam no cérebro, até o último átomo.

E: Isso é muito interessante. Diga-me, os adeptos inspiraram ou mandaram muitos de seus teosofistas proceder desse modo?

T: Não, pelo contrário, inspiraram poucos. Essas operações exigem condições especiais. Um adepto inescrupuloso, mas habilidoso da Irmandade Negra ("Irmãos das Sombras", ou *dugpas*, como os chamamos) encontra menos dificuldade para fazê-lo; pois, não tendo leis espirituais para limitar suas ações, tal "feiticeiro" *dugpa* desejará, sem a menor cerimônia, ter controle sobre qualquer mente e sujeitá-la inteiramente a seus poderes malignos. Mas nossos mestres jamais fariam isso. Não têm o direito, exceto se aderirem à magia negra, de obter pleno domínio sobre o ego imortal de alguém; portanto, podem agir apenas sobre a natureza física e psíquica do sujeito, permitindo, assim, que o livre-arbítrio deste último permaneça completamente inalterado. Portanto, a menos que uma pessoa desenvolva uma relação psíquica com os mestres e seja assistida em virtude da plena fé e devoção a seus professores, estes últimos, sempre que transmitirem seus pensamentos a alguém que não apresente essas condições, experimentariam grande dificuldade em penetrar no nebuloso caos da esfera dessa pessoa. Mas aqui não é o lugar para tratar um assunto dessa natureza. Basta dizer que, se o poder existe, há inteligências incorporadas ou desencarnadas que o orientam e instrumentos vivos e conscientes através dos quais é transmitido e por quem é recebido. Precisamos apenas tomar cuidado com a *magia negra*.

E: Mas o que você realmente quer dizer com "magia negra"?

T: Simplesmente *abusar dos poderes psíquicos* ou de qualquer s*egredo da natureza*; o fato de aplicar com fins egoístas e perversos os poderes do ocultismo. Um hipnotizador, que, aproveitando seus poderes de "sugestão", força um sujeito a roubar ou assassinar, seria chamado de *praticante de magia negra* por nós. O famoso "sistema rejuvenescedor" do dr. Brown-Sequard, de Paris, através de uma repugnante *injeção animal* no sangue humano — uma descoberta que todas as publicações europeias estão discutindo agora — se for verdadeiro, é *magia negra inconsciente*.

E: Mas esta é uma crença medieval em bruxaria e feitiçaria! Até a própria lei deixou de acreditar nessas coisas.

T: Tanto pior para a lei, já que ela tem sido levada, por falta de discernimento, a cometer mais de um crime e erro judicial. É o termo sozinho que o assusta por seu toque "supersticioso". A lei não puniria o abuso de poderes hipnóticos, como acabei de mencionar? Não só puniu na França e na Alemanha, como ainda negou com indignação ter aplicado a punição a um evidente crime de *bruxaria*. Você pode não acreditar na eficácia e realidade dos *poderes de sugestão* por médicos e mesmerizadores (ou hipnotizadores), e se recusar a acreditar nos mesmos poderes quando são usados para motivos maléficos. E se o fizer, então acredita em *bruxaria*. Você não pode acreditar no bem e desacreditar o mal, aceitar dinheiro genuíno e se recusar a creditar algo como moeda falsa. Nada pode existir sem o seu contraste, nem um dia, nem uma luz, nem um bem poderiam ter qualquer representação em sua consciência se não houvesse a noite, a escuridão ou o mal para contrabalanceá-los.

E: Na verdade, conheci homens que, embora acreditassem profundamente no que chama de poderes psíquicos ou mágicos, riam com a simples menção de bruxaria e feitiçaria.

T: Sabe o que isso prova? Simplesmente que são ilógicos. Tanto pior para eles. E nós, sabendo da existência de adeptos bons e santos, acreditamos piamente na existência de adeptos maus e profanos, ou *dugpas*.

E: Mas, se os mestres existem, por que não surgem diante de todos os homens e refutam de uma vez por todas as muitas acusações feitas contra Madame Blavatsky e a Sociedade?

T: Que acusações?

E: Que *eles* não existem e ela os inventou. Que são espantalhos, "*mahatmas* feitos com musselina e bexigas". Tudo isso não macula a sua reputação?

T: De que forma essa acusação pode realmente feri-la? Ela já lucrou com a presumida existência dos *mahatmas* ou obteve benefícios ou fama por causa deles? Pois respondo que ela ganhou apenas insultos, agressões e calúnias, o que teria sido muito doloroso se não tivesse aprendido há tempos a permanecer perfeitamente indiferente a tais acusações falsas. A que isso leva, afinal de contas? Ora, a um *elogio implícito*, que, se os tolos, seus acusadores, não fossem guiados por seu ódio cego, teriam pensado duas vezes antes de proferir. Dizer que ela inventou os mestres equivale a dizer que ela inventou toda filosofia que já saiu da literatura teosófica. Então ela deve ser a autora das cartas que inspiraram o livro *Budismo esotérico*; a única inventora de cada princípio encontrado em *A doutrina secreta*, que, se o mundo fosse justo, seria reconhecido como fornecedor de muitos dos elos que faltam na ciência, como será descoberto daqui a cem anos. Ao dizerem o que dizem, eles também conferem a ela o crédito de ser muito mais inteligente do que as centenas de homens (muitos deles inteligentíssimos e científicos) que acreditam no que ela diz — considerando que ela deve ter enganado a todos! Se dizem a verdade, então ela deve ter vários *mahatmas* encaixados dentro de si como uma boneca russa; uma vez que as chamadas "cartas dos *mahatmas*", que seus acusadores declaram que ela escreveu, exibem estilos totalmente diferentes e distintos.

E: É o que eles dizem. Mas ela não considera doloroso ser denunciada publicamente como "a impostora mais talentosa da época, cujo nome merece passar para a posteridade", como fizeram no relatório da Sociedade de Pesquisa Psíquica?

T: Poderia ser doloroso se fosse verdade ou viesse de pessoas menos raivosas, materialistas e preconceituosas. Dadas as circunstâncias, ela trata a questão com desprezo, enquanto os *mahatma*s simplesmente riem. Na verdade, repito que esse é o maior elogio que poderia ser feito a ela.

E: Mas seus inimigos afirmam ter provas da acusação.

T: Sim, é fácil fazer tal afirmação quando alguém constitui a si mesmo como juiz, júri e promotor público ao mesmo tempo, como fizeram. Mas quem, exceto seus seguidores fiéis e nossos inimigos, acredita nisso?

E: Mas enviaram um representante à Índia para investigar o caso, não enviaram?

T: Sim, e sua conclusão final depende inteiramente das declarações questionáveis e afirmações não verificadas desse jovem cavalheiro. Um advogado que leu o relatório disse a um amigo meu que, em toda a sua experiência profissional, nunca tinha visto "um documento tão *ridículo* e autoincriminador". Descobriu-se que estava cheio de suposições e "hipóteses inconclusivas" que se anulavam mutuamente. Por acaso a considera uma acusação séria?

E: No entanto, causou um grande dano à Sociedade. Por que, então, ela não tentou provar sua inocência perante um tribunal de justiça, pelo menos?

T: Em primeiro lugar, porque, como teosofista, é seu dever ignorar insultos pessoais. Em segundo lugar, porque nem a Sociedade nem Madame Blavatsky tinha dinheiro para desperdiçar com um processo. E por último, porque teria sido ridículo para ambos traírem seus princípios por causa de um ataque cometido por um bando de velhos e estúpidos cordeiros britânicos, que foram induzidos a atacá-los por um travesso cordeirinho australiano.

E: Isso não é nada lisonjeiro. Mas não acha que teria sido melhor para a causa teosófica se ela tivesse contestado oficialmente a acusação, de uma vez por todas?

T: Talvez. Mas você acredita que um júri ou juiz inglês, mesmo que inteiramente desprovido de preconceitos, teria admitido a existência de fenômenos psíquicos? E quando se lembra que eles já foram incitados contra nós por medo da "espiã russa", pela acusação de *ateísmo e heresia*, e todas as outras calúnias que circularam contra nós, é impossível não constatar que tal tentativa de obter justiça em um tribunal teria sido mais do que infrutífera! Os pesquisadores psíquicos sabiam de tudo isso e, maldosamente, aproveitaram sua posição para destacar-se à nossa custa e salvar a própria pele.

E: A S. P. P. agora nega completamente a existência dos *mahatmas*. Diz que, do começo ao fim, são uma invenção do cérebro de Madame Blavatsky?

T: Bem, ela poderia ter inventado muitas coisas menos inteligentes. De qualquer modo, não temos a menor objeção a essa teoria. Ela sempre diz que quase prefere que as pessoas não acreditem nos mestres. Declara abertamente que acha melhor que as pessoas acreditem categoricamente que o único lugar dos *mahatmas* é a massa cinzenta de seu cérebro e que, em suma, ela os criou a partir das profundezas de sua própria consciência interior, do que ver seus nomes e sublimes ideais profanados de forma tão infame como atualmente. A princípio, ela costumava protestar com indignação contra as dúvidas que levantavam sobre a sua existência. Agora nunca tenta provar ou refutar as acusações. Simplesmente deixa as pessoas pensarem o que quiserem.

E: Mas, afinal, esses mestres existem?

T: Nós afirmamos que *sim*. No entanto, isso não é de grande ajuda. Várias pessoas, inclusive alguns teosofistas e ex-teosofistas, dizem que nunca tiveram qualquer prova de sua existência. Muito bem; então Madame Blavatsky responde com a seguinte alternativa: se os inventou, então também inventou sua filosofia e o conhecimento prático que alguns adquiriram; sendo assim, o que importa se os mestres existem ou não, já que ela está aqui e *sua própria existência*, de qualquer forma, dificilmente pode ser negada? Se os conhecimentos que se supõem terem sido transmitidos por eles são bons intrinsecamente e aceitos como tal por muitas pessoas com inteligência acima da média, por que fazem tanto rebuliço com essa questão? *Nunca foi provado que ela seja uma impostora* e permaneça sempre "em julgamento"; ao passo que é um fato certo e inegável que, independentemente de quem a tenha inventado, a filosofia pregada pelos "mestres" é uma das mais grandiosas e benéficas, uma vez que é propriamente compreendida. Logo, os caluniadores, embora movidos pelos mais baixos e mesquinhos sentimentos — ódio, vingança, malícia, orgulho ferido ou ambição frustrada —, parecem não ter consciência de que fazem uma grande homenagem a seus poderes intelectuais. Que assim seja, se é o que os pobres tolos desejam. Realmente, Madame Blavatsky não faz a menor objeção a ser representada por seus inimigos como uma adepta *tripla* e uma *"mahatma"* ainda por cima. Apenas a relutância em posar perante si mesma como um corvo desfilando com penas de pavão a obriga a insistir até hoje na verdade.

E: Mas, se vocês têm homens tão sábios e bons guiando a Sociedade, como é que tantos erros foram cometidos?

T: Os mestres *não* guiam a Sociedade, nem mesmo os fundadores; e ninguém jamais afirmou o contrário. Apenas zelam por ela e a protegem. Isso é amplamente comprovado pelo fato de que nenhum erro foi capaz de prejudicá-la, nem escândalos de dentro e tampouco os mais nocivos ataques externos foram capazes de derrubá-la. Os mestres olham para o futuro, não para o presente, e cada erro acumulado significa mais sabedoria para os dias vindouros. O outro "mestre", que enviou o homem com os cinco talentos, não lhe disse como duplicá-los, nem impediu o servo tolo de enterrar seu único talento na terra. Cada um deve adquirir sabedoria por sua experiência e méritos próprios. As igrejas cristãs, que alegam ter um "mestre" muito mais elevado, o próprio Espírito Santo, sempre foi culpada, e ainda o é, não apenas por seus "erros", mas também por uma série de crimes sangrentos ao longo dos tempos. Ainda assim, creio que nenhum cristão negaria, apesar de tudo, sua crença nesse "mestre". Embora sua existência seja muito mais *hipotética* que a dos *mahatmas*; já que ninguém nunca enxergou o Espírito Santo, nem o viu *orientar* a Igreja; além disso, sua própria história eclesiástica distintamente o contradiz. *Errare humanum est.* Voltemos ao nosso assunto.

O uso equivocado de nomes
e termos sagrados

E: Então, pelo que ouvi, muitos de seus escritores afirmam ter sido inspirados por esses mestres ou tê-los visto e conversado com eles. É verdade?

T: Talvez seja verdade, talvez não. Como posso saber? O ônus da prova cabe a eles. Alguns — muito poucos, na verdade — mentiram descaradamente ou simplesmente estavam alucinados ao vangloriar-se de tal inspiração; outros foram verdadeiramente inspirados por grandes adeptos. A árvore é conhecida por seus frutos; e como os teosofistas devem ser julgados por seus atos e não pelo que escrevem ou dizem, então *todos* os livros teosóficos devem ser aceitos por seus méritos, e não de acordo com qualquer reivindicação de autoridade que possam apresentar.

E: Mas Madame Blavatsky aplicaria isso a suas próprias obras — em *A doutrina secreta*, por exemplo?

T: Certamente. Ela diz expressamente no prefácio dessa obra que apenas apresenta as doutrinas que os mestres lhe ensinaram, mas não alega inspiração pelo que escreveu recentemente. Quanto aos nossos melhores teosofistas, também eles, neste caso, prefeririam que os nomes dos mestres jamais tivessem sido associados, de algum modo, aos nossos livros. Com poucas exceções, a maior parte de tais obras é não apenas imperfeita, como positivamente equivocada e confusa. Grandes são as profanações a que os nomes de dois dos mestres têm sido submetidos. É difícil encontrar um médium que não afirme tê-los visto.

Toda sociedade fraudulenta, com fins comerciais, agora afirma ser guiada e dirigida por "mestres" frequentemente considerados muito superiores aos nossos! Numerosos e graves são os pecados daqueles que fazem essas reivindicações movidos pelo desejo de lucro, por vaidade ou uma mediunidade irresponsável. Muitas pessoas tiveram seu dinheiro pilhado por essas sociedades, que oferecem vender os segredos do poder, do conhecimento e da verdade espiritual em troca do desprezível ouro. E, pior do que isso, os nomes sagrados do ocultismo e seus santos guardiães foram arrastados a esse imundo lodaçal, conspurcados ao serem associados a motivos sórdidos e práticas imorais; enquanto milhares de homens foram impedidos de seguir o caminho da verdade e da luz por meio do descrédito e de relatórios malignos que tais farsas, fraudes e embustes criaram sobre o assunto. Pois repito: até hoje, todo teosofista sério lamenta, do fundo de seu coração, que esses nomes e assuntos sagrados tenham sido um dia trazidos a público e deseja fervorosamente que sejam, a partir de agora, mantidos em segredo num pequeno círculo de pessoas confiáveis e amigos devotados.

E: Os nomes certamente são citados com muita frequência hoje em dia; pois não me lembro de ter ouvido falar de tais "mestres" até recentemente.

T: De fato. E se tivéssemos agido com base no sábio princípio do silêncio, em vez de atrair notoriedade ao publicar tudo o que sabíamos e ouvíamos, tal profanação jamais teria ocorrido. Veja bem, apenas catorze anos atrás, antes da fundação da Sociedade Teosófica, só se falava em "espíritos". Estavam por toda parte, na boca de todos; e ninguém sonhava em falar sobre "adeptos", "*mahatmas*" ou "mestres". Quase não se ouvia falar dos rosa-cruzes; até mesmo suspeitava-se da existência de algo como "ocultismo", mas eram muito poucos os que abordavam o assunto. Agora tudo isso mudou. Nós, teosofistas, fomos infelizmente os primeiros a falar sobre essas coisas; divulgar a existência de "adeptos" e "mestres" no Oriente e um conhecimento oculto; e agora esses nomes tornaram-se propriedade comum. Então recaiu sobre nós o carma, as consequências da profanação de santos nomes e doutrinas. Tudo que se encontra agora sobre tais assuntos na atual literatura — e não é pouco — deve ser atribuído ao impulso dado nessa direção pela Sociedade Teosófica e seus fundadores. Nossos inimigos lucram até hoje com o nosso erro. O mais recente livro dirigido contra os nossos ensinamentos supostamente foi escrito por um homem que *permaneceu adepto por vinte anos*. Trata-se de uma mentira descarada. Conhecemos o amanuense e as pessoas que o *inspiraram* (já que ele mesmo é muito ignorante para ter escrito algo do tipo). Esses "inspiradores" são pessoas que existem de fato, figuras vingativas, cujos escrúpulos têm a mesma proporção de seus poderes intelectuais; e esses *falsos* adeptos não são um, mas vários. O ciclo de "adeptos" usados como marretas para quebrar as cabeças teosóficas começou doze anos atrás, com o "Louis" da senhora Emma Hardinge Britten, de *Art Magic* [Arte mágica] e *Ghost Land* [Terra dos espíritos], e agora termina com *The Light of Egypt* [A luz do Egito], do mencionado "adepto" e "autor", uma obra escrita por espíritas contra a teosofia e seus ensinamentos. Mas não adianta lamentar o que foi feito; podemos apenas sofrer, na esperança de que nossas indiscrições tenham facilitado que outros encontrem o caminho para esses mestres, cujos nomes agora são repetidos em vão por toda a parte e pelos quais já se cometeram tantas iniquidades.

E: Rejeita "Louis" como um adepto?

T: Não denunciamos ninguém, deixamos essa nobre tarefa para nossos inimigos. A autora espírita de *Art Magic* [Arte mágica], entre outros, talvez nunca tenha conhecido tal adepto — e, com isso, digo muito menos do que essa senhora afirmou e escreveu sobre nós e a teosofia nos últimos anos —, isso é problema dela. Somente em uma cena solene de visão mística, quando um suposto "adepto" vê "espíritos" presumivelmente em Greenwich, na Inglaterra, por meio do telescópio de lorde Rosse, que foi construído em Parsonstown, na Irlanda[2], e jamais saiu dali; posso me permitir estranhar a ignorância daquele "adepto" em questões de ciência. Isso superou todos os erros e lapsos cometidos, às vezes, pelos discípulos de nossos professores! E este é o "adepto" que usam agora para destruir os ensinamentos de nossos mestres!

E: Compreendo perfeitamente seus sentimentos sobre a questão e os considero bastante naturais. E agora, em vista de tudo o que me disse e explicou, há um assunto sobre o qual gostaria de lhe fazer algumas perguntas.

T: Se puder responder a elas, eu o farei. Quais são?

- CONCLUSÃO -

O futuro da Sociedade Teosófica

E: Diga-me, o que esperam da teosófia no futuro?

T: Se você fala de TEOSOFIA, respondo que, como ela existiu eternamente ao longo de intermináveis ciclos do passado, então sempre existirá através das infinitudes do futuro, porque teosofia é sinônimo de VERDADE ETERNA.

E: Perdão; de fato, gostaria de perguntar sobre as perspectivas da Sociedade Teosófica.

T: Seu futuro depende quase inteiramente do grau de abnegação, seriedade, devoção e, por último, mas não menos importante, da quantidade de conhecimento e sabedoria possuída pelos membros a quem caberá continuar o trabalho e dirigir a Sociedade após a morte dos fundadores.

E: Percebo a importância de serem altruístas e devotados, mas não entendo muito bem como o *conhecimento* *adquirido* pode ser um fator tão vital quanto essas outras qualidades. A literatura já existente, cujos acréscimos constantes continuam sendo feitos, não deveria ser suficiente?

T: Não me refiro ao conhecimento técnico da doutrina esotérica, embora seja da maior importância; falo da grande necessidade de imparcialidade e clareza de julgamento que nossos sucessores na orientação da Sociedade terão de alcançar. Cada tentativa de criar algo semelhante à Sociedade Teosófica falhou até agora, pois, cedo ou tarde, degenerou em seita, estabeleceu seus próprios e rigorosos dogmas e, portanto, perdeu imperceptivelmente a vitalidade que somente a verdade viva pode comunicar. Você deve lembrar que todos os nossos membros nasceram e foram criados em algum credo ou alguma religião, e todos pertencem, em menor ou maior grau, à mesma geração, tanto física quanto mentalmente; portanto, é muito provável que seu julgamento tenha sido distorcido e inconscientemente enviesado por algumas ou todas essas influências. Se não conseguem se libertar dessas tendências inerentes ou pelo menos aprender a reconhecê-las instantaneamente e assim evitar serem guiados por elas, o único resultado possível é que a Sociedade acabe à deriva, chegando a um banco de areia de pensamento, ali permanecendo como uma carcaça encalhada para apodrecer e morrer.

E: Mas e se esse perigo for evitado?

T: Então a Sociedade viverá até o século XX. Gradualmente fermentará e permeará a grande massa de pensadores e pessoas inteligentes, com suas ideias nobres e generosas sobre religião, dever e filantropia. Com lentidão, mas segurança, fará em pedaços os grilhões de ferro de credos e dogmas, de preconceitos sociais e de castas; derrubará aversões e barreiras nacionais e raciais, e abrirá caminho para a realização prática da irmandade de todos os homens. Por meio de seu ensinamento e da filosofia que a tornou acessível e inteligível para as mentes modernas, o Ocidente aprenderá a compreender e apreciar o verdadeiro valor do Oriente. Além disso, o desenvolvimento dos poderes e faculdades psíquicas, sintomas premonitórios que já são visíveis na América, continuarão ocorrendo saudável e normalmente. A humanidade será salva de terríveis perigos, tanto mentais quanto físicos, o que é inevitável quando esse desdobramento leva, como ameaça fazer, a um viveiro de egoísmos e paixões malignas. O crescimento mental e psíquico do homem seguirá em harmonia com seu aprimoramento moral, enquanto seu entorno material refletirá a paz e boa vontade fraterna que reinará em sua mente, em vez da discórdia e do conflito aparentemente presente em toda parte nos dias de hoje.

E: É uma perspectiva verdadeiramente encantadora! Mas diga-me: realmente espera que tudo isso seja realizado em apenas um século?

T: Na verdade, não. Mas devo dizer que no último quarto de cada cem anos, os "mestres" que mencionei fazem uma tentativa de ajudar no progresso espiritual da humanidade de maneira marcante e definitiva. Perto do fim de cada século, você perceberá que ocorreu invariavelmente uma expansão ou levante da espiritualidade — chame-o de misticismo, se preferir. Uma ou mais pessoas surgiram no mundo como seus agentes e uma maior ou menor quantidade de conhecimento oculto e ensinamentos foi distribuída. Se desejar, pode rastrear esses movimentos do passado, século a século, até onde nossos detalhados registros históricos se estendem.

E: Mas como isso afeta o futuro da Sociedade Teosófica?
T: Se a presente tentativa, na forma de nossa Sociedade, for mais bem-sucedida do que a de suas antecessoras, então ela existirá como um órgão vivo, organizado e saudável, quando chegar a hora da conquista do século XX. A condição geral da mente e do coração dos homens terá melhorado e sido purificada pela disseminação de seus ensinamentos, e, como eu disse, seus preconceitos e ilusões dogmáticas terão sido removidos, pelo menos até certo ponto. E não apenas isso, mas, além de uma vasta e acessível literatura, pronta para chegar às mãos dos homens, o próximo impulso encontrará um numeroso e *unido* corpo de pessoas prontas para recepcionar o novo portador da tocha da verdade. Ele encontrará a mente dos homens preparada para sua mensagem, uma linguagem disponível para revestir as novas verdades que traz, uma organização aguardando sua chegada, que removerá os obstáculos meramente mecânicos e materiais, e as dificuldades de seu caminho. Imagine o quanto uma pessoa a quem tal oportunidade é dada poderia realizar. Compare com o que a Sociedade Teosófica *realmente* alcançou nos últimos catorze anos, sem *nenhuma* dessas vantagens e cercada por hostes de obstáculos que não atrapalhariam o novo líder. Considere tudo isso e

então diga-me se sou muito otimista quando digo que, se a Sociedade Teosófica sobreviver e se mantiver fiel à sua missão, aos seus impulsos originais pelos próximos cem anos — diga-me se estou indo longe demais ao afirmar que a Terra será um paraíso no século XXI, em comparação com o que é agora!

- NOTAS -

PREFÁCIO

1. Optamos pelo uso dos termos mais estritos "espírita" e "espiritismo", cunhados por Allan Kardec em referência a sua doutrina que, além da comunicação com os espíritos, acreditava na reencarnação. O termo em inglês *spiritualist* (espiritualista) referia-se aos opositores do materialismo. Na época de H. P. Blavatsky, esse termo também denominava os espiritualistas que acreditavam e praticavam a comunicação com os mortos. (N. E.)

SEÇÃO I

1. Também chamados de analogistas. Como o professor Alexander Wilder, membro da Sociedade Teosófica, explicou em seu *The Eclectic Philosophy* [A filosofia eclética], eles foram chamados desse modo pelo hábito de interpretar todas as lendas e narrativas sagradas, mitos e mistérios por uma regra ou princípio de analogia e correspondência; de maneira a considerar os eventos ocorridos no mundo exterior como expressões de operações e experiências da alma humana. Também foram denominados neoplatônicos. Embora a teosofia, ou o Sistema de Teosofia Eclética, seja geralmente remontada ao século III e creditada a Diógenes Laércio, sua origem é muito mais antiga, pois ele atribuiu o sistema a um sacerdote egípcio, Pot-Amon, que viveu no início da dinastia ptolomaica. O mesmo autor nos diz que o nome é copta e significa "consagrado a Amon, o deus da sabedoria". A teosofia é equivalente a Brahma-Vidya, o conhecimento divino. (N. A.)

2. A Teosofia Eclética foi dividida em três categorias: (1) A crença em uma deidade absoluta, incompreensível e suprema, ou essência infinita, que é a raiz de toda a natureza e de tudo que é visível e invisível. (2) A crença na natureza imortal e eterna do homem, pois, sendo uma irradiação da alma universal, tem essência

351

idêntica a ela. (3) Teurgia, ou "obra divina" ou o ato de produzir uma obra dos deuses; de theoi, "deuses", e ergein, "trabalhar". O termo é muito antigo, mas, por pertencer ao vocabulário dos mistérios, não caiu no uso popular. Era uma crença mística — comprovada praticamente por adeptos iniciados e sacerdotes — que, tornando-se tão puro quanto os seres incorpóreos — isto é, ao retornar à pureza imaculada da natureza —, o homem poderia comover os deuses e incentivá-los a lhe transmitir mistérios divinos, e até mesmo torná-los ocasionalmente visíveis, tanto subjetiva quanto objetivamente. Tratava-se do aspecto transcendental do que agora chamam de espiritismo; mas este, tendo sido depreciado e mal interpretado pelo povo, passou a ser considerado necromancia por alguns, sendo proibido. Uma prática travestida da teurgia de Jâmblico permanece ainda na magia cerimonial de alguns cabalistas modernos. A teosofia moderna evita e rejeita esses tipos de magia e também a "necromancia", por considerá-los muito perigosos. A verdadeira teurgia divina requer uma pureza e santidade de vida quase sobre-humanas; caso contrário, transforma-se em mediunidade ou magia negra. Os discípulos diretos de Amônio Sacas, os chamados theodidaktos, "ensinados por Deus" — como Plotino e seu seguidor Porfírio —, rejeitaram a teurgia a princípio, mas finalmente se reconciliaram com ela através de Jâmblico, que escreveu uma obra com esse propósito intitulada *De Mysteriis*, utilizando o nome de seu próprio mestre, um famoso sacerdote egípcio chamado Abammon. Amônio Sacas era filho de pais cristãos e, ao sentir antagonismo pelo cristianismo espiritualista dogmático desde a infância, tornou-se neoplatônico e, assim como J. Boehme e outros grandes videntes e místicos, teve uma revelação da sabedoria divina em sonhos e visões. Daí ser chamado de theodidaktos. Resolveu reconciliar os sistemas religiosos e, demonstrando que todos tinham origem idêntica, propôs estabelecer um credo universal baseado na ética. Sua vida era tão irrepreensível e pura, seu aprendizado tão aprofundado e vasto, que vários Padres da Igreja foram, em segredo, seus discípulos. Clemente de Alexandria fala muito bem dele. Plotino, o "São João" de Amônio, também era um homem universalmente estimado e respeitado, dotado de profundo conhecimento e integridade. Aos 39 anos, acompanhou o imperador romano Gordiano e seu exército ao Oriente, para ser instruído pelos sábios da Báctria e Índia. Tinha uma Escola de Filosofia em Roma. Porfírio, seu discípulo, cujo verdadeiro nome era Malek (judeu helenizado), reuniu todos os escritos de seu mestre. Porfírio também era um grande autor e conferiu uma interpretação alegórica a alguns trechos dos escritos de Homero. O sistema de meditação dos filaleteus recorria ao êxtase, um sistema semelhante à prática indiana do ioga. O que sabemos da Escola Eclética deve-se a Orígenes, Longino e Plotino, os discípulos diretos de Amônio — (em *The Eclectic Philosophy*, de A. Wilder). (N. A.)

3. Foi sob Filadelfo que o judaísmo se estabeleceu em Alexandria e, em seguida, os mestres helênicos tornaram-se perigosos rivais do Colégio de Rabinos da Babilônia. Como o autor de *The Eclectic Philosophy* observa com bastante pertinência: "Os sistemas budista, vedântico e mágico foram expostos juntamente com as filosofias da Grécia naquele período. Não era de se admirar, portanto, que os pensadores achassem que a disputa de palavras deveria cessar e considerassem possível extrair um sistema harmonioso desses variados ensinamentos... Panteno, Atenágoras e Clemente foram completamente instruídos na filosofia platônica e compreendiam sua unidade essencial com os sistemas orientais". (N. A.)

4. Diz Mosheim sobre Amônio: "Concebendo que não apenas os filósofos da Grécia, mas também os das diferentes nações bárbaras estavam em perfeita concordância entre si no que dizia respeito aos aspectos essenciais, ele fez questão de expor os mil princípios das variadas seitas para mostrar que todas haviam se originado da mesma fonte e tinham o mesmo objetivo". Se o escritor sobre Amônio na Enciclopédia de Edimburgo conhecesse melhor esse assunto, saberia então que estava descrevendo os modernos teosofistas, suas crenças e seu trabalho, pois diz a respeito do Theodidaktos: "Adotou as doutrinas aceitas no Egito (as esotéricas eram as da Índia) sobre o Universo e a divindade, consideradas como constituindo um grande todo sobre a eternidade do mundo... e estabeleceu um sistema de disciplina moral que permitia ao povo em geral viver de acordo com as leis

de seu país e os ditames da natureza, mas exigia que os sábios exaltassem sua mente pela contemplação". (N. A.)

5. Isso é o que o erudito autor de *The Eclectic Philosophy*, o professor A. Wilder, membro da Sociedade Teosófica, descreve como fotografia espiritual: "A alma é a câmera na qual fatos e eventos, futuro, passado e presente, são igualmente fixados; e a mente torna-se consciente deles. Além do nosso cotidiano limitado, tudo é um só dia ou estado – o passado e o futuro contidos no presente"... A morte é o último êxtase na Terra. Então, a alma é libertada das restrições do corpo e sua parte mais nobre une-se à natureza superior e torna-se participante da sabedoria e presciência dos seres superiores". A verdadeira teosofia é, para os místicos, aquele estado que Apolônio de Tiana descreveu do seguinte modo: "Posso ver claramente o presente e o futuro. O sábio não precisa esperar pelos vapores da terra e pela corrupção do ar para prever eventos... Os theoi, ou deuses, veem o futuro; homens comuns, o presente; os sábios, o que está para acontecer". "A Teosofia dos Sábios" de que fala está bem expressa na afirmação: "O Reino de Deus está dentro de nós". (N. A.)

SEÇÃO II

1. Um "membro vinculado" é aquele que se uniu a algum ramo particular da Sociedade Teosófica (S. T.). Um membro "independente" é aquele que pertence à Sociedade como um todo, obteve diploma da Sede (Adyar, Madras, Índia), mas não é associado a nenhum ramo ou loja. (N. A.)

2. Refere-se ao kama-loka, o plano semimaterial, para nós subjetivo e invisível, onde permanecem as "personalidades" desencarnadas, as formas astrais, chamadas kama-rupa, até que delas se desvaneçam pela completa exaustão dos efeitos dos impulsos mentais que criaram esses ídolos do ser humano, paixões e desejos animais. É o Hades dos antigos gregos e o Amenti dos egípcios, a terra das Sombras Silenciosas. Fonte: *Glossário Teosófico* (1ª edição, 1892), obra póstuma de H. P. Blavatsky editada por G. R. S. Mead. (N. E.)

3. Dizemos nesses casos que não são os espíritos dos mortos que descem à Terra, mas os espíritos dos vivos que ascendem às almas espirituais puras. Na realidade, não há ascensão nem descida, e sim uma mudança de estado ou condição para o médium. Quando o corpo deste último está paralisado ou "em transe", o ego espiritual liberta-se de suas amarras e se encontra no mesmo plano de consciência dos espíritos desencarnados. Portanto, se houver alguma atração espiritual entre os dois, eles podem se comunicar, como ocorre frequentemente nos sonhos. A diferença entre uma natureza mediúnica e uma não sensitiva é a seguinte: o espírito liberado do médium tem a oportunidade e a facilidade de influenciar os órgãos passivos de seu corpo físico em transe para fazê-los agir, falar e escrever segundo a sua vontade. O ego pode fazê-lo repetir, como um eco, e na linguagem humana, os pensamentos e as ideias da entidade desencarnada, bem como os seus próprios. Mas o organismo não receptivo ou não sensitivo de uma pessoa muito pragmática não pode ser influenciado dessa forma. Por isso, embora seja difícil encontrar um ser humano cujo ego não mantenha livre comunicação enquanto dorme com aqueles que amou e perdeu, ainda, por causa do pragmatismo e não receptividade de seu invólucro físico e de seu cérebro, nenhuma lembrança, ou apenas uma muito vaga, semelhante a um sonho, permanecerá na memória desta pessoa uma vez acordada. (N. A.)

4. Ver adiante, em "Individualidade e personalidade". (N. A.)

5. Tornou-se "moda", especialmente nos últimos tempos, ridicularizar a noção de que houve algo além da impostura sacerdotal nos mistérios dos grandes povos civilizados, como os egípcios, gregos ou romanos. Mesmo os rosa-cruzes foram considerados impostores e uma espécie de lunáticos. Vários livros foram escritos sobre esses mistérios; e principiantes, que nem sequer tinham ouvido falar esse nome alguns anos antes, criticaram como profundos conhecedores e gnósticos a alquimia, os filósofos do fogo e do misticismo em geral. No entanto, sabe-se que uma longa sucessão de hierofantes do Egito, da Índia, Caldeia e Arábia, juntamente com os maiores filósofos e sábios da Grécia e do Ocidente, incluiu sob a designação de sabedoria e ciência divina todo o conheci-

mento, pois o consideravam a base e a origem de toda arte e ciência essencialmente divina. Platão considerava os mistérios extremamente sagrados, e Clemente de Alexandria, que também foi iniciado nos mistérios de Elêusis, declarou que "as doutrinas ali ensinadas continham o fim de todo o conhecimento humano". Platão e Clemente eram dois impostores ou tolos, nos perguntamos, ou ambas as coisas? (N. A.)

SEÇÃO III

1. "S. T." é uma abreviatura de "Sociedade Teosófica".

2. Naquela época, consideravam-se publicanos os ladrões e batedores de carteira. Entre os judeus, a alcunha e a profissão de publicano era a coisa mais odiosa do mundo. Estes não tinham autorização de entrar no templo, e em Mateus, 18:17, um pagão e um publicano são citados como equivalentes. No entanto, eram apenas romanos que coletavam impostos, ocupando a mesma posição que os oficiais britânicos na Índia e em outros países ocupados. (N. A.)

3. "No final da Idade Média, a escravidão, sob a influência de forças morais, havia desaparecido principalmente da Europa; contudo, ocorreram dois eventos importantes que sobrepujaram esse poder moral operante na sociedade europeia e lançaram sobre a Terra uma torrente de maldições como a humanidade jamais viu. Um desses eventos foi a primeira viagem a uma costa populosa e bárbara, onde os seres humanos eram artigo usual de tráfico; e o outro, o descobrimento do Novo Mundo, onde minas repletas de riqueza reluzente estariam disponíveis, contanto que fosse possível importar mão de obra para nelas trabalhar. Por quatrocentos anos, homens, mulheres e crianças foram separados de todos os que conheciam e amavam, e foram vendidos na costa da África a comerciantes estrangeiros; foram acorrentados nos porões dos navios — era frequente que mortos estivessem acorrentados com os vivos — durante a horrível 'Passagem do Meio', e, de acordo com Bancroft, um historiador imparcial, duzentos e cinquenta mil, dos mais de três milhões, foram lançados ao mar naquela passagem fatal, enquanto o res-

tante foi condenado a um inominável sofrimento nas minas ou ao açoite nos canaviais e arrozais. A culpa desse grande crime recai sobre a Igreja cristã. 'Em nome da Santíssima Trindade', a Coroa espanhola (católica romana) assinou mais de dez tratados autorizando a venda de quinhentos mil seres humanos; em 1562, sir John Hawkins partiu em sua diabólica missão de comprar escravos na África e vendê-los nas Índias Ocidentais em um navio que trazia o sagrado nome de Jesus; enquanto Elizabeth, a rainha protestante, o recompensou pelo sucesso na primeira empreitada inglesa naquele tráfico desumano, permitindo que se acrescentasse a seu brasão "um meio mouro em sua cor natural, amarrado com uma corda, ou, em outras palavras, um escravo negro acorrentado". Conquests of the Cross [Conquistas da Cruz, extraído do *Agnostic Journal*]. (N. A.)

4. Um "ramo" ou loja composta exclusivamente de correligionários, ou um ramo in partibus, como são agora chamados, de maneira um tanto pomposa (N. A.)

SEÇÃO V

1. Ain Soph, אין סיף igual a τὸ πᾶν ou τὸ ἄπειρον, o infinito, ou o ilimitado, em e com a Natureza, o inexistente que É, mas não é um Ser. (N. A.)

2. Como pode o princípio eterno não ativo emanar ou emitir? O Parabrahman dos vedantinos não faz nada do tipo; nem o Ain Soph da Cabala caldeia. É uma lei eterna e periódica que faz uma força ativa e criadora (o logos) emanar do princípio uno sempre oculto e incompreensível no início de cada Mahamanvantara, ou novo ciclo de vida. (N. A.)

3. Muitas vezes encontramos nos escritos teosóficos declarações conflitantes sobre o princípio de Cristo no homem. Alguns o chamam de sexto princípio (Buddhi), outros de sétimo (Atmã). Se os teosofistas cristãos desejam fazer uso de tais expressões, que sejam filosoficamente corretas, seguindo a analogia dos antigos símbolos da Religião da Sabedoria. Dizemos que Cristo não é apenas um dos três princípios superiores, mas todos os

três considerados como uma Trindade. Essa Trindade representa o Espírito Santo, o Pai e o Filho, já que atende ao espírito abstrato, diferenciado e corporificado. Krishna e Cristo são, filosoficamente, esse mesmo princípio sob o tríplice aspecto de manifestação. No *Bhagavad Gita*, vemos Krishna chamando a si mesmo indiferentemente de "Atmã", o Espírito Abstrato, Kshetragna, o Ego Superior, ou reencarnante, e o Eu Universal, todos nomes que, quando transferidos do Universo ao homem, respondem a atmã, buddhi e manas. O Anugita está repleto dessa mesma doutrina. (N. A.)

4. Nova seita de curadores que nega a existência de tudo que não seja espírito, o qual não pode sofrer nem adoecer, pretende curar toda e qualquer doença, desde que o paciente tenha fé de que aquilo que nega não pode existir. É uma nova forma de auto-hipnotismo. (N. A.)

5. Buda dá a Ananda, seu discípulo iniciado, que pergunta a razão desse silêncio, uma resposta clara e inequívoca, no diálogo traduzido por Oldenburg do Samyuttaka Nikaya: "Se eu, Ananda, quando o monge errante Vacchagotta me perguntou: 'Existe o ego?', tivesse respondido: 'O ego existe', então, Ananda, isso teria confirmado a doutrina dos samanas e brâmanes, que acreditam na permanência. Se eu, Ananda, quando o monge errante Vacchagotta me perguntou: 'O ego não existe?', tivesse respondido: 'O ego não existe', então isso, Ananda, teria confirmado a doutrina dos que acreditam na aniquilação. Se eu, Ananda, quando o monge errante Vacchagotta me perguntou: 'Existe o ego?', tivesse respondido: 'O ego existe', teria servido ao meu propósito, Ananda, dar a ele o conhecimento de que todas as existências (dhamma) são o não ego? Mas se eu, Ananda, tivesse respondido: 'O ego não existe', então isso, Ananda, só faria o monge errante Vacchagotta ir de uma perplexidade a outra: 'Meu ego não existia antes? Mas agora eu não existo mais!'" Isso mostra, melhor do que tudo, que Buda Gautama ocultou essas difíceis doutrinas metafísicas das massas, a fim de não as deixar ainda mais perplexas. Referia-se à diferença entre o ego pessoal temporário e o eu superior, que lança sua luz no ego imperecível, o "eu" espiritual do homem. (N. A.)

SEÇÃO VI

1. Em *Budismo esotérico*, de Sinnett, *d*, *e* e *f* são respectivamente chamados de alma animal, humana e espiritual. Embora no mesmo livro os princípios sejam numerados, isto é, estritamente falando, inútil. A mônada dual sozinha (atmã-buddhi) é suscetível de ser considerada como os dois números mais elevados (o sexto e o sétimo). Quanto a todos os outros, já que esse "princípio" só é predominante no homem, deve ser considerado como o primeiro e mais importante, e nenhuma numeração é possível como regra geral. Em alguns homens, é a inteligência superior (manas, ou o quinto) que domina o resto; em outros, a alma animal (kama-rupa) reina suprema, exibindo os instintos mais bestiais, etc. (N. A.)

2. Paulo chama o nous platônico de "espírito"; mas como esse espírito é "substância", então, é claro, se refere a buddhi e não a atmã, pois o último não pode ser filosoficamente chamado de "substância" em nenhuma circunstância. Incluímos atmã entre os "princípios" humanos para não criar uma confusão adicional. Na realidade, ele não é "humano", e sim o princípio universal absoluto do qual buddhi, o espírito-alma, é o portador. (N. A.)

3. Do alemão *Noumenon*. "Palavra criada pelo filósofo alemão E. Kant (1724-1804), a partir do gerúndio *nooúmena*, usada por Platão ao falar da ideia, propriamente 'aquilo que é pensado, pensamento'". Fonte: *Dicionário eletrônico Houaiss da língua portuguesa*. (N. E.)

4. "Platão e Pitágoras", diz Plutarco, "separam a alma em duas partes, a racional (noética) e irracional (agnoia); a parte racional da alma do homem é eterna; pois, embora não seja Deus, é produto de uma divindade eterna, enquanto a parte da alma despojada de razão (agnoia) morre". O termo moderno agnóstico vem de agnosis, uma palavra cognata. Nos perguntamos por que Huxley, autor da palavra, associaria seu grande intelecto à "alma despojada de razão" que perece? Seria humildade exagerada do materialista moderno? (N. A.)

5. Os cabalistas que conhecem a relação de Jeová, o provedor da vida e dos filhos, com a Lua, e a influência desta na geração, compreenderão este ponto, do mesmo modo que alguns astrólogos. (N. A.)

6. Prosérpina, ou Perséfone, significa aqui o carma pós-morte, que se diz regular a separação dos "princípios" inferiores dos superiores: a alma, como Nephesh, a respiração da vida animal, que permanece por um tempo no kama-loka, do ego superior composto, que entra no estado de devakhan, ou bem-aventurança. (N. A.)

7. Até que ocorra a separação do "princípio" superior espiritual, dos inferiores, que permanecem em Kama-loka até se desintegrarem. (N. A.)

SEÇÃO VII

1. Em seu sentido genérico, a palavra "racional" significa algo que emana da Sabedoria Eterna. (N. A.)

2. Irracional no sentido que, como pura emanação da Mente Universal, não pode ter nenhuma razão individual neste plano da matéria, mas, como a Lua, que toma emprestada sua luz do Sol e sua vida da Terra, assim Buddhi, recebendo sua luz de Sabedoria do Atmã, obtém suas qualidades racionais de manas. Por si só, como algo homogêneo, é desprovido de atributos. (N. A.)

3. Ver as estâncias de Secret Doctrine [*A doutrina secreta*], vol. II.

4. *Zohar*, vol. II, p. 96. (N. A.)

5. *Mishná*, "Avot", vol. IV, p. 29. (N. A.)

6. Ver *A doutrina secreta*, vol. I, para uma explicação mais clara. (N. A.)

SEÇÃO VIII

1. "A fantasia", diz Olimpiodoro (em *Comentário sobre o "Fédon"* de Platão), "é um obstáculo a nossas concepções intelectuais; e, portanto, quando estamos agitados pela influência inspiradora da Divindade, se a fantasia intervém, a energia entusiástica cessa: pois o entusiasmo e o êxtase são contrários um ao outro. Caso perguntem se a alma é capaz de energizar sem a fantasia,

nós responderemos que a sua percepção da verdade universal prova que ela é capaz. Portanto, ela tem suas próprias percepções, independentes da fantasia; ao mesmo tempo, porém, a fantasia acompanha a energia, assim como uma tempestade persegue aquele que navega no mar". (N. A.)

2. A saber: o corpo, a vida, os instintos passionais e animais, e o eidolon astral de cada homem (seja percebido no pensamento ou na nossa imaginação, ou objetivamente e separado do corpo físico), cujos princípios chamamos de sthula sarira, prāna, kama rupa e linga sarira (ver acima). (N. A.)

3. Existem cinco skandhas ou atributos nos ensinamentos budistas: "rupa (forma ou corpo), qualidades materiais; vedana, sensação; sanna, ideias abstratas; samkhara, tendências mentais; e vinnana, poderes mentais. Deles somos formados; por eles temos consciência da existência; e através deles podemos nos comunicar com o mundo à nossa volta". (N. A.)

4. De autoria de H. S. Olcott, presidente e fundador da Sociedade Teosófica. A precisão desse ensinamento foi sancionada pelo monge H. Sumangala, sumo-sacerdote de Sri Pada e Galle, e diretor da Widyodaya Parivena (escola monástica) em Colombo, em concordância com o cânone da Igreja Budista do Sul. (N. A.)

5. Ou espiritual, em contraste com o eu pessoal. O aluno não deve confundir esse ego espiritual com o "ego superior" que é Atmã, o Deus dentro de nós, inseparável do Espírito Universal. (N. A.)

6. Em seu *Catecismo budista*, o coronel Olcott, forçado pela lógica da filosofia esotérica, viu-se obrigado a corrigir os erros dos orientalistas anteriores, que não fizeram tal distinção, e fornece ao leitor suas razões para isso. Portanto, ele diz: "As sucessivas aparições sobre a Terra, ou 'descidas à geração' das partes tanhaicamente coerentes (skandhas) de um certo ser são uma sucessão de personalidades. Em cada nascimento, a personalidade difere da prévia ou da seguinte. Carma, o deus *ex machina*, mascara-se (ou devemos dizer reflete-se?) com a personalidade de um sábio, depois com a de um artesão e assim por diante, ao longo de toda a série de nascimentos. Mas, embora as persona-

lidades sempre mudem, a linha da vida ao longo da qual elas se enfileiram, como contas, corre ininterruptamente; é sempre aquela linha em particular, nunca outra. É, portanto, individual, uma ondulação vital individual que começou no nirvana ou lado subjetivo da natureza, como a ondulação de luz ou calor através do éter começou em sua fonte dinâmica; move-se pelo lado objetivo da natureza sob o impulso do carma e a direção criativa de tanha (o desejo insatisfeito de existência); e, através de muitas mudanças cíclicas, volta ao nirvana. O senhor Rhys-Davids chama o que passa de personalidade a personalidade ao longo da cadeia individual de 'caráter' ou 'feito'. Uma vez que 'caráter' não é uma mera abstração metafísica, mas a soma de nossas qualidades mentais e propensões morais, não ajudaria a dissipar o que o senhor Rhys-Davids chama de 'expediente desesperado de um mistério' (*Buddhism*, p. 101) se considerásse-mos a ondulação da vida como individualidade e cada uma de suas séries de manifestações natais como uma personalidade separada? O indivíduo perfeito, budisticamente falando, é um Buda, devo dizer; pois Buda é a rara flor da humanidade, sem nenhuma mistura sobrenatural. E, como incontáveis gerações ('Quatro asankheyyas e cem mil ciclos', *Buddhist Birth Stories*, de Fausboll e Rhys-Davids, p. 13) são necessárias para transfor-mar um homem em Buda, e a vontade férrea de tornar-se tal continua em todos os nascimentos sucessivos, como devemos chamar isso que assim deseja e persevera? Caráter? Nossa indi-vidualidade: a individualidade parcialmente manifestada em qualquer nascimento, mas constituída de fragmentos de todos os nascimentos?" (*Bud. Cat.*, Apêndice A. 137.)

7. Mahat ou a "mente universal" é a fonte de manas. Ou seja, essa última é mahat, a mente do homem. Manas também é chamada de kshetrajna, "espírito corporificado", porque ela é, segundo a nossa filosofia, manasa-putras, ou "filhos da mente univer-sal", que criaram ou melhor, produziram o homem pensante, "manu", ao encarnar na terceira raça da humanidade em nosso Ciclo. Manas, portanto, é a verdadeira encarnação e ego espiri-tual permanente, a individualidade, e nossas várias e incontá-veis personalidades são apenas suas máscaras exteriores. (N. A.)

8. É sobre essa transgressão que o dogma cruel e ilógico dos Anjos Caídos foi construído. Isso é explicado no volume II de *A doutrina secreta*. Todos os nossos "egos" são entidades pensantes e racionais (Manasa-putras) que viveram, sob formas humanas ou não, no ciclo de vida passado (Manvântara) e cujo carma era encarnar no homem desse ciclo. Foi ensinado nos Mistérios que, tendo demorado para cumprir essa lei (ou tendo se "recusado a criar", como diz o hinduísmo dos Kumaras e da lenda cristã do arcanjo Miguel), isto é, não tendo encarnado no tempo devido, os corpos que tinham sido predestinados a eles foram profanados (ver Estâncias VIII e IX em "Estâncias de Dzyan", vol. II de *A doutrina secreta*, pp. 19 e 20), portanto, o pecado original das formas insensíveis e a punição dos Egos. O que se entende por anjos rebeldes sendo lançados no inferno é simplesmente isso: espíritos ou egos puros sendo aprisionados em corpos de matéria impura, a carne. (N. A.)

9. "Eu, porém, vos digo, que qualquer um que atentar numa mulher para a cobiçar, já em seu coração cometeu adultério com ela." (Mateus 5:28) (N. A.)

SEÇÃO IX

1. "Coisas que eu sei sobre o espiritismo e outras que não." (N. A.)

2. Algumas partes deste capítulo e do anterior foram publicadas em *Lucifer*, em "Diálogo sobre os mistérios da vida após a morte", na edição de janeiro de 1889. O artigo não estava assinado e foi creditado ao editor, mas veio da pena da autora do presente volume. (N. A.)

3. Iswara é a consciência coletiva da divindade manifestada, Brahma, isto é, a consciência coletiva do Receptor de Dhyan--Chohans (ver *A doutrina secreta*); e pragna é sua sabedoria individual. (N. A.)

4. Taijasi significa "o radiante", em consequência de sua união com buddhi; isto é, manas, a alma humana, iluminada pelo esplendor da alma divina. Portanto, manas taijasi pode ser descrita como "mente radiante"; a razão humana iluminada pela luz do

espírito; e buddhi-manas como a revelação do divino somada ao intelecto e à autoconsciência humana. (N. A.)

5. Alguns teosofistas se opuseram a essa frase, mas as palavras são do Mestre, e o significado associado à palavra "imerecido" é o dado acima. No panfleto nº 6 da PST utilizou-se uma frase, criticada posteriormente em *Lucifer*, com a intenção de transmitir a mesma ideia. Contudo, era uma frase bastante complicada e mereceu as críticas dirigidas a ela; mas a ideia essencial que expressava era que os homens muitas vezes sofrem os efeitos de ações cometidas por outros, efeitos que, portanto, não pertencem estritamente a seu próprio carma — e por esses sofrimentos, é claro que merecem uma compensação. (N. A.)

6. Ver *Transactions of the London Lodge of the Theos*. Soc., nº 7, de outubro de 1885. (N. A.)

7. O "ego reencarnante" ou "alma humana", como ele o chamou, o corpo causal dos hindus. (N. A.)

8. A duração dessa "transferência" depende, contudo, do grau de espiritualidade da antiga personalidade do ego desencarnado. Para aqueles cujas vidas foram muito espirituais, essa transferência, embora gradual, é muito rápida. O tempo se torna mais longo para os que pendem ao materialismo. (N. A.)

9. Mudança de termos metafísicos" aplica-se aqui apenas à mudança de seus equivalentes traduzidos de expressões orientais; pois até hoje não existem tais termos em inglês, e cada teosofista tem de cunhar seus próprios termos para expressar seu pensamento. Já é tempo de estipular uma nomenclatura definitiva. (N. A.)

SEÇÃO X

1. Sendo de "natureza semelhante ao amianto", de acordo com a eloquente e cáustica expressão de um moderno tertuliano inglês. (N. A.)

2. Durante os Mistérios, é o "Pai", o Hierofante, quem planta a videira. Cada símbolo tem sete chaves. O revelador do Pleroma era sempre chamado de "Pai". (N. A.)

3. *Zohar* XL, 10. (N. A.)

4. *Codex Nazaraeus*, vol. III, pp. 60, 61. (N. A.)

5. Idem, vol. II, p. 281. (N. A.)

6. Aforismo atribuído a Diógenes Laércio (180 d.C.-240 d.C.), que significa, em tradução literal: "Não faleis senão bem dos mortos". (N. T.)

7. *Second Sight* [Segunda visão]. "Introdução". (N. A.)

SEÇÃO XI

1. O texto refere-se aos brâmanes sectários. O Parabrahm dos vedantinos é a divindade que aceitamos e na qual acreditamos. (N. A.)

SEÇÃO XIII

1. Em francês no original, "alta sociedade". (N. E.)

2. Frase atribuída ao dramaturgo, músico e satirista Pierre Beaumarchais (1732-1799). Em tradução livre: "Calunie, calunie sem cessar; pois algo sempre há de ficar". (N. T.)

3. "Calumnia" é uma ária cantada pelo personagem Don Basilio, da ópera de Rossini *O barbeiro de Sevilha*. (N. E.)

SEÇÃO XIV

1. Como, por exemplo, o professor Bernheim e o dr. C. Lloyd Tuckey, da Inglaterra; os professores Beaunis e Liégeois, de Nancy; Delboeuf, de Liège; Burot e Bourru, de Rochefort; Fontain e Sigard, de Bordeaux; Forel, de Zurique; e a dra. Despine, de Marselha; Van Renterghem e Van Eeden, de Amsterdã; Wetterstrand, de Estocolmo; Schrenck-Notzing, de Leipzig, e muitos outros eminentes médicos e escritores. (N. A.)

2. Ver *Terra dos espíritos*, parte I, p. 133. (N. A.)

Título original: *The Key to Theosophy*.
Publicado em inglês em 1889 pela The Theosophical
Publishing Company, Limited, Adyar, Madras, Índia.

Copyright da tradução e desta edição © Ajna Editora Ltda, 2023.
Todos os direitos reservados. Nenhuma parte desta obra poderá
ser reproduzida ou transmitida de qualquer forma ou por
quaisquer meios, eletrônicos ou mecânicos, incluindo fotocópia,
gravação ou qualquer sistema de armazenamento e recuperação
de informações, sem a permissão por escrito dos editores.

Grafia conforme o novo Acordo Ortográfico
da Língua Portuguesa.

EDITORES Lilian Dionysia e Giovani das Graças
TRADUÇÃO Livia Koeppl
PREPARAÇÃO Francisco José Mendonça Couto
REVISÃO Heloisa Spaulonsi Dionysia
DIAGRAMAÇÃO Estúdio Insólito
CAPA Tereza Bettinardi e
    Lucas D'Ascenção [assistente]

2023
Todos os direitos desta edição reservados à
AJNA EDITORA LTDA.
ajnaeditora.com.br

Dados Internacionais de Catalogação na Publicação (CIP)
(Câmara Brasileira do Livro, SP, Brasil)

Blavatsky, H. P., 1831-1891
A chave para a teosofia : uma exposição clara em forma de perguntas
e respostas sobre ética, ciência e filosofia, para o estudo das quais
a Sociedade Teosófica foi fundada / H. P. Blavatsky ; tradução Livia
Koeppl. – São Paulo, SP : Ajna Editora, 2023.

Título original: The key to theosophy.

ISBN 978-65-89732-16-7
1. Ocultismo 2. Teosofia I. Título.

23-152280   CDD-299.934

Índices para catálogo sistemático:
1. Teosofia e ocultismo 299.934

Primeira edição [2023]

Esta obra foi composta
em Chiswick Text e impressa
pela Ipsis para a Ajna Editora.